思想觀念的帶動者

文化現象的觀察者

本土經驗的整理者

生命故事的關懷者

{ PsychoAlchemy }

啟程，踏上屬於自己的英雄之旅
外在風景的迷離，內在視野的印記
回眸之間，哲學與心理學迎面碰撞
一次自我與心靈的深層交鋒

C. G. JUNG
UND
RUDOLF STEINER

榮格　　與　　史坦納

格哈德·威爾
Gerhard Wehr
—— 著 ——

胡因夢 —— 審修
王浩威 榮格分析師、作家—— 推薦
倪慧 —— 譯

靈性心理學的曙光

KONFRONTATION UND SYNOPSE

卡爾．榮格（Carl G. Jung, 1875-1961）

　　瑞士精神醫學家，「分析心理學」（Analytische Psychologie）的創建者。其與精神分析學家佛洛伊德（Sigmund Freud）與個體心理學家阿德勒（Alfred Adler）同為現代深度心理學（Tiefenpsychologie）的三大先驅。思想博大精深，學貫東西方，一生著作浩繁，其學說包括對「心理類型」的描述，對「集體無意識」的探索，以及把心理視為一種表現在「個體化」過程中的「自我調節系統」，對後世哲學、心理學、文化人類學、文學、藝術、宗教、倫理學、教育等諸多領域都產生廣泛深遠的影響。

　　生於瑞士凱斯韋爾，在巴塞爾大學學醫，爾後於蘇黎世大學附設醫院繼續學業和研究工作。曾任蘇黎世大學的講師，並於蘇黎世聯邦理工學院與巴塞爾大學授課。1948 年，創立榮格學院（C. G. Jung-Institut Zürich），作為分析心理學的人才培育與研究中心。

魯道夫・史坦納（Rudolf Steiner, 1861-1925）

哲學家、科學家和教育家，人智學（Anthroposophy）的創始人，華德福教育創辦人，可說是二十世紀最具靈性天賦和成就的人物，認為自己的使命是讓現代社會對業力和轉世有正確審慎的理解。

史坦納九歲開始便擁有靈視力，但仍於世俗知識層面精進不懈，中學畢業後進入維也納工業大學，攻讀數學與自然科學，取得哲學博士學位。四十歲以前的史坦納以編輯、作家、評論人著稱，四十歲後開始公開談論玄奧的靈性話題，四處演講，展現了當時西方世界無人能及的知識高度。史坦納所開啟的「人智學」運動影響深遠，不僅只在較為人知的「華德福教育」，也在藝術、醫學和農業甚至金融業都留下影響力。

史坦納著作繁多，已完成中譯的有《宇宙記憶：地球與人類的阿卡夏史前記錄》、《秘修學徒的高等靈性修練法門》、《奧密科學大綱》、《人智醫學療癒的祕密》、《華德福教育的本質》等。

邁向靈性心理學

羅伯特‧薩德羅 (Robert Sardello)

靈性心理學學者與作家、

達拉斯人文與文化研究院

（Dallas Institute of Humanities and Culture）

聯合創辦人

在過去的五十年裡，我始終致力於在心理學領域發展出一個新方向，重點是將卡爾‧榮格的靈魂心理學與魯道夫‧史坦納的靈性科學結合，我相信從這種創新的整合中將誕生出一種新的心理學派，能夠使人充分認識到靈性和靈魂的世界，以及人類的意識是如何在兩者的關係中形成和發展的。

可想而知，當我獲悉格哈德‧威爾的這本著作時，心情是多麼激動。他是榮格重要傳記的作者，也是一位人智學者。在我反覆閱讀此書時，深感這些年的努力沒有白費，因為終於有這樣一部作品能夠將兩者聯繫起來，而且同時獲得人智學者和深度心理學家的欣賞。更重要的是，這本了不起的著作所探討的問題不僅只適用於這些領域中的踐行者，而且關乎著每個人的生命：我們如何對屬靈國度保持敞開和接納？如何知道自己的靈魂深處發生了什麼？如何從靈魂的角度懷著靈性意圖去面對他人、工作以及整個世界？

心理學在當今時代被極大地誤解，人們要麼認為它是一種治療方式，要麼視其為一門相當無意義的學科——以物理學為典範的做法，大部分情況下都未能取得成功。感謝榮格提升了這個領域，使得「心理學」一詞的意涵某種程度上還原到靈魂科學。一門真正的學科遠不止對其相關領域進行學術研究；當一個人開始著手探究某一學科時，他會進入並成為該學科，然後它會成為認識他自己和世界的方式。史坦納的存在讓我們有可能透過這門靈魂學科，去瞭解人在整個宇宙中的位置和工作。從內在經驗去徹底瞭解榮格和史坦納的思想而發展出來的心理學，可以被稱為一種靈性實修心理學。它的適用範圍不局限在診療室內，其目標則是促使人有意識地過上屬靈生活。

一個人在努力認識自己的過程中，哪怕只是取得少許進展，也很快會發現有必要重新看待自己在世界乃至整個存在中的位置。大多數人是沒有能力獨立做到這一點的。因此，許多人發現自己正處在邊緣地帶：不再受集體意識的支配，卻沒有基礎或能力為自己指引方向。然後我們發現自己也不再隸屬於引領這個時代的神話──科技神話和物質主義神話。那麼，我們要何去何從？答案是我們需要新的神話，一種透過想像讓我們真正理解自己是誰的宏大敘事方式。中世紀時但丁提供了這樣一種整體靈魂宇宙觀。他是透過基督教傳統、語言和實踐進行表述的，因為這樣能夠滿足他傳遞壯闊圖景的需求，而我們在其中也能發現自己所處的位置。這種宇宙觀對人類做出了詮釋，告訴我們「我是誰，我在做什麼，我從哪裡來，我要往哪裡去」。

　　榮格和史坦納都提供了從靈魂層面認識自己的宇宙觀，這就是為什麼兩者都值得我們終生研究。我們不該認為他們各自創建出某些方面的相似之處、其他方面卻有所不同的體系，從而簡化了我們研究的內容；我們也不該草率地做出要跟隨哪一方的決定。兩者都反對追隨者，但希望有人受啟發而展開獨立研究。

　　《榮格與史坦納》不僅僅是對兩位富有創新精神的人所進行的比對；他們都為世界帶來了嶄新的見解。進行比對的方式或許很有趣，但最終呈現出來的不過是另一項學術研究罷了。這本書走的更遠一些，它探究的深度與書中採用的、被威爾稱為「概要法」的方式有關。威爾並沒有將兩個體系並排放在一起，然後在外部特徵上尋找兩者之間的異同，而是對它們各自的核心意涵進行了並列比較，從而在這股張力中產生出新的洞見。榮格本人很清楚這種下手

的方式帶有讓心靈歸真返璞的性質，他自己曾經多次採用過此法。這個方式要求人們發展出一種能力，將兩個不可調和的狀況放在一起卻不尋求解決，然後新的東西就會冒出來。史坦納也有類似的主張，他的建議是要發展出對同一問題持有十二種不同觀點的能力。此外，史坦納的演講也充滿著各種矛盾，要求聽者帶著醒覺的想像力，讓這些矛盾孕育出新的意涵。

《榮格與史坦納》儘管有著諸多優點，卻未能將上述的方式演繹極致。在這篇序言當中，我希望繼續向前推進一步，勾勒出一種全新的心理學輪廓，亦即保持深度心理學和人智學之間的對立，不尋求解決方案，在這股張力中，靈性心理學得以脫穎而出。

其中所涉及的對立性是非常極端的，它將清醒意識的極致發展與最深層次的無意識聯結起來。這兩種看待人性的方式之間只隔著一層薄板，這個事實導致了張力進一步加劇。當我們深入於那層看似不厚的分隔時，會發現它們其實是同一事物的兩個面向。也就是說，有個核心元素不自覺地將深度心理學和人智學連結起來，它就是每種文化創生神話裡的「聖杯意象」。

在《奧祕科學大綱》中，史坦納明確指出人智學是一種尋找聖杯的科學。他的意思是，如果人智學是一門關乎將宇宙融入地球、將地球帶入宇宙的科學，那麼人類就處在兩者的正中心。榮格的思想體系完全是西式的，其核心神話也是尋找聖杯。他做過一個非常清晰的關於聖杯的夢，威爾在書中第十一章描寫了這個夢境。榮格是在印度長途旅行時做的這個夢，夢境中的一切似乎都在驗證他所有關於文化、象徵及神話的理念。

這門嶄新的心理學派，是奠基於靈魂真相和靈性實相之上、以

「聖杯意象」為象徵符號的科學。這個象徵為我們描繪出屬靈之魂的圖象，容器本身則代表著敞開心胸接納靈性世界的個體靈魂。此意象完美地表達了我所說的靈性心理學的精髓，也代表維持住靈魂和靈性之愛的張力而形成的心理學發展趨勢。我對這種心理學的定義如下：

　　靈性心理學是一種積極的實修方式，它促使人帶著清醒的覺知讓靈魂對屬靈次元敞開並接受其指引和恩賜，方式是懷著對自身、他人及世界的真切之愛並且付諸行動。

　　史坦納跟隨的是聖杯神話的靈性面向，榮格追尋的則是其靈魂面向。兩者的強烈訴求都是「尋找聖杯」；我們不能低估「尋找」這個意象所帶來的巨大驅力。因此，在榮格和史坦納身上我們發現，兩人都在不斷評判世界現有的運作方式，並且敦促人們拋棄過往的老舊經驗，為人類未來的發展建立靈魂和靈性的整合視野。但除非我們將兩者的研究視為一種「探索」，否則這兩種關乎人類未來發展的強而有力理念，一定會吸引來教條主義式的門徒。

　　我們也必須將聖杯的內容物考量在內。聖杯裡面裝的是血，這個意象代表著欲望的本質。欲望是不可或缺的，如果不去正視靈魂或靈性的欲求，它就可能從背後突襲你。我們誤以為這是草創者希望見到的，並且將其和自己未經審視的欲求混為一談。但聖杯中的鮮血也是基督的寶血，因此它也代表淨化後的熱望，它可以促使我們徹底反轉面向神性，而非迷失在個人欲求當中。

　　榮格和史坦納都經歷過個人的轉化歷程，而且盡可能確保自

己所遵循的渴望不被個人欲求染著。毫無疑問的是兩者都有強烈的野心，希望全世界都接納他們的觀點。但他們的追隨者往往愚昧地忽略了自身的欲望，認為在從事研究之前沒必要先在這一點上面下功夫。他們以為採信大師的學說，便可成為合格的人智學者或榮格派心理學家，從而對自身欲求如何運作視而不見。在人智學的領域裡，追隨者對欲望的淨化往往是虛假的，時常表現得好像已經不受肉身束縛、成為了純粹的靈性存有，而且認為自己帶給世界的就是世界所需要的。在深度心理學領域裡，人們則時常陶醉在隨著靈魂進入無意識深處的體驗中，完全沒意識到有必要淨化自己的欲望，愚蠢地認為既然跟隨的是自己的靈魂，所以其本質必定是良善的。

轉化欲望要求我們維持在無法解除的內在張力上面，但不去尋求解決方案。面對熱血之欲卻將其置於聖杯中的文化典範人物，可能既不是史坦納亦非榮格，而是但丁。整個《煉獄》明確關注的是將對立面放在一塊兒，形成張力而不加以解決：悔恨與喜悅、驕傲與謙卑、默觀與行動、證入永恆的負任與圓滿世間需求的責任。對立面之間的種種遊戲，最終能夠促使靈魂向屬靈國度敞開。因此，與榮格或史坦納相比，或許我們可以在但丁的心理狀態中發現更偉大的心理學背景，也許我們可以追隨但丁的腳步——史坦納尊稱他為「最偉大的人」。這意味著將史坦納和榮格放在富有張力的兩端，而這股張力產生的原因，就是為了讓愛進入其中，而且是唯一的方式，正如但丁所顯示的那樣，這樣的愛比我們的任何渴望都要高尚。雖然我們經常美化自己在愛上面的能力，然而它是無法被造作出來的。我們的欲望過於混亂，以致除了關切自我的欲求之外，基本不懂得其他形式的愛。愛的淨化力量是透過靈魂向無法調和的

衝突帶來的張力敞開心扉，而得以灌注到內心深處的。

　　這裡之所以探討愛是因為，靈性心理學是從安住於榮格和史坦納的張力中所拓展出來的心理學派；愛是其關鍵次元。愛不僅僅是一種感覺，也是屬靈之魂行動的核心本質；屬靈之魂的所作所為皆出於愛。愛不是欲望徹底淨化後的表現，而是欲望正在被淨化的過程。

　　榮格除了跟自己的圈子互動以及對靈魂感興趣之外，和外界基本上沒什麼聯繫。史坦納與周遭世界則有許多交集，他創立了嶄新的教育、醫療、農耕系統，也在繪畫、舞蹈、建築和戲劇方面帶來新的形式。他啟發民眾揭起一場名為「基督社團」的宗教運動，透過社會新秩序進行思考；他也投入於各種文化活動中。榮格的內向特質使得他將一生都奉獻給了對靈魂的探究，他的整本自傳就是一種嶄新形式的對內在活動的闡述，一本靈魂的回憶錄。相對地，史坦納的傳記則全是對外在事件的描述，客觀到令人乏味。它屬於密修派的靈性傳記，因此作者以第三人稱談論自己的生活，這種方式並不罕見。所以我們必須維持住的那股張力，就出自於內向化的靈魂和外向化的靈性之間的拉扯。靈魂是我們曾經的歸所、隱匿在內心深處的記憶和想像；靈性則是尚未在世間建立基礎的人類未來。

　　仔細閱讀威爾對榮格和史坦納生命軼事進行比較的章節，會對靈性科學和深度心理學的內在源起有一些驚人的發現。榮格和史坦納都與死亡有著特殊而深刻的關係。某位已逝的女性在史坦納年僅四歲時造訪了他，這個經歷給他留下了深刻的印象。後來他就「與死者保持聯繫的重要性」這個主題做了許多講座，甚至提供了具體的操作方法。榮格同樣有過與死者接觸的經歷。威爾指出，榮格

（也是在四歲）目睹了一場由他父親主持的葬禮，這給榮格留下了詭異的印象。他的深度心理學始於和死者也有過接觸的表弟與他所進行的聯想實驗。

死亡的奧祕對兩人都產生了影響，但方式有所不同。在史坦納看到的異象中，死去的女人是在尋求幫助。這個經歷激發他以科學方式進行探尋：到底透過什麼方式可以和死者保持聯繫呢？榮格得到的印象則是對死亡國度既感到恐懼又受其吸引。對他來說更多的是和死亡奧祕苦鬥，那些充分意識到死亡悲劇正在來臨、生命即將離去的人，通常是會有這種感覺的。

兩個人對死亡和亡者的體驗以及內心一直保有的張力，幫助他們打開了通往靈性心理學的大門。史坦納和榮格都擁有雙重意識，他們一直與亡者維持著密切的關係，這種關係是真實存在的，但必須被理解為一種積極想像，而非普通的意識作用力。他們和世界也一直是有互動的（儘管史坦納在這方面的表現更為突出有效）。從兩人身上我們觀察到同時存在的兩種意識形式：對榮格來說，就是一號與二號人格；對史坦納而言，則是普通意識（ordinary consciousness）和眼通意識（clairvoyant consciousness）。這種雙重意識便是人類未來的狀態。它屬於聖杯神話，要求所有人都發展出這種能力，期待我們的靈魂既能朝著靈性次元敞開，也可以在世上有效地開展工作。

如果我們將兩位都視為已受上界啟蒙的高人和人類的先驅者，那麼，這就是他們所引介的人類演化在未來的可能性。我們在世間工作的同時也可以為靈魂和靈性效勞，此即靈性心理學所要促進的意識狀態。榮格和史坦納生而具備這份覺知，並且以不同的方式生

活於其中。下一步要做的則是在完全醒覺的狀態下，去發展這層意識。他們兩人都有啟蒙經驗，因此能夠做到這一點。我們可以這樣說，他們的這種雙重意識狀態是被亡者所啟發的。靈性心理學的真正創始人是那些仍舊熱愛世間的死者，他們對這裡發生的事情有著極大的興趣，他們所關切的是生活在這副骨肉之軀裡的我們，能否迎接靈魂和靈性存有帶來的挑戰。

雙重意識在密修傳統中是為人所熟知的。舉個例子，我們在歐里庇得斯（Euripides）的《酒神》（Bacchae）中可以看到這一點。片面理性的彭透斯（Pentheus）被想像力之神戴奧尼索斯（Dionysus）打敗，他仰望天空時突然看到了兩個太陽。這兩個太陽標誌著地球意識與死亡意識並肩共存。雖然這對彭透斯沒什麼好處（他最後被邁那得斯〔Maenads〕撕成碎片），但社會確實因此而得到更新。我們需要榮格的深度心理學來維持想像力，也需要史坦納的靈性科學將這份想像力運用到未來地球的型塑上。兩者結合使得雙日共存——具有靈識富想像力的太陽和代表塵世日常意識的太陽——成為可能。

過去同時出現了兩個太陽，意味著一個人處在極度危險當中，就像彭透斯一樣可能跌入無限深淵。我們無法一蹴而就地躍入這種意識狀態中，我們必須培養出正確的能力並經歷轉化帶來的陣痛。在榮格和史坦納的著作裡，我們可以找到蛻變的方法。他們的文字和其他作品截然不同，讀完之後勢必會有所不同。然而，你必須全心全意同時或深入地對照閱讀兩者的著作，而不能僅僅透過心智來讀它們。

靈性心理學採取的就是這種並列比較的方式。它以死亡意識為

基礎，象徵著不為自身利益而努力的重要性。我們當然很清楚，即便看起來是在慷慨地為他人謀福利，但自己的利益還是牽涉其中，而且通常情況下都是排在最前面的。靈性心理學提供的視角是一種意識模式而非書面理論，它是在不斷的自我否定中發揮作用的——將死亡視為一種生活方式，便是讓靈魂真正向屬靈次元（spiritual worlds）敞開，成為這些國度服務的唯一途徑。

「無意識」是人類意識的核心元素，而且與亡者之間存在著密切關聯。對史坦納來說，意識分為醒時、入睡時、深睡時以及出神時的幾種狀態，在此舉幾例子以便說明。他認為無意識是不存在的，那只是清醒意識對其他意識狀態的一種說法。此外，這些不同的意識指的並非不同的狀態，而是受到無形存有的影響所致。比如，貌似突然出現的心理疾病，有時是因為亡者沒有受到活著的人懷念而製造的靈擾。也就是說，意識世界包含了死者的亡靈在內。史坦納的這種說法比榮格的心靈結構理論要有力的多，因為後者的大部分內容仍然隱匿在表相之下。心理學所涉及的正確且恰當的領域，不僅應該包括亡者，還應該將所有精靈、天使、神祇等其他存有涵括在內。它們並不存在於無意識當中，而是代表著不同的意識界域。

若是尚未發展出屬靈之魂的眼通能力，便試圖談論存有的不同界域，我們就會面臨要麼完全按字面意思進行解讀（透過人智學術語），要麼只將它們視為各種原型意象（從深度心理學的角度）的危險。靈性心理學的目標乃是要發展出屬靈之魂，而不是在字面和想像之間做出明確區分。如果你問這些無形存有是否真的存在，答案是，是的。它們會不會被感官覺知到，並且經由因果法則影響我

們？答案是，不會。因為，當某個次元的無形存有對我們產生影響時，事實上我們就是那種意識狀態本身了。這種影響並不像石塊撞到肉身那樣，有一股外來的衝擊感，也不是在靈魂之內所產生的意象。靈魂並不是意識的容器，而是可以感知屬靈實相的先天潛能。我們是屬魂和屬靈的存有，而非擁有靈魂和靈性的生命體。我們是有肉身的，即便如此，靈魂和靈性也不會像幽靈一樣，在我們的物質身中盤旋徘徊。我們不能被因果法則束縛——榮格多少仍受制於它。因此，我們必須逐漸習慣於遵循同質和斥異法則，因為這兩股勢能都在我們的心中振動著。我們就像是豎琴，當靈魂存有和屬靈次元發出聲音時，我們也隨之共振和鳴，因為我們的本質和這些存有是一樣的。

人智學對身體結構和功能的不同理解，清楚地詮釋了非物質存有諸如亡者或其他靈性存有，是如何引發身體症狀從而對我們產生影響的。活著的肉身不但是由物質所構成，也包含了連結無形維度的精微乙太勢能。有關乙太體（etheric body）是沒什麼理論可言的，但所有靈修和密修傳統都承認它的存在；此外，經由肉身生命形成的過程，是很容易體驗到乙太能量的。史坦納批判精神分析學派缺乏適當的工具進行研究，而且無法對其探究的真相做出解釋，指的就是這些人缺少對乙太層的洞見。

乙太體的概念使得榮格和史坦納對心理疾病產生了完全不同的理解。榮格總是將現象回溯至原型意象，在疾病中尋找神祇、精靈或亡者的影子，而且將這些意象解釋成靈魂的不同面向。當史坦納看待同樣的症狀時，也會追溯至神靈或亡者，但是他主張無形存有的確會在人身上直接起作用。缺少了榮格的視角，我們往往會從字

面去理解屬靈存有的作用力，以為它們就像地球上的生物一樣，只是模樣有點朦朧難辨；反之，缺少了史坦納的見解，我們則會規避掉屬靈存有的真實臨在。

史坦納和榮格之間無法調和的分歧對立，還體現在對魂和靈的理解上面。過去的十五年裡我去任何地方授課，總有人要求我為靈和魂下定義，希望我告訴他們兩者有何不同。這樣的問題是沒有意義的，因為它會把能夠感知到的東西降維到一般的心智層次，然而在這個維度裡是找不到答案的。所以此問題已經假定，除了深入探究問題的本質之外，還存在著其他可以擺脫困惑的方式。

這本書帶領我們進一步地深入體會靈性與靈魂之間的張力，書中的這兩個名相有時也會被作者交換使用。比如，在附論二所引用的漢斯・艾哈德・勞爾（Hans Erhard Lauer）的文章中，始終存在著名相混用的情況。維持住張力帶來了一些清晰的認識。舉個例子，我們發現儘管「靈魂」的內在與「靈性」的內在並不相同，但它們都是藉由人的內在經驗被揭露的。榮格談到小時候他是如何接受啟蒙而進入到地球奧祕的探索；史坦納則提及自己受到指引開始探究宇宙的奧祕。兩人都談論到原型，但榮格始終關切原型意象是如何透過人的靈魂顯現自身的，史坦納關注的則是這些原型存有如何型塑人類和地球。

另一個差別是：榮格認為靈魂就是意象，我們可以將其理解為特定的夢境或神話內容。不過當然，榮格所論及的意象本質要複雜得多。我們在他的作品中明顯感覺到，意象不僅僅是圖象內容本身，箇中的意涵也會透過意象呈現出來。但是對史坦納而言，意象是一種活動，一種從無形的靈性存有變成有形或真實臨在的作用

力。形成意象是我們能夠感知靈性存有活動的第一種方式。史坦納認為意象是一種明確的靈性概念，榮格則認為它是靈魂的核心作用力。

我們可以將關注點放在這兩種立場之間的對比所取得的成果，而非因截然劃分靈魂和靈性所產生的分歧上。如果單獨從靈魂原型的角度入手，很容易將人與外境分隔開來。榮格對靈魂與現世的劃分，使他不自覺地落入自我中心傾向。反之，只從史坦納的觀點進行研究，則容易缺乏想像力、拘泥於字面意義，甚至會過度致力於實際工作，或者僅透過藝術活動而非有覺知的內在實修，來滿足靈魂的內在需求。只有將靈性和靈魂的觀點整合在一起，才能發展出靈性心理學。這種新的心理學派的先驅就是榮格和史坦納，它將屬靈之魂置於靈修的核心位置，以維持靈魂和靈性之間的張力，並找到如何在塵世落地生活的方式，繼而形成一種靈性文化。若想讓屬靈次元透過我們在世上做工，我們的任務就是要發展出最大限度的容受力，而且要把這種狀態延續下去。我們需要敞開心胸接收上界帶來的靈感啟示，而不是以為將史坦納的言論付諸實踐就夠了。

靈魂和靈性的界分還體現在另一方面——榮格將心靈發展的目標定義為對「自性」（Self）的覺醒，史坦納則呼籲要發展出「我」（"I"）。兩者是一回事嗎？威爾將它們等同視之，但我認為還是不要混為一談，維持兩者固有的張力可能會更好些。我們可以將「自性」想成是從個體靈魂進入靈性維度的居中狀態，而「我」則是從靈性維度降至個體靈魂的中間狀態。從靈性次元的角度來看，「我」就是「自性」；從個體靈魂的角度來看，「自性」即是「我」。「自性」乃集體性提升至個體性的存在境界，

而「我」則是與大一（the whole）連結的個體。安住在「自性」和「我」的詮釋所帶來的張力中，可以幫助人智學的追隨者們理解清楚，史坦納所說的「我」和他們缺乏靈魂深度的「小我」（egotism）是截然不同的。他們永遠搞不清楚這一點（史坦納也會用不同的方式提及「小我」（ego）。在使用「小我」一詞時，他有時指的是「我」，有時則是一般意義上的「小我」）。同樣地，這股張力也可以幫助榮格學派的追隨者們瞭解到，「我」這個字在語言的理解上有點棘手，但其本身的堅實性卻能防止人們誤認為固著於靈魂的活動，就能引領人進入到高層神祕境界。

鏈接「我」（I）、「自性」（Self）、「自我」（self）和「小我」（ego）的扣環依然存在。無論是「我」和「自性」還是「自我」和「小我」之類的概念，我們都不該去除也不該試圖透過定義將它們等同視之。這些概念相互衝突所帶來的價值，就是為了讓它們在我們之內引發衝擊。我們必須找到解決問題的辦法，這對每個人來說都是個活生生的議題。舉個例子，榮格和史坦納對「小我」的定義並不盡然相同。史坦納所指的「小我」是人類內在屬靈個體的一種映象，或是真實屬靈存有的某種投影。我們必須帶著覺知不斷實修、淨化欲望、發展創造性思維能力、想像力、直觀力和靈感，才能逐漸趨近於它。對榮格而言，「小我」乃是整體靈魂的一部分，但它卻誤以為自己是全部。因此，帶著覺知踏上永無止境的個體化（individuation）歷程，才能在某個時刻意識到「自性」的存在。無論是從個人還是文化的角度來看，知道我們目前是處在「小我」還是「自性」階段，乃是至關緊要之事。能夠清晰地辨識出何種體驗是「我」、何種體驗是「自性」，也是至關緊要之事。

「內在世界」和「外在世界」之間的關係，是我們必須面對的另一股張力。史坦納更偏向於亞里斯多德學派，榮格則隸屬於柏拉圖學派。因此，將史坦納和榮格的作品放在一起時，我們必須維繫住這股張力，盡可能清晰地進行探究。史坦納將人類研究劃分為三個領域：感官維度、透過靈魂延展下去的感官經驗，以及人類是如何認知的。這種研究方向似乎與榮格的截然不同，後者更感興趣的是一直追溯到仍然活躍的靈魂原型既存模式上。史坦納和亞里斯多德的觀點之間其實存在著很大的差異，前者所從事的三種領域的研究，完全著眼於內在世界——不是主觀感受，而是內在世界。例如，他一開始會從外在去描述感官及其作用力，但並未就此止步。他接著從內在角度繼續探索，很巧妙地一步步將人帶入對整個內在宇宙的認知。他不是簡單的亞里士多德派學者，他以無與倫比的邏輯逐步推動我們走向內境。密契體驗是窮邏輯之究竟的結果，而且無從選擇。

　　人智學面對內在世界的方式完全脫離了二元論。探究人體生理活動並不意味要區分「內在」和「外在」，我們是可以透過「內在」去瞭解「外在」的。例如，史坦納對內在物質存有所進行的最重要的探索之一，就是他對生理學的研究。在他看來，人類同時存在於物質界、靈魂界和屬靈世界，由此而避免落入二元論的窠臼。他認為只有發展非二元觀點和思維（即「我」），才能同時準確地對這三個世界進行探究。二元論的謬誤源於單一世界觀，這會導致身心分家，將肉身視為物質界的一部分；還會造成靈魂和靈性脫離肉身及外境，然後又藉由平行主義或化約主義尋求連結。

　　榮格也是完全忠於內在世界的。嚴格地說，他的風格不是柏

拉圖式的,而是傾向於康德學派(原型心理學家詹姆斯·希爾曼
〔James Hillman〕強調榮格作品中的柏拉圖面向,將其康德的一面
盡可能降至最低)。他對靈魂原型的關注容易令人產生誤解,因為
他無法藉由自己的心理學體悟到靈魂中的大宇宙維度。他所關切的
始終是靈魂本身,對靈魂是否反映出「真正的」屬靈存有活動完全
避而不談。這一點非常重要,因為在史坦納的協助下,我們才有可
能將榮格的作品重新置於柏拉圖式的想像中,亦即把原型意象看成
是真實的存在。但這需要史坦納的學說作為補充,僅此一句表述是
遠遠不夠的,我們必須培養覺知力才能揭示其屬靈本質。史坦納發
展出了這種能力,而且就其他人如何做到這一點撰寫了大量文章。

康德說過,客體、超驗體驗、事物的核心都是絕對無法被觸及
的,因此你必須將自己限制於經驗世界、有限事物和表象之中。榮
格把康德對現象界的限定視為心理學不可動搖的基礎,從而將本體
拒之門外。這就是為什麼榮格雖然提出了原型概念,但是在「心理
學」可言說的範圍之外,對原型的真實存在卻隻字未提。因此,從
榮格的觀點來看,對實相的探究是個閉環,充其量提供了一個關乎
實相的特殊概念,但所謂的「內在真相」卻是很容易被曲解和誤用
的。

一旦揭露了榮格的工作導向,亦即完全仰賴經驗主義、將其研
究對象局限於內在靈魂意象上,我們似乎就該停止對榮格和史坦納
的比對研究了。史坦納就屬靈存有的實相發表過許多言論;在他看
來,無形存有的運作是完全獨立的,我們需要發展靈魂作為感知實
相的器官。不過,由於榮格提高了心靈對現象界的敏感度,所以這
股張力還是要繼續維持下去。

史坦納對超驗現象有著清晰的概念，其表述能力令人難以置信，他觀察的精準度可以媲美任何科學家。此外，史坦納還發展出對無形屬靈次元進行觀察的能力。然而，他將自己的所見表達出來的方式，並不是與神靈進行內在對話，而是闡述理念和想法——這是讓我們的意識狀態最接近他所經驗之實相的方式了。我們並沒有史坦納直接經驗屬靈國度的一手資料，有的只是他對那些次元所做出的各種描述。由於屬靈次元對大多數人來說仍舊是陌生的，所以儘管史坦納一再表示聽者需要自己去檢驗這些理念是否正確，但仍然存在著將他的言論照單全收的強烈傾向。深入於這些思想的核心是需要某種能力的。我們不能只是透過慣常的意識狀態進行檢測，而是必須進入內在世界去經驗它們；我們必須探入到概念的核心本質。在此處引進榮格是絕對必要的，他展示了如何深入於事物的內在並居於其中的方式。我認為如果沒有榮格，人智學者會淪為內心根本不理解、只是教條式地應用傑出人物理念的一群門徒。在不具備發現靈魂本質能力的情況下將這些思想付諸實踐，會變成強加概念於人的行為方式。從長遠來看，這種做法並不比迫使我們接受技術高於一切的世界觀更有助益，因為據說技術會讓生活變得更美好。

　　幾年前我在一個大型人智學聚會上發言，介紹了靈性心理學的基本觀點。聽眾的回應十分冷淡，事實上，我幾乎可以聽到有些人的胃部翻江倒海的聲音。有個人猛地站起來說，我們有史坦納，所以根本不需要心理學。在場的許多人都對這個幼稚的觀點表示贊同。然而，史坦納探索靈魂這一事實，並不意味我們不需要從內在真實地觸及靈魂，只是接受他的結論就夠了。史坦納向我們闡述了

靈魂運作的諸多方式，但還有一個問題，就是如何將它活出來。這只能透過深入於靈魂的內境才能達成，而這正是榮格的強項所在。

此處又出現了一個重要議題。如果榮格因康德的影響而將自己局限於眼前的表相上，那麼為何要經由史坦納來探究屬靈存有的實相，而不是像極為機敏的榮格派心理學家沃爾夫岡‧吉格里希（Wolfgang Geigerich）那樣去向黑格爾求助呢？（參見其著作《靈魂的邏輯生活》）答案是和康德相比，雖然黑格爾可能為榮格提供更好的哲學基礎，但他的方法對靈魂來說是具有毀滅性的，因為意象－意識會被抽象思考所取代。只有史坦納提供了能夠涵容靈魂和靈性的必要基礎，這也是心理學的根基所在。威爾之所以能將兩者的作品放在一起進行有意義的對比研究，正是因為他們在靈魂和靈性上有著共同的基礎。

遺憾的是，威爾延續了藉由神話、記憶和故事畫面來瞭解靈魂的探究方式，他於行文中經常採用內容導向的語言。靈魂具有意識的這個說法，會讓人誤以為靈魂是某種裝滿了意象的容器。然而，靈魂——至少某種程度上——還包括意象形成的過程，而不僅僅是意象本身。神話也不只是意象的合集，而是一種意象正在不斷形成的國度；也就是說，應該將神話視為仍然在運作的有機體。如果神話已經徹底結束、毫無生氣，那麼留給我們的確實只有乾癟僵死的畫面本身了。

我從史坦納身上學到的最重要的能力，就是透過不斷形成的意象而非靜止的畫面展開想像。在史坦納最深奧的關於靈魂的的著作《身體、靈魂和靈性的心理學》中，他描述了靈魂的運作方式，其中最重要的一點是它如何理解源自於未來的時間流，此即我所說

的意象形成的過程。靈魂關注的不是某一個畫面，因為流向我們的未來，是沒有確切內容的。如果出現的是具象圖景，它必然是源自於過去；這是乙太體對過往——個人經驗和原型意象——的一種映射。然而，源自於未來的這股時間流是真實不虛的，這裡的未來指的是演化發展的各種可能性。儘管這個概念聽起來遙不可及，但事實並非如此。我們每做一個動作都在經驗這股時間流。例如我起身向門口走去。在意志的深處，將要發生的一切於實際發生之前已經在進行了。如果只是頭腦裡產生了一個念頭，我是不可能走過去的。在走的過程中，到達門口一事已經存在於我的行動中。舉這個例子只是為了簡單說明，我們的整個生命是如何從未來走向我們的。

我們的每個舉止都和生命整體有著內部的關聯，而且是後者的一種全息呈現，區別只在於整體中的大部分內容尚未發生。在《身體、靈魂和靈性之心理學》一書中，史坦納將這股源自未來的時間能流描述為靈魂的星光體（astral body），它在構建未來的過程中不斷形成不同的畫面。靈魂的生命在大宇宙中孕育成形：「星光」（astral）一詞的詞根意思是「星星」。這個維度是完整的，但同時也是開放並且持續演化的。回憶和原型意象都屬於過去，史坦納稱這股意識流為靈魂的乙太體，而乙太體呈現出的畫面是靜止不動的。它們不一定是已經死寂或消失不見；它們仍然鮮活，但無法再發展出新的意涵。因此，我必須區分以下兩者的差別：浸淫於宿命（fate）中、被過去型塑的靈魂，以及浸淫於命運（destiny）中、被未來型塑的靈魂。榮格心理學傾向研究前者，人智學關切的則是後者；靈性心理學會同時考量這兩種情況，並且在過程中對它們的

差異保持覺知。

　　舉個例子，當生活中發生偏離慣常經驗的事件時，到底是源於宿命還是命運使然？這兩個詞經常被交替使用，但它們所代表的絕對是不同的體驗；如果你知道如何面對，兩者的區別還是顯而易見的。在這裡，人智學有很多方面值得深度心理學學習，因為心理學偏向於透過個案的歷史進行解讀，似乎只關注到一半的內容。這是一個如何看待意象的問題，哪怕是原型意象和神話意象，也要關注其發展趨勢而非緊盯著過去不放。

　　維持著榮格和史坦納之間的張力、不尋求解決方案，所取得的另一個成果是發現個體內在的進展途徑。榮格認為心理分析是現代西方世界唯一的啟蒙之路，他要麼不瞭解史坦納，要麼輕蔑地拒絕承認史坦納的研究是一條通往個人內在發展的道路。榮格和史坦納採用的方法起初看上去似乎毫無關聯。榮格派的方式是對他人進行心理分析（儘管治療師自己必須先接受心理分析），然後在這個過程中透過夢境持續做內在工作，以便接近原型意象，感受它們鮮活的存在，藉由神話拓展意象的內容，最重要的是切身參與到移情當中，而真正的轉化就是發生在這個階段。對有些人來說，還要加入積極想像，這是那些接受啟蒙進入個體化階段的人所要做的功課。

　　史坦納採用的方式則是冥想，其重點是發展出完全控制意識的能力，不允許任何非冥想者主觀所願的東西進入其意識範疇內。被置於其中的應該是和感官世界無關的想法或意象。舉個例子，對不存在於感官世界的玫瑰十字進行冥想。排除任何雜念，在專注一段時間之後對象會消失，冥想者繼而進入到意識的空境。由於意識不會一直保持空無狀態，因此等待一段時間之後，就會出現意象、想

法或洞見，這些都是來自於屬靈次元的訊息。

史坦納還推薦了許多其他的修習方式，比如回顧練習、控制思考、感受和意志的修練，以及發展出體驗業力的能力的特殊冥想。史坦納在他所從事的每個領域——醫學、農業和教育——也都推薦相應的冥想練習。

這兩種方法的主要區別是，榮格的冥想需要面對另一個人（治療師），而史坦納的冥想則是獨自進行的。人智學者並不鼓勵甚至貶低團體冥想。

在比較榮格和史坦納所採用的方法時，最重要的是去觀察由此培養出了哪種能力，而不是具體的操作流程。事實上，史坦納對這一點說明得非常清晰。例如，在先前提及的玫瑰十字冥想中，其重點是發展出建構思維和消除思想的力量。就好比靈魂是塊肌肉，需要不斷練習以增強力量，這樣修習者才能帶著覺知進入其深處。

仔細檢視榮格的方法我們會發現，個人和治療師之間的關係是最重要的，此即心理分析、瞭解夢境和展開積極想像的力量之所在。當然，大部分工作是圍繞著具體材料展開的，但靈魂的轉化卻和移情息息相關。移情這個名相指的是能夠感受到愛的自然臨在而不將其行使出來，也不將其化約成個人性的情感。

事實上，史坦納的方法中也有類似的移情元素，他堅持認為無論進行什麼冥想都必須帶著強烈的敬畏心，冥想者借此與未知之境建立一種愛的關係。認為史坦納的冥想是個人行為、榮格的冥想是團體之舉，在我看來是一種錯誤的認識，儘管一開始你會產生這樣的感覺。靈性心理學採取的方式是將兩者結合。靈性心理學重視團體冥想工作，認為冥想中的感覺與思考同樣重要，這一點主要歸功

於榮格。與此同時，在史坦納的指引下，靈性心理學拒絕將治療表淺化。相反地，它認為個人冥想是治療的內建要素。在團體背景下進行個人冥想是完全可能的，我們所要進行的練習與史坦納的觀點一致，最重要的都是增強靈魂的內在力量。以小組形式討論練習成果不僅可以拓展靈魂的感知維度，而且也是共同進行靈魂探究的一種方式。靈性心理學作為一種新的治療方式，擺脫了對個人的過度關注——這很容易導致以自我為中心的傾向——卻增強了靈魂和靈性的力量，後者在任何情況下都是治療或療癒工作的核心重點。

漢斯・艾哈德・勞爾對榮格和史坦納的看法有少許不同，他的講座非常有價值，內容參見附錄文稿。他的演講對基於深度心理學和人智學的靈性心理學是有貢獻的，我對此也想做一番探究。

他的第一篇論文全面闡述了一位贊同深度心理學的人智學者，是如何詮釋前者的願景、意義和方法。這篇文章乍看上去似乎和深度心理學教科書的內容非常相似；然而請留意文字的內在清晰邏輯，以及勞爾是如何將其主旨逐步鋪陳開來的。

勞爾首先在深度心理學中發現了個體和集體力量之間的勢力遊戲，角力的兩端分別是代表集體的佛洛伊德——他強調性欲是集體驅動力——和代表個體的阿德勒。榮格則取其中道，他認為當兩極發生衝突時，疾病就會產生。其深度心理學探索的是靈魂和原型的集體勢能，以及在無法有覺知地接受象徵意象的情況下，這些具自主能力的存有是如何滲入意識並導致疾病產生的。勞爾認為榮格阻止了集體勢能和個體力量之間的徹底決裂。

史坦納也希望癒合這道裂痕，但是他採取的角度與榮格截然不同。史坦納研究的是如何發展個體能力，將小我轉化為有覺識的

「我」或屬靈個體，在塵世裡從事落地靈性工作的同時，能夠體會到來自靈魂深處的屬靈意涵。這確實是一個非常宏大的指令。如果這些能力沒有在靈性層面得到發展，裂痕勢必會加深。史坦納在教育、醫學、農業、繪畫、科學、戲劇等領域發起了文化革新運動，但是對許多致力於此的人智學者來說，往往存在著對內心深處的攪擾不自知的隱患。史坦納對不同領域所進行的研究已經被付諸實踐，但冥想卻經常被人遺忘。即便是那些練習冥想的人智學者們，對於個體與集體之間的分歧之規模和程度，仍然是不認同的，或許他們覺得自己可以不受這種分裂帶來的影響。事實上，這種分裂程度之甚，我認為如果不在靈魂層面上做功課，而只是進行靈性修習，會是一種非常危險的行徑。

在人智學圈子中存在著這樣一種觀念，即史坦納所創建的體系本身已足夠惠及全世界。但是單獨來看，如果不和靈魂建立有覺知的連結、缺少和意識生命活動的內在聯系，那麼人智學和其他學說一樣，就只是另一套在同樣昏昧的意識狀態下運作的學問罷了。此外，個體如果沒有打下紮實的基礎，當不斷翻湧的勢能滲入意識時，喚醒屬靈大能是會帶來致命影響的。以這種姿態所確立的權能，很可能導致虐待、殘暴、教條主義、虛假的優越感，以及人智學團體與外境的隔絕。

勞爾認為深度心理學與現代科學有著同樣的思維方式：提出關於人類靈魂的理論和假設，然後透過治療展開研究。此處勞爾忽略了兩點：現象學是榮格的理論基礎，移情只是治療的核心要素。另一方面，按照勞爾的觀點，那些從事人智學研究的人可以透過冥想，從內在經驗到與身體有別的靈魂。這種冥想練習可能讓人體會

到「我」的存在。正是這個完全覺醒的「我」，才有能力面對來自靈魂中集體勢能的任何挑戰。

小我的大部分生命是沒有覺知的，這是人智學真正有價值的發現。然而，即便在人智學圈子裡，也無人注意到這一點。在小我的無意識與靈魂的集體界域之間，始終存在著一種內部的牽連。一般情況下小我充滿著傲慢、自我膨脹、憤怒、嫉妒等各種能量。最重要的是，小我是由恐懼構建而成的。佛洛伊德曾經列出一個包括大約五十種小我防禦機制的清單，詳盡地描述了小我無意識的運作模式。小我總是在自我防衛——比如否認、投射、內攝等等，而且對此完全沒有覺知。

單獨地看待人智學的研究途徑，你會發現它要求追隨者藉由冥想練習，去體驗靈魂有別於肉身這個事實。它也要求一個人去覺知思維活動本身，而不是陷入於內容中。這樣的發展能夠開拓出想像意識。然後它要求人們要對感受本身而非其內容產生覺知，如此一來，靈感就會被體悟成屬靈存有的作用力所賦予的啟示。接下來則是要對意志本身而非其內容產生覺知，這樣直覺就會被體悟成屬靈存有直接參與的作用力。上述的這一切預計可能會發生在靈魂分裂得最嚴重的文明紀元，屆時個人主義將居於主導地位，而和靈魂的集體勢能喪失連結。

靈性心理學創造性地整合了深度心理學和人智學，將兩者融為一體，並主張內在的靈魂功課是進行任何靈修的必要前提條件。此處「前提條件」意思類似於音樂家演奏前的熱身練習。你可能是一位非常優秀的音樂家，但基礎的指法訓練是不能不做的。在我們這個時代裡，不和自己的靈魂確立健康的關係並透過大量修習保持連

結，便試圖直接進行冥想，絕對是一種愚蠢的舉動。靈性心理學所涉及的內容就是如何維持這份連結，特別要在日常工作中做到這一點。靈性心理學作為一種實修方式，需要成為每所華德福學校的培訓專案，包括人智醫學和其他人智學活動的培訓在內。

當你在沉思默觀勞爾的文章時，可能會想到必須棄絕身體才能深入屬靈之魂中做功課。勞爾強烈地暗示了這一點，但並未提及（威爾也沒有）史坦納的工作中有一個領域關乎的都是發展身體想像器官的能力，並且要透過它們深入於底端的靈魂和屬靈次元。人智學主要提倡的是脫離身體的冥想，但這不必然是需要遵循的方向。藉由史坦納的冥想練習，並參考他在《密修生理學》中的修習成果，對榮格和史坦納進行比對研究將會極有成效。

我不想迴避對比榮格和史坦納以及靈性心理學形成的過程中，所出現的最困難的議題，亦即，將基督置於人智學的核心，以及基督在榮格心理學中的重要性。

遺憾的是，這個核心要素在人智學中幾乎總是變成令人傷感的話題，儘管史坦納本人並無此意。他經歷過一次深刻揭示基督真正奧義的靈性體驗，並由此重新調整了人智學的發展方向。但如果不進行史坦納的冥想練習，人類的核心自由就會退隱至宗教面紗之後，這一點可以在史坦納的基督信仰密修觀中得到證實。人智學需要成為基督教會的一種修習方式（儘管這一點被強烈否認）。許多人智學者希望魚與熊掌兼得，他們期待自己能夠以徹底自由的「我」之形態存在，但同時又希望基督在他們之內進行事功——無需穿越基督信仰的精神包袱，就能進入人人活在基督之內的狀態。

榮格和史坦納對是否信仰基督並無要求，不過他們都意識到，

在不承認基督的情況下談論亡者、神祇和屬靈世界，絕對是一種愚昧的行為。榮格明確地強調了心靈的宗教特質，但他主張除了基督信仰神話之外，靈魂還受到許多其他原型神話的影響。然而，他確實是將基督信仰神話視為心靈發展的方向，也就是說，個體化意味著實現「自性」，而「自性」的原型就是基督。

如果一個人不只是接受榮格的立論，而是對其觀點和他關於基督的闡述進行默觀沉思，那麼所得出的結論將會顯得十分有見地，而且可以為人智學者遇到的障礙提供解決辦法。這個障礙指的是，除非借助他人的力量，否則我們是沒辦法透過慣常的小我意識去理解基督的。在人智學圈子中存在著這樣一種危險：只要從概念上理解和基督的關係，就能在現前直接體驗到靈性上的高層境界。我們需要的是真正培養出「我」的能力，這種能力一旦發展出來，是可以拓展出基督信仰靈性心理學的。史坦納的著作將關乎基督的理念傳播出去，其力道比那些將基督徹底人格化或神格化的宗教，要強大有效得多。但如果對史坦納的言論照單全收，則很容易變成一種宗教信仰（事實上，信仰宗教並沒有錯。比這糟糕許多的是，你並不知道自己已經落入教派的窠臼中）。

我在這裡所關切問題是，是否有或可能存在這樣一種基督靈性心理學，而不是將某種信仰強加在一門學科之上。就這一點而言，史坦納比榮格更能帶來幫助，但必須仔細研讀史坦納的全部著作。這意味著知曉基督大能滲透在所有意識──包括自然界、文化和文明、地球以及人類的身心靈──的結構和內涵中。因此，我們是不可能沒有基督信仰靈性心理學的。能夠否認的只有靈性心理學完全等同於基督教心理學這個講法。以這種方式結束序言並不是在發表

宣言，而是刻意刺激讀者思考，並呼籲大家透過基督信仰靈性心理學的細緻工作進行研究，以避免落入組織化宗教——無論是顯而易見亦或有所遮掩——的窠臼中。

致謝

　　像這樣的書，其基本原則不能用簡短的——甚至長篇的——序言來闡述完整的。 像這樣的作品，必須被視為一個實驗，必須被視為整體的一部分。

　　首先，衷心感謝那些讓本書成為可能的人。感謝斯圖加特國際醫生和牧師協會（Internationale Gesellschaft Arzt und Seelsorger）傑出的創始人兼董事威廉・彼特（WilhelmBitter）博士之倡議，這次嘗試才得以實現。我於 1969 年寫的關於榮格的短文催生了這個主意，儘管那不是我寫作的初衷。謝謝威廉・比特基金的有力幫助，讓這個原本只有一小群同事構想的計畫得以實現。

　　我要特別感謝蒂賓根的凱瑟・魏茨澤克－霍斯（Käthe Weizsäcker-Hoss）博士，他與許多同事一起不辭辛勞地批判性地閱讀了整篇手稿。她的建議和忠實的鼓勵對我來說非常有價值。還有經驗豐富的心理治療師曼努埃拉・耶格（Manuela Jaeger）的建議和鼓勵，引導我邁出了自我認識之路的第一步。比特教授從深度心理學和心理治療角度對這個計畫進行了全面的評估，漢斯・艾哈德・勞爾（Hans Erhard Lauer）博士則從人智學的角度做了同樣的事情。這兩位學者的批評言論對我來說非常有價值。幸運的是，他們的整體認可也是如此。

　　由於我認為沒有理由否認在寫這樣一部作品的過程中，必然會出現懷疑和保留，我想感謝所有給予我鼓勵的人：伊姆加德・巴

克（Irmgard Buck）博士、瑪麗－路薏絲·馮·法蘭（Marie-Louise von Franz）博士、榮格傳記的作者安妮拉·亞菲（Aniela Jaffé），以及心理治療師瑪麗·萊布林（Marie Laiblin）。我感謝我的德國出版商，特別是休伯特·阿伯加斯特（Hubert Arbogast）博士和漢尼·倫茨（Hanne Lenz）博士，感謝他們在出版過程中的讚賞和細心關注。

最後，如果沒有我親愛的妻子艾爾絲（Else）以及我的孩子加布里埃爾（Gabriele）和馬蒂亞斯（Matthias）的理解和耐心，這項工作永遠不可能開花結果。

格哈德·威爾

紐倫堡附近施瓦岑貝格

1971 年 6 月 6 日，榮格過世十周年

榮格與史坦納 ————————— | 第一章 |
靈性心理學的曙光
C. G. Jung und Rudolf Steiner
Konfrontation und Synopse

背景介紹

歷史上的偉大人物，尤其是那些被視為局外人或不循規蹈矩者，通常都會為同時代及後代的人製造一些迷思。首先，他們要求我們理解他們為探尋知識做出的特殊貢獻，追隨者和反對者於焉形成。有太多的情況顯示，如果一群崇拜者毫無評判精神，對「大師」說過的每個字都言聽計從，這對創始人初衷的進一步發展是極為不利的——產生危害的原因是，別人會因為他們聲稱自己代表偉人的原始觀點而得出錯誤結論。他們的行為舉止、教條主義和靈性上的偏執態度導致了偏見的產生，當大眾認為創始人的原初訊息顯得奇特反常或令人不安時，情況尤其如此。舉個例子，當一種涵容全宇宙的整合性新觀點被提出時，聽上去很可能會顯得怪異。它要求高度的開放態度和探究新概念的能力，但通常只有相對少數的群體才符合這些要求。不過，也有許多人認為有必要透過推廣普及或進行各種比較研究，來對抗科學學科日益專業化的趨勢。

　　歷史上的偉大思想家——如果他們身處同一時代——令人費解之處就在於，他們往往能徹底而精準地判斷出自己所處時代的特徵，卻無法欣賞被視為競爭對手者的重要性。儘管傑出人士在追求共同目標的過程中可能相輔相成，甚至互相糾錯、彼此啟發，但在生活中他們卻表現得像是沒有任何共同之處。這個現象比比皆是。[1]

　　靈性先驅——更確切地說是新思維方式始創者——的內在法則或部分心態，一定是在探究的路途中保持極度專注和內在的統一，以實現其人生目標。這種對一致性的追求和內在的緊迫感，要求他冒著片面化的風險，所以對他人的努力很可能「視而不見、無法包容」。先驅者根本沒有時間和精力關注表面上的競爭對手，但偶爾會表現出輕視甚至譴責的態度。那麼，其學生和過分熱切的弟子

們，也很容易因憶起大師的「厭惡」而將假定的競爭者所取得的成就，看成是微不足道的事情。

在一種新的靈性運動完成了突破性的開創階段後，隨之而來的是學術討論和正統信仰期。其中的個人尚且要埋首於相關作品的編輯、評論和引用，更不消說心智堪憂的鸚鵡學舌大軍了。但完成大師留下來的未竟工作，的確是學生們的一項重要任務，例如嘗試創造橫向聯繫、搭建通往其他相關思想體系的橋樑。

不過，這裡有一個真正的問題。在每種靈性運動中都有大量訊息需要探討，除此之外，一項偉大成果的重要性還體現在它確實是無可比擬的。始創者的想法、他或她的出發點和目標，是不容易和其他人相應的。這是生物與社會制約導致的結果，命運之手藉此鑄造了個人、型塑他或她的生活。學習知識的方法往往是預先設置好的，然後成為個人構建世界觀的背景，每個人都不盡相同。在每種概念形成的過程中，都存在著與生俱來看待事物的方式。即便第一眼看上去文字本身的意涵是相似的，但是和另一位作者的思想形態卻有著本質性的差異。另一方面，不同術語的背後也可能埋藏著相關的想法。誤以為源頭不同但看似一致的陳述就是完全契合的想法，或是忽略了思想產生真正共鳴的特徵是什麼，以及無法區分這兩種思想的深刻差異，那麼無論是誰，都可能陷入拿風馬牛不相及的事物來比較的危險。

卡爾‧榮格的分析心理學與魯道夫‧史坦納的人智學，在出發點、目的、知識基礎及初步理解方面差異明顯，因而構成了兩套不同的理論體系。我們必須承認魯道夫‧史坦納是人智學這門靈性科學的創始者，它旨在傳遞對人類身體－靈魂－靈性的整全性理解。

正如此書稍後的章節和傳記文本所言，人智學主要是一種研究的途徑，讓人依照它對人類的看法以及對實相的認知來行事。人智學的直接成果透過各種努力在不同的專業領域顯化出來：華德福學校、生物動力有機農耕、高品質藥物的生產（如維蕾德〔Weleda〕公司）、人智醫學醫師和療癒教育者從事的工作。這些人智學活動在世界各地廣為人知，對自然科學和藝術的貢獻也是眾所周知。它的宗教復興脈動則創建了基督教社團。[2]

　　榮格在認知方面所做的努力，也是為了建構一種理解人類的新方式。作為一名精神病學家，他在早期非常欣賞西格蒙德‧佛洛伊德取得的開創性成就。但我們不能只稱其為佛洛伊德的徒生，因為合作幾年之後他撇清了自己與「大師」的關係。他在遇見佛洛伊德之前所取得的早期成果證明了這一點。但最重要的是，他透過在深度心理學領域的重大發現，以及對集體無意識（Unbewussten; unconscious）和原型（archetypischen; archetypal）世界的研究，證明了自己的實力。他的這些成就遠遠超越了佛洛伊德及其古典的精神分析理論。[3]他對心靈實相的洞見在許多方面都結出累累碩果，極大程度深化了我們對實相的理解，正如當今不同科學學科之間進行的對話一樣。[4]毫無疑問地，作為分析心理學家，榮格最主要的工作重點是醫療實踐，但凡是透徹研究過榮格作品的人都會注意到，他的心理治療針對的不僅僅是心理病患而已。除此之外，它還滿足了重要的認知功能，並鼓勵病人探索自我，在這個過程中逐步趨近成熟。

　　儘管史坦納與榮格共處同一時代長達半個世紀之久（從1875年榮格出生到1925年史坦納去世），而且住的地方距離也很近，

但他們在有生之年從未有過任何直接交流。就本質而言，人智學者和深度心理學家各自所使用的語言，對彼此代表的學科來說都是陌生的。但除了不同領域的專業差異之外，肯定還有其他因素強化了兩者之間的距離。史坦納在一些演講中曾提及精神分析學和分析心理學，偶爾也說過榮格是一位科學家，但從未徹底詳盡地展開論述，而這種探討卻是迫切需要的。那時，榮格剛開始脫離佛洛伊德老舊的精神分析理論，初步形成了自己的心理學。榮格多次提到人智學並引用史坦納的話，但是對後者卻沒有表現出絲毫的興趣。人們由此得到的印象是，謹慎的深度心理學家榮格忽視了人智學的意義和重要性。你是可能得出這樣的結論的，因為有時他會同時提到人智學和勃拉瓦茨基夫人（H.P. Blavatsky）創建的英－印神智學會或基督信仰科學，卻完全混淆了它們之間的差別。這真是令人驚訝和遺憾的事，特別是榮格比史坦納多活了三十五年，他本有機會可以近距離觀察人智學會的各種活動的。

迄今為止，人智學和榮格心理學之間從未進行過任何實質性對話。從人智學的角度來看，只有少數作品有助於這種交流。在大多數情況下，我們看到的都是辯解和批判性言論，作者在書中提到史坦納否定了精神分析，認為認真研究這些材料是多此一舉。同樣地，榮格派代表至今對潛心研究史坦納的工作成果及其建議，也是興趣寥寥。舉個例子，人智學代表作，弗里德里希‧奧斯曼（Friedrich Husemann）撰寫的《作為療癒藝術基礎之人的意象》[5]，探討了身體與心靈之間的關係，並且用了一定的篇幅介紹人智學神經學家的心理治療觀點，卻只有一次提到佛洛伊德，兩次非常簡短地參考了榮格的觀點。在同一本書中，作者對幾部心理學作品未曾

提到史坦納表示哀歎，然後向讀者推薦了史坦納的著作《神智學》（1904）和《靈魂之謎》（1917）。很明顯地，這種鼓勵讀者閱讀史坦納作品的理由是不夠充分的，因為讀懂這些書需要透徹地研究人智學。這兩個圈子相互排斥的情況卻不太節制。

　　人智學內部不僅缺乏恰當的準備工作，甚至沒有適合進行探討的資料。只有少數幾位專家可以接觸到史坦納的大量著作，因為大部分是由演講集編纂而成。有一本登記冊列出了首輪五十回演講中所提及的主題和人名。[6] 值得稱讚的是，尚未完成的史坦納作品與演講全集，確實包含了交叉引用的簡短注釋和簡單的傳記說明，但由於缺乏索引，而無法對史坦納就某一主題所發表的分散言論進行彙整。演講內容和講者風格當然也增加了難度。最後一個障礙是，出版商必須在近三百五十卷演講錄的每卷扉頁上做出以下聲明：本卷內容是根據演講筆記印刷成冊，但未經講者本身編輯確認。為了理解這些內容，需要在一定程度上通曉人智學。正確評估這些講座內容需要十分細緻嚴謹的態度，因為必須考量到演說的時間、地點和當時的受眾群體，最重要的是必須將手寫筆記的可靠性考慮在內。

　　許多人在理解史坦納的靈性研究成果上感覺困難重重，他的表達方式──特別是在演說時──也遭到頗多詬病。所有的這些都會讓一個缺乏準備的讀者感到困惑不解。想要瞭解基本的人智學文獻，即便接受過自然科學、哲學甚至心理學的紮實訓練，都不一定能辦得到，因為還需要經文注釋來幫助理解。讀者若是不熟悉想像力作品的特點及其特殊語言，可能會質疑到底該如何詮釋玄祕事實所傳遞的訊息，因為描述的語言要麼是神話類或象徵性的，要麼是

寓言式的。

　　這些事實似乎不是常規的理性思維所能瞭解的。當然，我們並不清楚某位讀者提到神話、象徵或寓言時的意思到底是什麼（眾所周知，許多自封的人智學者保持著忠實的師徒關係，對「大師」說過的每個字都深信不疑。雖然這些人並不構成可信調查的嚴重障礙，但他們確實是存在的）。

　　榮格和史坦納都經常提到另一個根本性問題──人們面對超驗事物時會被一種特殊的恐懼抓住。「我們習慣於奠定在感官觀察和經驗基礎上的思維模式，害怕成為虛無縹緲、特思異想的犧牲品，因為它們並不根植於感官印象、慣常的測量與衡量事物方式。」史坦納指出，當一個人想要獲得精準的靈性科學知識時，對徹底改變思維方式會變得畏縮不前，但這種轉變是必要的。「出於無意識的恐懼，他們指責人智學是異想天開。但事實上人智學想要以同樣謹慎的態度在靈性領域展開工作，就像自然科學探索物質世界一樣。」[7]

　　榮格承認面對無意識時所產生的恐懼，他說，「恐懼和抗拒是通往無意識的皇家大道上的路標。它們代表的顯然是對所指涉事物的成見。」[8]

　　除了擔心自己會被無意識的強大力量壓垮或吞噬（這並非毫無根據），我們還有迴避「改信、開悟、顛覆和新體驗」的傾向。現代人對「神祕體驗」感到困惑或者有一種理性上的恐懼，以至於曲解了自身經驗的真實本質。人們要麼抗拒要麼壓抑，認為神祕體驗是一種無法解釋、非理性甚至是病態的現象。這顯然是出於不願意承認的恐懼；當一個人開始覺知到顯現於靈魂明鏡上的某種東西

時，它往往會導致對內在經驗的否定和壓制。順便說一句，這是一個眾所周知的現象，宗教文獻稱之為對神祇的恐懼或邂逅天使時所升起的恐慌。對於遠離超感官世界的現代人而言，這層恐懼應該是有特殊意義的。史坦納曾經寫道，「在被辨識出來之前，屬靈世界對靈魂來說是相當陌生的，它不具備靈魂在感官世界中可以經驗到的任何屬性」。因此這件事沒有任何保障，也不可能像科學家那樣，用物質世界的方式確認自己的感覺。「靈魂也許會發現自己在面對屬靈國度時，只能看到徹底的『空無』。在這種情況之下，靈魂感覺就像是在看著一個無止境的、空洞的、被遺棄的深淵。這種面臨深淵的感受——一種畏怖——實際上正存在於靈魂的深處。起初靈魂並沒有意識到這些深層的感受，只覺得這種敬畏的體驗與恐懼有關；它生活在恐懼中卻不自知。」[9] 有鑑於此，史坦納將「唯物主義」稱為一種「恐懼的心理現象」，並且認為這是「心理學的一個重要章節」。

接下來我們必須回到對史坦納和榮格的觀察上面。他們把靈魂生命描述為不斷變化的過程，而並沒有為我們提供什麼明確的資訊。這引發了一系列指責，認為他們模棱兩可，在概念上含糊不清。當我們比較榮格和佛洛伊德時會發現，在這方面後者做得更好一些：佛洛伊德的敘述直截了當，理性大腦理解起來毫無困難。同時我們還看到，史坦納和榮格都不得不自創一套研究方法，它們都深受其研究對象，即心理-靈性的維度所限。光是進行榮格與史坦納的對比研究，箇中的困難和障礙已經足以列成冗長的清單。儘管如此，我們也不能低估兩大學派對彼此所抱持的保留意見。眾所周知，榮格派對史坦納有偏見，史坦納派對榮格也是如此（儘管沒那

麼強烈）。[10]

　　鑒於所有的這些困難，為什麼還要進行這樣的對比研究呢？按照卡爾‧弗里德里希‧馮‧魏伯樂（Carl Friedrich von Weizsäcker）的說法，科學代表「我們這個時代的宗教」，它引發的不僅僅是知識大爆炸，還包括不可估量、不斷增加的數據和事實。在我們這個世紀裡，科學於眾多領域突破了古典自然科學的邊界，帶來了尚‧格布瑟（Jean Gebser）所說的「西方的蛻變」。格布瑟在許多不同的科學領域都證明瞭這一點。我們正在面對的蛻變不限於某個單一文化，而是有可能徹底改變整體人類的思維方式。科學思維的這種轉變趨勢是建立在意識發生總體變化的基礎上，而這種蛻變越來越為人所知。

　　這新局面的特徵或許可以被定義為戰勝智力的至高地位，但並不意味要退回到魔法或神話的思維方式，或者停滯在哲學概念裡。有了後面三個部分，我們可以描述迄今為止人類的整個發展歷程。這個新局面要求我們超越現狀進入靈性維度，這和心理或身體並不是對立的，相反地，它形成了一種新的意識形態，人類對此似乎已經做好準備。由於這個新的靈性維度可以被稱為超級清明的界域，能夠透過意想不到的方式，讓我們更加接近生命的源頭和存在的根源。我們可以根據新的科學研究方式去考量，思想究竟是由什麼構成的。思想起源於非物質領域，這代表它屬於時空之外的次元。[11]

　　藉此我們進入了一個嶄新的領域。儘管傳統科學中存在著舊式信仰，但如果只是透過積累、儲存和運用新發現的事實及資訊，那麼這個新領域是無法被開啟的。格布瑟所說的提升意識新版圖，越來越成為人類要面臨的問題，也越發和自我形成對抗。因為我們正

在跨越的不僅僅是實驗室和科學試驗場的邊界，也是人類靈魂與靈性的門檻。

但人類究竟是誰？無論是遠古的斯芬克斯之謎、古老神秘祭司的忠告「認識你自己！」，還是造物主的核心大哉問「亞當，你在哪？」，這些問題至今仍被反覆提出絕非巧合。阿諾德・蓋倫（Arnold Gehlen）總結了他所觀察到的對人類的探索上所產生的深刻變化：除了宗教機構之外，在科學甚至是哲學領域裡，人本身正成為了核心主題。[12] 同樣地，馮・魏茨澤克（von Weizsäcker）也說過，「我們所遺失的鑰匙就是揭開人類奧祕的那一把。」[13] 任何人只要能意識到人類在當今時代所面臨的全面又徹底的威脅，都會明白失去瞭解人類的這把鑰匙或面臨失去的危險意味著什麼。這種情勢對人文學科提出了很高的要求。榮格的體系能夠照亮個人心靈的無意識深處，同時還揭示出集體無意識的內在連結。如今人們正在向這樣的心理學尋求幫助，以恢復已經遺失的人類意象。現在擺在心理學面前的問題是，個體和整體人類如何找到通往成熟的道路，以及在面臨喪失靈魂的威脅時，如何完成個體化和實現自我。

史坦納將自身的研究方法視為靈性科學，主要是想成為一門人智學——有關人類的智慧之學。這意味著其本質不僅是由事實和數據堆砌而成的知識。幾十年來儘管存在著種種偏見，但史坦納關於人類的知識，已經在上述領域裡得到廣泛應用。即便是基進的人智學批評家，也無法否認它的實踐成果所帶來的價值。

我們的世界正在快速縮小，任何知識壟斷都是不合時宜的。考慮到這一點，我們可以從另一個角度來探討榮格和史坦納的對比研究這一主題。儘管人類發現空間距離在逐漸縮短，但意識形態

的差異和偏見卻讓彼此漸行漸遠。人類迫切需要以新人類的實修為形式的「靈性團體」（引用薩瓦帕利‧拉達克里希南〔Sarvepalli Radhakrishnan〕的話）。面對當今時代的多重挑戰和人與人的生死存亡威脅，我們需要聚集各種靈性力量來認識自己、轉化世界，儘管它們源自不同流派諸如榮格分析心理學和史坦納人智學等。

我們絕不能孤立地看待史坦納和榮格，必須以本世紀東西方偉大靈性典範的真知灼見為背景，來評估他們的洞見和體悟，如果只是盯著兩者不放是於事無補的。面對上述個體和集體意識的分裂狀態，已經有聚合之力在運作了，例如德日進在其神學－科學願景中將這些力量帶入了我們的視野。榮格認為這象徵著兩股對立的能量正在彼此靠攏。東方靈修的代表人物室利‧奧羅賓多（Sri Aurobindo）在目睹被他稱為「揭露邪惡」的過程中，將「靈性的下降」、「超心智降至地球」描述為一種持續淨化和救贖的歷程。其他的東方智慧導師如拉瑪那‧馬雜湊尊者，也認同魯道夫‧史坦納自 1910 年以來所說的「二十世紀的基督事件」是真實的，而且具有意義深遠的影響力。[14]

史坦納偶爾提到的「東西方衝突」很值得探究。史坦納和榮格從各自的立場出發，看到東西方存在著差異所帶來的問題，而試圖為西方人破解這個困境。在「屬靈半球」的主題上，我們不能對史坦納和榮格所提供的答案無動於衷。[15]

目前為消除飢餓和確保世界和平所做出的巨大努力，必須佐以實現人類心理與靈性新生所做出的相應努力。鑑於人類在世界範圍內的「外向性」，以及對政治、社會和經濟領域的參與度（「參與度」已經成為當今時代的關鍵字！），基督所說的「但是不可少的

只有一件」（路加福音 10：42）呈現出新的份量和重要性。在過去的修道院裡，智慧決定了**冥想之道**與**活動之道**，以及宗教性冥思修習與積極入世服務之間的平衡。古早的智慧規定，冥想活動（向內）應該發生於外部活動（向外）**之前**而不是之後，顛倒此順序必然招致可怖的後果。因此，我們不能稱默觀和靈修是沒必要的奢侈品，或者少數人沉溺於其中將會對大多數人不利。實現個體化是每個人的責任和目標。先知口中的「在沙漠中修直大道」的人自然為數不多，榮格與史坦納顯然屬於積極採取行動的少數派。

目前的研究範圍必然局限在已提出的問題所涉及的相對較小的面向上。此書的任務是比較和對照人智學與分析心理學。兩者的作品將被面對面地放在一起，他們的工作成果是依據各自的內在法則被創造出來的。首先我們需要看到並承認兩種認知方式的差異，絕不能因為試圖協調一致而遮掩它們的不同，也不可因過早尋求相似之處而淡化分歧。然而，如果能找到某種共通語言和共同的特點，我們也無須止步不前。這正是人智學開始在原始成員圈子之外為人所知時，史坦納所關注的問題之一。讀過一戰剛結束那幾年探討新社會秩序演講稿的人都知道，史坦納強烈地希望找到「正確的語言」，並克服某些人智學圈子的——用他的話來說——「組織化派系敵意」。他說，不願誠實研究對手語言的人都會產生偏見，而且只會加劇意識形態的分裂。[16] 同時，我們也必須聽到他誠懇的呼籲，「我希望在我們的朋友圈中，有越來越多的人站出來去搭建必要的橋樑。」[17] 他這裡指的是人智學和非人智科學之間的靈性橋樑。史坦納始終拒絕僵化的教條主義以及對他個人的偶像崇拜，儘管時至今日這些問題依然存在。他知道「在神智學（即人智學）運

動中，個人崇拜和盲從權威造成的傷害是特別危險的……個體只能是啟示的承載者，我們必須小心不要將兩者混為一談。」對這些個人我們應該始終加以檢視。[18] 榮格也從不懷疑自己的工作性質是開疆拓土，只有暫時性的功效。他曾經在一封信中這樣寫道，「對我的接班人來說，他們的任務是系統性地整理和澄清我隨手記下的許多想法。沒有這樣的工作，分析心理學這門科學是不會有進展的。」

史坦納和榮格的這些呼籲可能動機不同，但仍然可以鼓勵我們繼續完成他們未竟的事業。由於兩者的研究方法都揭示出趨於完整實相的普世導向，因此似乎指出了一種概要大綱。威廉‧比特（Wilhelm Bitter）首次提出概要法，該方法在「醫生和靈性顧問國際協會」研討會上，已經長期得到成功的應用。醫生兼精神病學家比特和基督教新教神學家阿道夫‧科伯勒（Adolf Köberle），對這個概念作出了以下的定義：「概要並不意味綜合，亦非不同的假設和理論的總和，更不像舒爾茨‧亨特（Schultze-Henke）那樣，試圖將佛洛伊德和阿德勒的理論合併到他的新分析理論中。這既不是折衷主義，也不是融合論（融貫論）。正如在希臘文中所示，概要法試圖呈現出所有已被證實的基本要素，除此之外，還要對新的洞見和創見保持開放態度。」

不同流派的代表使用概要法都取得了良好的成果，這讓我們得出了一個結論：兩者之間是存在著一些共同點的。[19] 比特正在研究概要心理療法。

除了比特和科伯勒之外，神學家烏里奇‧曼恩（Ulrich Mann）也在使用概要法。在其重要作品《神學論》（*Theogonische Tage*）一

書中，他舉出的一個用概要法詮釋的例子令人印象深刻。[20] 在這一點上值得一提的是，曼恩和科伯勒都來自卡爾‧海姆（Karl Heims, 1874-1958）執教的圖賓根大學。在那裡人們除了主流神學的研究之外，還做了許多重要的工作，以實現一種超越各個學派、趨向整體實相觀和普世基督論的神學。在「斯瓦比亞神父的宗教傳承者」中最重要的，是十八世紀偉大的神學家弗里德利希‧克里斯多夫‧厄廷根（Friedrich Christoph Oetinger）。他是雅各布‧波姆（Jacob Boehme）最著名的追隨者，也是海姆、科伯勒和曼恩的靈性源頭。由此我們發現德國神祕主義在後宗教改革時期，的確獲得了長足發展。史坦納和榮格都承認他們的許多重要觀點都受惠於這場運動。中歐靈性遺產中最傑出的核心人物之一雅各布‧波姆，直接或間接地同時影響了人智學創始人和分析心理學的開山鼻祖。

當今飽受折磨的人類正在經歷前所未有的混亂和災難，我們需要透過概要法努力獲得智慧和知識。不停地在細分以及分裂疏離的力量，似乎排山倒海地推進著，處在暴風雨和顛簸震盪的世紀中的我們，應該把注意力導向何處呢？神學家和人智學者埃米爾‧博科（Emil Bock）在一篇關於基督教節日的文章中寫道，「在這個時代裡我們必須學會兩件事：意識到什麼正在消亡，以便能夠認出它；意識到什麼正在顯化，以便能夠培育它。一切瞬息即逝的、一切受時間所限的，本質上都在走向死亡，但也有新的事物開始顯現出來。看到永恆的第一道光從感官世界的裂縫微弱地射出，這一幕賦予了我們力量，讓我們能平靜地將那正在消亡的一切交給深淵，並且迎接那正在顯化的。」

生平比較

筆者不是第一個注意到史坦納和榮格的人生經歷有諸多相似之處的人。例如，弗雷德‧波皮格（Fred Poeppig）曾經寫道，「榮格和史坦納這兩位『無形界的科學家』之間的某些共同點是令人感嘆的，因為他們都是在探索無形世界時發現了自己的人生使命」[1]。漢斯‧艾哈德‧勞爾是為數不多詳盡研究榮格的人智學者之一，他也指出，「在我們這個時代重要先驅人物的傳記中，鮮少有像史坦納和榮格那樣有如此多的相似和共通之處。我們認為這並不是什麼有利於魯道夫‧史坦納的說法，而是基於客觀事實。」接著勞爾對此也做出補充說明，「當然，除了相似點之外，也存在著決定性的差異」。就比較研究而言，我們對他們的生命初期即兩人都在尋找人生志業方向的階段，有著特別濃厚的興趣。

勞爾的補充說明無疑是有道理的。除了相似之處，這兩部傳記都揭示出一些值得注意的重要差異。這要從他們祖先各自的社會經濟地位開始說起。

但首先要對傳記來源做出說明。就榮格來看，我們唯一的資料幾乎就是榮格的自傳《回憶‧夢‧省思》了，該書是由他的私人秘書安妮拉‧亞菲（Aniela Jaffé）在其生命最後六年中撰寫完成的。或許朋友或家人也可能透露一些意想不到的訊息，但是都無法為榮格本人在去世不久前揭露的宏圖增添光彩，這是因為榮格的生命故事及其傳記啟示是獨一無二的。「我的一生就是無意識自我實現的故事……向內觀照，我們是什麼？從永恆的角度來看，人又是什麼？這些只能藉由神話才能表達。」[2] 也只有他自己才具備講述這種神話的能力。其他即使是密友、家人或親人，至多也只能提供一些背景資料輔以一些軼事趣聞，但內嵌於榮格生命中的「神話」

榮格與史坦納：靈性心理學的曙光

圖景是不會因此而改變的。嚴格來說，他的生命不符合歷史的常規範疇。這個聽上去很奇怪的表述，在榮格的自我評價中得到了證實。難怪安妮拉·亞菲無法從他那裡獲得任何與其生命相關的明確「外部」日期。「他認為只有生命事件的靈性本質才是令人難忘、值得花功夫去講述的。」

顯然在其「生命神話」上演的劇場中，外在世界發生了什麼對他來說無關緊要，他什麼也記不住。連他自己都承認：

> 走到生命盡頭，我唯一值得講述的就是不朽世界闖進短暫塵世時所發生的事件。此即我主要談論的是內在經驗，包括夢境和幻象的理由。這些構成了我開展科學工作的主要材料。它們是熾熱的岩漿，我必須做些什麼讓石頭從中完成結晶的過程。
>
> 其他和旅行及周遭人事相關的記憶，在這些內在經驗面前都顯得微不足道……對生命外部事件的回憶，很大程度上皆已褪色或消失。但是與「另一個」現實的相遇、和無意識的較量，卻不可磨滅地蝕刻在我的記憶中。那個國度裡有著無比豐裕的財富。相較之下，其他的一切都黯然失色。[3]

本書中的榮格自白、他在信件中的相應陳述及其科學著作的前言部分，都為我們提供了瞭解其基本性格的線索。

魯道夫·史坦納在過世前沒時間像八十多歲的榮格那樣寫下一部完整自傳，他是在去世前不久才開始動筆的。傳記以 1913 年

發生的事件作為結尾，彼時史坦納與神智學會決裂並成立了人智學會。該自傳最早是在一本雜誌上分七十次發表的，為的是與刊物內容保持一致。這麼做並非沒有意義。作者記錄的內容、他的內在體悟、外部事件的運作，以及與其他人的交流互動，都很好地融入到當時歐洲的思想發展進程中。因此，正如弗里德里希·耶貝爾（Friedrich Hiebel）所言，「以歐洲歷史為背景」介紹史坦納是正確的選擇。

史坦納是以現代形式傳播靈性啟蒙知識的創始人，但他並沒有為圈內啟蒙者留下一部自傳。內在體驗和必然相關的外在事件之間達到了完美平衡。用榮格派人格類型的術語來說，可以說這是內傾型與外傾型（Inrovertiertheit und Extravertiertheit; introversion and extraversion）之間的平衡。相比之下，榮格的回憶錄可以說是相當深奧，只有圈內人才能讀懂。如果他以雜誌文章的形式發表這些內容，可能會給讀者帶來許多誤解。來自榮格無意識的啟示如火山噴發一樣傾瀉而出，其開放程度即使沒有引起不安，也讓人感到非常怪異。

史坦納寫自傳時本來也是可以描述其神祕體驗的，但他並沒有和更多的人分享這些內容。有一次為了回應某些針對他的無理指控，他以自傳形式寫了一篇神祕體驗的文章，但只發給了少數幾位朋友。在此之前，即 1907 年，他為法國詩人和神祕主義者愛德華·舒爾（Edouard Schuré）寫了一篇自傳體短文。這篇文章首次在 1965 年發表，當時正值史坦納四十周年祭典日。[4]

現在讓我們試著把史坦納和榮格的一些重要里程碑擺在一塊兒觀察。

史坦納是在一個受現代工作環境影響的家庭中長大的。他的父母來自多瑙河以北的下奧地利瓦爾德維爾特（Waldviertel）地區，他們不得不割斷與傳統家庭和鄉村生活之間的紐帶。其父在奧地利鐵路局的工作收入微薄，由於得聽從上級分配去不同的車站工作而被迫搬了許多次家。他的父母之所以選擇這種生活方式，是因為前雇主不同意他倆——一個是護林人，一個是女傭——結婚。為獲得個人自由付出的代價，是一份杯水車薪的工作且居無定所。這就是年輕的魯道夫‧史坦納的命運。在史坦納十八歲之前，他們搬了許多次家，而且多半是把家安置在小火車站裡。因此，在十九世紀六〇年代和七〇年代，他已經意識到當時現代鐵路技術的穩定發展了。

為榮格所熟知的環境是位於瑞士北部一個基督教歸正教會的牧師住所。他的母系祖先中出現過七位神學家。正如榮格在回憶錄中所言，雖然牧師的住所並不豪華，但至少是安全穩定的，家人還有數不清的親戚都在身邊，這些都是當時備受珍視的條件。史坦納家族和榮格家族之間存在著很大的社會差距。雖然史坦納的父親出生於天主教家庭，但他自認為是一個自由主義思想家，而榮格的父親是一位新教牧師。兩者之間幾乎沒有任何共同之處。史坦納的家庭擺脫了傳統主僕關係的束縛，但榮格的家族卻無疑與傳統保持著緊密聯結，後者枝繁葉茂的家譜也證實了這一點。

在繈褓中就被灌注的靈魂特質對榮格來說一定是更重要的因素，這反映在他的夢境、思想、行為及苦難裡。

人們對史坦納的祖先知之甚少。他認為有必要指出一點，雖然他擁有德國血統，但出生地是奧地利的南斯拉夫地區，對其原生

家庭和文化習俗來說，這是一個相當陌生的環境。在 1912 年的一次巡迴演講中，他向赫爾辛基的俄國聽眾透露了這個訊息。史坦納的第二任妻子，也是他所有人智學工作中最重要的合作者，瑪麗·馮·西弗斯（Marie von Sivers），曾經這樣描述過他的特點：「身為日耳曼人卻浸潤在斯拉夫文化中，還有相當一部分凱爾特人血統，這些特質結合在一起推動著他的『我』不斷演化，並賦予其靈活和熱情，使他對一切陌生和不同的事物都抱持著充滿愛的理解。他在很大程度上做到了這一點。他利用自己的這份才能幫助了形形色色的人瞭解自己和命運。」

史坦納的傳記作者弗雷德·波皮格補充了下面這段話：

> 只有在這樣的基礎上，一個人的生命才有可能穩穩地扎根於高等知識的發展，而不會落入抽象思維的窠臼中，後者往往是哲學家的標誌。他的出身幫助他避開了這個陷阱，並賦予他奧地利人的魅力、斯拉夫人的靈活以及海納百川的寬廣胸懷。他真的是一位見多識廣的人。[5]

這些說法顯然無法完整地刻畫出史坦納的性格特徵。我們必須讓他的命運和人生使命向我們道出他的全貌。一些童年經歷提供的線索告訴我們，史坦納的天職是如何在他的生命早期發出召喚的。

史坦納提到的最早記憶之一是他四歲時看到的一個靈視景象。[6] 在奧地利波茨沙什（Pottschach）一個小火車站的候車室裡，這孩子看到了一位長的和他的一名親戚很像卻素未謀面的婦人。「這婦人穿過門廊走到了房間中央，以手勢和話語表達了以下的意思，

『請盡力幫我，無論是現在還是將來。』她在那裡停留了一會兒，比出的手勢令人永遠難忘。然後她向壁爐走去並消失於其中。」[7] 幾天後，家人發現他們的一個遠房親戚就在這男孩看到異象時自殺身亡。這給孩子留下了難以磨滅的深刻印象。

這裡有兩點特別值得一提。第一，孩子沒跟任何人說過這段經歷。1913 年史坦納在為一群人數不多的朋友做演講時第一次提及此事：「對這孩子來說，這件事在家裡是無人可以傾訴的，因為即使年幼，如果洩露出去，一定會因為愚蠢迷信而遭到嚴厲喝斥。」他父親的日常工作——比如發電報——很早就讓小魯道夫著迷，但這很難與他的靈視體驗對得上號。即便如此我們已經能夠看到，現代科技和靈視力不可避免地要並肩而行。男孩心中冒出了日後一直困擾他的問題：「如何確定屬靈國度的真實性，而又不必否認由自然科學的法則主導的物質世界呢？」

說到這裡我們已經觸及到第二點，即他能看到通常無法被我們感知到的實相的另一面。關於這一點史坦納說，從那次靈視事件開始，「男孩的生命就發生了變化，他不僅能看到外面的樹木山脈，還有隱藏在這些現象背後的世界。周遭的一切都同時在和他的靈魂裡低語交談。男孩與自然靈一起生活，這些神靈在鄉村環境中非常活躍地存在著，它們是表象背後的造物存有。與此同時，物質世界也開始對他的感官輕聲低語。」[8]

對魯道夫來說，從此之後事物開始分為「看得見的」和「看不見的」兩種。我們一定不要高估自然賦予小男孩魯道夫・史坦納的眼通天賦。這種能力用人智學的語言來說，可以被看成是古早靈視力的殘餘力量、古代人類的遺產。就史坦納而言，這份天賦本身

並無重大意義，如何看待和運用這份能力，對其往後的發展更為重要。特別是史坦納致力於透過清晰的思考去理解和洞察這些神祕現象，這將他和其他的眼通人士區分了開來，後者接受異象的態度顯得被動得多。如此一來，這個四歲孩子的靈視體驗便轉化為一股渴望理解世界的驅力，這份驅力隨著他年齡的增長變得愈發重要。天性中的另一面促使這男孩對火車站裡身邊所有的機械裝置都產生了強烈興趣。「那個環境中的機械特性深深吸引了我。我意識到這份興趣掩蓋了我幼小心靈與迷人的自然界的深切情感連結。我總是看著駛進大自然的火車──但我卻被其機械功能吸引──逐漸消失於遠方。」他在自傳中這樣寫道。[9]

大自然／技術和屬靈國度／科技的極性對立為頭腦帶來了迷思，同樣地，周邊環境也給這個小男孩提供了大量問題。例如，附近紡織廠就在他心中激起了許多疑問。史坦納仔細觀察有哪些原材料被送進工廠，也看到了出來的成品，但工廠的生產過程他是看不到的。「我遭遇了『知識』的局限。我非常渴望超越這些限制。」工廠主管對他來說也是個謎團。還有那些在火車站發生的事故，一輛裝有易燃物的汽車著火了。男孩很想知道這一切是怎麼發生的。「和其他情況一樣，身邊人給出的解釋無法讓我感到滿足。我有無數個問題，卻始終找不到答案。就這樣，我長到了八歲。」[10]

這些文字和類似的描述都表明他是多麼渴望理解周遭發生的一切。瞭解這些渴望是如何得到滿足的，此事至關緊要。儘管他只在規模很小的鄉間學校上過學──有段時間在波特沙赫（Pottschach），八歲以後在諾伊德爾福（Neudörfl）就學，這是一個毗鄰奧地利與匈牙利邊境的匈牙利小鎮，但這些簡陋的學校卻帶

給了他重要的洞見。他學習的方式與榮格有著顯著的不同。

　　諾伊德爾福的一位編制外教師為幾個孩子提供課外輔導，史坦納在他的小房間裡發現了一本令他著迷的幾何書。得到允許後他把書帶回家，懷著極大的熱情自學書本內容。「連續幾個星期，全等三角形和相似三角形、四邊形及多邊形完全充盈著我的靈魂。我絞盡腦汁思考平行線可以在哪裡相交。畢達哥拉斯定理讓我癡迷……我意識到自己第一次在幾何中得到了樂趣。」史坦納從幾何中獲得的滿足感來自於學習「一個人在不依賴感官覺受的情況下，如何與靈魂共同建構只有在內在世界才能看見的形式。」[11]後來史坦納在他與幾何的關係中，依稀感覺到年少時或多或少無意識地發展出的認知，在二十歲左右時成了他明確而有意識的信念。他在自傳中是這樣描述自己的想法的：

　　　　我想說的是，感官所看見的物體和事件都存在於人體之外；但人體之內還有一個靈魂空間，是靈性存有及屬靈事件發生的舞台。我在思想中看不到任何與我們對事物所描繪的畫面相似的東西，相反地，它們是靈魂舞台上來自屬靈國度的啟示。對我來說，幾何學似乎是我們自己發明的知識，但它的意義卻完全與我們無關。當然，在我還是個孩子的時候，是無法向自己明確表達這一點的。但我認為靈魂必須知曉靈界的知識，如同瞭解化學一樣。

　　　　對我來說，屬靈國度的實相和物質世界一樣真實。[12]

　　史坦納的這份確知是建立在體證的基礎之上的，然而他所面

對的問題卻是必須找到能夠詮釋其靈視景象的方式，以及奠基於知識的認識論。人之所見與不見之間不能出現內在衝突。「如果沒有收到來自另一個世界的光，我會將感官世界體驗成無邊的靈性暗夜。」今天我們在諾伊德爾福火車站的牌匾上，仍然可以讀到這句話，「在這幢房子裡，屬靈世界向孩子發出了第一道曙光。1869-1879」同樣的內容在其自傳中也被總結如下：「那位諾伊德爾福的助教透過他的幾何書幫我確定了屬靈國度是存在的，我當時的確需要這份認知。」[13]

　　在淳樸的鄉村生活中，另一個影響史坦納童年的是教會生活。當思想自由的父親不在身邊時，魯道夫作為祭壇侍童和教堂唱詩班成員，深度參與了各種宗教儀式。他後來坦承這些活動對他產生了極為深遠的影響。「我年輕的靈魂愉悅地生活在拉丁語和祕術構成的儀式當中。」[14] 史坦納極為欽佩的一位神父在許多方面拓寬了他在學校學到的內容。他從神父那裡瞭解到諸如哥白尼學說、日蝕和月蝕的知識，他對這一切都很感興趣。在第一篇傳記短文中，他承認自己沒有從神父那裡學到很多關於宗教的學說。從這一點可以看出，為他的那些問題提供答案的並不是宗教本身。祭壇儀式給他留下了深刻的印象，但是為了解決關乎生命的問題，他需要的不是理論或教條。希望他成為一名鐵路工程師的父親，看到他對幾何和機械物品表現出興趣感到非常開心。出於此因，家人決定送他去實用專科中學就讀。（德國和奧地利的高中分為兩種：文理科高中和實用專科中學。前者以人文科學為導向，後者側重自然科學和技術。）

　　在簡短概述史坦納的童年之後，讓我們看看榮格早年的一些標

誌性事件。他的童年記憶可以追溯至很久以前，而且擁有大量的豐富體驗。我們必須將重點限制在幾個主題上面。

榮格所熟悉的這片牧師居住環境，坐落於萊茵河大瀑布附近。在房間內可以清晰地聽見瀑布的轟鳴聲，尤其是在晚上，當孩子遇見「隱約的恐懼」登門造訪時。

> 萊茵瀑布的低吼聲始終清晰可聞，四周形成了一個危險地帶。溺亡的屍體被沖到岩石上。教堂司事在附近的公墓裡挖洞，被翻出來的褐色泥巴積成了土堆。身穿黑色長禮服、頭戴高帽、腳蹬閃亮黑靴的神情莊嚴男士帶來了一個黑色盒子。我的父親穿著牧師服站在那裡，用洪亮的聲音說話。女人哭泣。我被告知有人要被埋在這個洞裡。先前活著的人突然就不在了。然後我聽說他們已經下葬，主耶穌將他們帶回到了自己身邊。[15]

這裡勾勒出的畫面是多麼地不同！起先記憶還停留於外在經驗的領域，但是界限、謎團和問題逐漸變得清晰。你認識的人消失在墓地的坑洞裡，你身穿黑袍的父親不知何故參與了整個過程。一具屍體從萊茵河中被打撈上來，放在牧師住所的洗衣間裡。人們試圖阻止男孩看到這一場景，但好奇的孩子還是偷偷地溜進洗衣間，看見血水從排放口冒了出來。那時卡爾・古斯塔夫還不到四歲。另一個意象出現了：卡爾・古斯塔夫的母親帶他去拜訪一位住在康斯坦斯湖（Lake Constance）邊的朋友。「湖水一直延伸，直到消失在遠方。這片遼闊的水域景色瑰麗無與倫比，對我來說是一種難以想

像的樂趣。當時，我的腦海中只有一個念頭：一定要臨湖而居。我想的是，如果沒有水任何人都無法生存。[16] 半個世紀以來，榮格一直住在水邊。他不僅在蘇黎世湖畔修建了自己的家，而且最終在湖畔南端親手造出一座屬於自己的「塔樓」，時不時像僧侶一樣住在裡面過隱居生活。

榮格在晚年追憶往事時，一些強烈的記憶排山倒海襲捲而來。他依稀記得有一次從樓梯上摔下來，頭上的傷口需要縫合。他的母親也說過他在萊茵河瀑布的橋上滑倒過，當時非常危險，孩子的腿卡在欄杆下，幸虧保姆及時跑過來他才沒掉到下面的河裡。榮格在回憶錄裡這樣寫道，「這些事情都指向了無意識的自殺衝動，由此對這個世界的生命進行致命的抵抗。」[17] 毫無疑問地，這是一種邊緣症情況，孩子對這一切雖然沒有清晰的認知，但還是感覺到了。神祕的死亡、肅殺的墓地、敞開的墳墓、一身黑衣的哀悼者等等，都以噩夢形式顯現在他的靈魂裡。與此相關的是「主耶穌」的畫面——顯然是主耶穌把人抓走並且讓他們消失在黑暗的未知中。男孩得出了一個兇險的結論，「主耶穌」是不可信的，這導致了「第一次有意識的創傷」。

大約在同一時期，當榮格四歲的時候，他做了人生中第一個重要的永遠難忘的夢，透過這個夢他開始熟悉深層無意識的真相。當時榮格的年紀與史坦納在波斯塔茨火車站候車室中看到異象時一樣大！我還想提出一點，這個夢發生在 1879 年，那一年史坦納是十八歲，正如他在自傳中所描述的那樣，他開始意識到經驗「我」的重要性。此外，1879 年發生的隱祕靈性事件，對人智學世界觀的形成也具有特殊意義（詳見第四章）。榮格在自傳中詳盡地描述

了這個夢：孩子被帶入地下墓室，在那裡他看到一個形如樹幹卻是肉身的龐然大物，頂端長著一隻眼睛。許久之後，這位心理學家將此物詮釋為一種儀式性陽具，一個屬於「地下的」、「不可名狀」的神。做夢者懷疑它就是那個不怎麼可愛的主耶穌的強大對手。榮格終其一生都在反覆思考這個夢：「當時是誰在對我說話？是誰在談論那些遠遠超出我認知範疇的問題？又是誰把上界和下界連結起來、以最強烈的激情為後半生追逐的一切打下了基礎？」這些都是八十歲的榮格還在探究的問題。他的答案是，「除了既來自上界又源於下界的異客，還有誰呢？透過這個童年的夢境，我開始瞭解地球的祕密。那時所發生的事件就像自己被埋入了地下，多年之後才得以重見天日。今天我知道這是為了給黑暗世界帶去盡可能多的光明。這是一種進入黑暗界域的啟蒙儀式。」[18]

讓我們在此暫停片刻，比較一下四歲的史坦納和四歲的榮格的通靈經驗。在兩人身上都發生了不同尋常之事。兩者的內在之眼看到的景象所指向的現實，與通常意義上「我們所能看到的」沒有任何可比性。儘管當時作為孩子的他們都無法理解甚至感覺不到發生了什麼，但事件本身已經強烈地刻印在兩個孩子的心裡。兩個人——六十歲的史坦納和八十歲的榮格——都認為該事件標誌著靈性生命的開始。只有在靈性科學家和心理學家成熟之後，才可能做出相呼應的解釋。史坦納指出，一種特殊的靈魂－生命在那一刻啟動了。榮格稱之為「進入黑暗界域的啟蒙儀式」，他這樣寫道，「我的思想生活從那時起就不知不覺地開始了。」

在此無需重申的是，儘管經歷本身看起來非同尋常，卻不具備很大的價值。這類事件發生的頻率比人們普遍認識的要高。關鍵是

一個人如何對待這份體驗，如何嘗試去理解它，是否看到其中蘊含的象徵意義，有沒有做些什麼以解開命運所賦予的這個謎團，因為啟蒙（Initiation，來自拉丁文 initium，「開端」）不是結尾，它不意味著結束，反倒是一個過程的開始，儘管這個過程與普通的外在事件有所不同。

這段經歷的重要性體現在兩個人事後都有一種被孤獨吞沒的感覺，找不到人可以傾訴這麼特殊的事件。處境優越的牧師之子榮格在這方面還不如窮苦的鐵路雇員之子史坦納。榮格因孤獨和完全相信他所見到的就是事實而飽受折磨，後來與家族的宗教理念發生衝突時尤其如此。在他的母系家族中有六位牧師，父系家族中有兩位叔叔是神學家。在此類問題上他們應該都是「專家」，但這位牧師之子不得不承認，「在宗教問題的領域裡，我吃的都是閉門羹。我內心確知，卻完全無人可說。我比以往任何時候都更想找人傾訴，卻遍尋不著這樣的人。相反地，我在別人身上感受到的是疏離、不信任、擔心，這讓我完全無話可說……我感覺自己被迫進入的孤獨狀態是一種威脅，因為它意味著孤立封閉。」[19] 榮格童年時期還有幾個無意識的主題值得研究，例如，與河流、瀑布及湖泊相關的水域。在橋上滑倒的危險處境讓他連結了墜落這個主題。孩子渴望有一天能住在湖邊也與此有關。與瀑布一成不變的轟鳴聲不同的是，湖水在風平浪靜和暴風驟雨中訴說著自己的語言。

和另一個孩子一樣，夢幻般的想像也進入這個孩子的意識中。他感受到歌德在其詩作「水上精靈之歌」中所表達的謎樣事物，這首詩是後者在默觀勞特布朗恩谷（Lauterbrunn Valley）的瀑布時所寫下的：

人的靈魂如水

從天而降

復歸於天

落在地上又必須回返天上

永不停歇地變化著

人的靈魂，如同流水！

人的命運，宛若清風！

　　未來的心理學家似乎需要在水元素附近找到想像力和靈感，這份需求透過潛意識（subconsciously）表達了出來，包括在橋上失足滑倒，早在童年時就接觸到大片水域並渴望與其親近。此處我想到了魯道夫・梅耶（Rudolf Meyer）對德國民間傳說和童話故事做出的微妙解析：「臨水而居的人往往保留著帶有夢幻特質的靈魂情感，這讓他們無法活在完全清醒的意識中。每天花很多時間日復一日地看著水面的波浪，靈魂不斷地拓寬和敞開，輕柔地從肉體精微的乙太身中撤離出來。」[20] 因此，儘管榮格在自然科學方面接受了全面教育，思維舉止優雅文明，但他還是發展出一種靈魂配置，富有想像力的元素在其中扮演了極為重要的角色。榮格多次從不同的角度將水詮釋為無意識的象徵。人智學完全認同這些觀點。一種對《聖經》的靈性解讀，也主張湖泊或海洋的意象是基督示現之所，祂從中走出與門徒見面，門徒則目睹了基督水上行走的神蹟。祂派遣他們去「湖面高處」撒網。大海和洪水的原型在許多神話中都扮演著重要角色。
　　乙太能量在接近水域時可以在水的刺激下輕柔地從物質身中

撒出。對這一點的瞭解可能使人聯想到卡爾・古斯塔夫在小時候經常摔倒。這種關聯在人智學的視角下變得一目了然。創傷性經驗會造成乙太身突然鬆動，史坦納認為乙太身是人體中承載生命力的能量。在危及生命的情況下，一個人可能會經歷報導中常說的全息式生命回顧，有時又被稱為瀕死經驗。突如其來的靈視力不需要持續很久，事實上，它被壓縮到只有幾秒鐘的時間。這是乙太身鬆動所造成的結果。乙太身或形成勢能之身，像鏡子一樣映射出靈魂的經驗。我們得知於某些情況下，年輕的卡爾・古斯塔夫在學校裡經常出現昏厥現象。由此可以推測這是由於他的乙太身長期鬆動所造成的，這意味著他對異象次元是敞開的。在講述自己的「二號人格」時，他的這種對無意識次元的開放態度顯露無疑。在他生命中的許多年裡，一直與這個人格保持交流。

史坦納多次提到，那些承載植物和靈魂生命的部分——用人智學的術語來說就是乙太身和星光身——是有可能發生鬆動的。他在這個過程中發現了接受和理解超驗事實的先決條件。理性思維可以瞭解外在知識，但觸及靈魂深處的知識必須透過整個存在才能獲得：「不能用探尋物質界真相的思維方式來獲得非物質界的真相。若想領略實相，我們就必須稍微鬆動乙太身和星光身，否則聽到的只是概念而已。」[21]

顯然，榮格特殊的心靈結構及性情和能夠「鬆動」乙太身的能力有關。這就解釋了他為何在靈性和通靈方面具備敏銳度，使他能夠密切關注內在生命以及來自夢境和直覺的重要信號。由於心靈結構變化程度的不同，很可能對個人造成相當大的危險。在探討自己的求學之路時，史坦納經常就此提出警告。眾所周知，榮格也沒能

逃脫此事對內心平衡的嚴重破壞。與佛洛伊德決裂後，他經歷了一場劇烈的內在危機。談到自己的經歷時，他甚至說，「當然，很諷刺的是，我這個精神病理學家幾乎是每走一步，都可以在自己身上發現和精神病及瘋狂相同的心理素材。」[22]

最後，我們還得將榮格從其母系祖先那裡繼承的豐富精神遺產考量在內；我指的是通靈能力，部分內容已經被記錄在檔案裡。安妮拉‧亞菲榮格自傳結尾處，將這些能力和家族歷史聯結了起來。在這個家族中，與來自超感官世界的存有進行親密對話，幾乎是一種常態。榮格說他的祖父塞繆爾‧柏賴斯偉克（Samuel Preiswerk）總是想像自己被「鬼魂們」包圍。綜合這些因素你會得到這樣的印象，精神世界和外在事件對榮格而言是一體的。這和史坦納的生命經歷有著某些相似之處。兩人的童年遭遇都成為命運顯而易見的部分，這些事件為日後的生命進程做了適切的準備。

但是在這份關聯中出現了一個重要的問題：我們到底該用哪種方式來探討兩個生命的相似之處呢？例如上述的「啟蒙經歷」之後，兩個孩子進一步的發展方向究竟是什麼？榮格的生命中是否有一個事件可以和史坦納發現幾何時的興奮相提並論？他是否有類似的、在年輕史坦納身上所呈現的對知識的需求，而在日後的生命進程中得到了相當合理的發展？

閱讀榮格自傳的相關段落時你會發現，他在回憶早期學校生活時，經常提到噩夢、不詳的預感和「無法逃避的陰影世界」，並試圖透過夜間祈禱免受其害。「但是，新的危險會潛伏在日間，我仿佛覺得內心在分裂，並且對此感到十分恐懼。內在的安全感受到了威脅。」[23] 另一方面，他還記得一塊神祕的石頭，以及他為自己

雕刻的一個小木頭人偶。他對岩石、植物和動物的興趣被喚醒了，他體驗到的自然生機勃勃、充滿了奇蹟。這個男孩不停地在尋找奧祕。

學生時代的榮格與史坦納幾乎沒有任何相似之處。從一開始他們的興趣就指向了不同的方向。史坦納說他對數學以及後來的物理和化學的熱情非常高，以至於過早就嘗試去理解數學和科學文章。他喜歡用羅盤、直尺和直角尺畫幾何圖形，並且很快買來數學課本作為額外學習材料。他一心想在這個領域取得進展。另一方面，榮格卻發現數學帶給他的是恐懼和憎惡。「一生中讓我始終感到困惑的是，為什麼從來沒在數學中找到自己的方向……最不理解的是，我對數學是否合乎道德心存懷疑。」[24]

榮格並不否認他時常示現出精神官能症的症狀，雖然他是一個既有天賦又勤奮的學生。後來他寫道，「我從中瞭解了什麼是精神官能症」。他特別指出對獨處的熱情以及獨處帶給他的喜悅。史坦納則正好相反，他將自己描述為擅長社交的學生。

從兩人的童年比對中我們可以發現，史坦納和榮格在很小的時候都體驗到了不可見的世界，認識了同時代的人似乎都沒意識到的勢能和生命。在這一點上面兩人都是孤立無援的；他們必須找到一條通往光明的路徑，來幫助自己解決這些關乎存在的謎團。一方面，史坦納很快便開始系統性地研究認識論問題，先是就讀於維納‧諾伊斯塔特（Wiener Neustadt）的實用專科中學，然後去維也納理工大學學習自然科學。另一方面，榮格給人的印象是，在生命中相對應的時段裡，他越來越被自童年起就一直干擾他的「無法逃脫的陰影世界」所困。「我可以透過這個祕密去理解我的整個青

春期，它在我的內心誘發出一種幾乎無法忍受的孤獨。在那些年裡，我抵制了向任何人傾訴的誘惑。因此，我和世界的關係互動模式已被預先告知：和往日一樣，今天的我仍然獨居自處，因為我所瞭解且必須隱晦表達的，是其他人所不知道、通常也不想知道的東西。」[25]

本該對他的心靈衝突給予指引的權威——教會以及為教會服務的父親——卻完全沒帶來任何幫助。讓男孩更加困惑的是，他覺得自己「被分裂成兩個不同的人格」：「一個是無法掌握代數或理解數學、缺乏自信的小男孩。另一個是位高權重的威權人物，一名不容小覷的男性……擁有權力和影響力……這裡的『另一個』指的是十八世紀的一位穿著帶扣鞋的老者。」[26] 榮格發現自己生活在兩個不同的時代裡，第二號人格對十八世紀充滿了難以名狀的鄉愁。對二號人格的日益迷戀導致他得了抑鬱症，因為他倚賴的資訊來源沒有產生任何結果。「我內心確知，卻完全無人可說。我比以往任何時候都更想找人傾訴，卻遍尋不著這樣的人。相反地，我在別人身上感受到的是疏離、不信任、擔心，這讓我完全無話可說。這一點也讓我感到沮喪。」[27]

在他們生命中的這個階段裡，我們發現史坦納和榮格之間唯一的相似之處，就是他們確信超感官世界是存在的，但卻無人可以交流。因此，史坦納或多或少也過著「雙重」生活。與榮格不同的是，他沒有體驗到生活於現在和生活於過去的兩個不同的人格。一號與二號人格源自於榮格本身的心靈結構，並因其內向性格而得到進一步強化。

史坦納的情況則有所不同。他的兩條「分流」源自於對人際

交往的熱愛（「我渴望陪伴」），同時又意識到好友們對他為獲得兩個不同世界的知識而進行的額外掙扎，竟然沒有絲毫頭緒。他摯愛的維也納理工大學老師卡爾・朱利葉斯・施勒（Karl Julius Schröer）也是如此。他向史坦納介紹了歌德的思想世界，自己卻根本無法理解歌德的自然科學思想。

史坦納年輕時的友誼對他後來的生活產生了有趣的影響：

> 它們迫使我過上一種雙重的內在生活。我在認知問題上的掙扎——當時佔據了我大部分的時間——總是得到朋友們的極大關注，卻很少有人參與其中。在體認這些謎題的過程中，我仍然相當孤獨。另一方面，我完全投入於朋友們的所有活動。因此，我的內在生活是分裂的：我沿著一條路踽踽獨行；在另一條路上我熱情地參與喜愛之人的活動。不過，第二種經歷許多時候也對我的發展產生了深刻持久的影響。[28]

最後一句話表明了這種雙重生活是如何維持平衡的，但這並沒有消除剛剛起步的這位靈性研究者的孤獨。

榮格和史坦納所感受到的孤獨不僅僅是發生在青春期的暫時情況，而是由上述經歷的性質所決定的。十九世紀九〇年代初的威瑪時期，史坦納以歌德學者的身分與德國知識份子圈的許多知名代表有過接觸。關於這段歲月他是這樣描述的：

> 我不得不靠一己之力解決和我的靈性感知相關的一切

問題，認識的朋友中沒有一個與我同行至我所生活的屬靈國度。我的社交需要造訪他人的世界，不過我還是喜歡那些短途旅行……我所接受的良好訓練讓我帶著愛去理解別人感興趣的事物，可他們卻沒有試圖瞭解我深切關注的一切。

這就是我在威瑪時期「孤獨」的本質，儘管我在那裡過著活躍的社交生活。事實上，我並沒有因為他們用這種方式導致我的孤獨而責怪他們，我看到他們當中有許多人對能夠觸及存在根源的哲學，都感覺到一種深刻卻無意識的需求。[29]

榮格和史坦納在成長時期的共同特徵是他們與自然科學及靈性科學的關係。對史坦納來說，他的家庭將他引向了技術和自然科學領域，因此選擇的學校是實用專科中學，然後是理工大學。命運後來做出調整，將史坦納從片面的達爾文主義中拯救出來。無論如何，他對哲學和藝術的廣泛興趣保證了他的人生觀是全面性的。

六歲時便跟隨父親學習拉丁文的榮格，則註定要學習文科並專攻人文科學，這似乎是順理成章的事情。有趣的是，他也不想被單一教育所限。在決定終身職業方向之前，榮格相當長的一段時間內都是舉棋不定的。他對人文科學和自然科學都有強烈的興趣，這是因為他的二號人格被過去歷史、被考古學和語言學所吸引。「科學很大程度上滿足了一號人格的需求，而人文或歷史研究則為二號人格提供了有益的指導。」[30] 神學，這門導致他與父親悲劇性疏離的學科，顯然從未被他視為想要研究的領域。榮格天生就是宗教人，

沒有必要學習神學，而神學示現給他的形式，對他日後的職業生涯也沒起到任何作用。最終，榮格發現在精神病理學領域可以調和一號和二號人格。「只有在這裡，我的兩種興趣支流可以匯聚成一條河流，沖刷出共同的河床。這是物質現實和靈性實相共同的實證研究領域，在此之前我四處尋找卻一無所獲。自然和靈性的碰撞終於在這裡成為現實。」[31]

正如我們所知，研究心物一元說的煉金術概念、共時現象，將自然、靈性、心靈及物質融為一體，需要耗費幾十年的努力工作。

觀察史坦納與榮格試圖解開各自生命謎題的不同方式，也帶給人深刻的啟發。除了閱讀哲學作品之外，榮格還涉獵了當時能找到的超心理學和唯心論者的著作。他參加降神會，並在其醫學研究框架內嘗試借用靈媒的能力。史坦納對知識的探索則採取了完全不同的方向。在諾伊多夫助理教師送給他的書中發現幾何學的那一刻，他的目標就變得無比清晰，由此而踏上系統性的追尋之路。關於在維也納的求學生涯，史坦納這樣寫道：

> 數學對我來說仍然意義重大，因為它是我所追尋的一切知識的基礎。畢竟數學提供了獨立於任何外在感官經驗之外的心理圖像和概念系統。儘管如此，我依然反覆地告訴自己，正是這些心理圖像和概念，使人能夠接近感官現實發現其內在法則。人透過數學認識物質世界，但是要做到這一點，就必須先讓數學從靈魂中浮現出來。[32]

瞭解知識的主動權源於他自己。不到二十歲時，他就開始探究

自己的認知理論，思想的內在經驗於其中扮演了重要角色。他被黑格爾的確定性所吸引，例如，後者可以從一個思想穩定地轉移到另一個思想。

榮格的情況則不同。人們的印象是，榮格對知識的追求並沒有採取積極思考形式，他的方式更具探索性和實驗性。毋庸置疑，他更傾向於依賴直覺。對史坦納來說，決定命運的事件是實現建設性目標的工具。其實際活動是以他的靈魂為中心的，也就是發生在他的思想中。

正如榮格所表達的那樣，最初的任務是透過這種「自然與靈性的碰撞」來確定的，但是兩人在處理這個問題時採取了不同的方式。對數學充滿熱情的史坦納說，「我覺得我必須理解感官世界的現象，以便獲得對呈現在我眼前的靈性世界的看法。我相信，只要採取一種能把握物理現象真實本質的思維方式，就可以透過靈魂來認識屬靈世界。這些感覺伴隨我度過了實用專科中學的第三和第四學年。我把學到的一切知識都用來接近這個目標。」[33] 他始終堅信思想本身可以成為感知世間事物和過程的工具。此信念後來形成了他建立認知理論體系的基礎。對榮格來說，當然他也研究過哲學家和神學家的作品，當他發現威廉・詹姆斯（William James）、梅耶（F. Myers）、策爾納（Zoellner）、克魯克斯（Crookes）、埃舍恩梅耶（Eschenmayer）、帕薩旺（Passavant）、卡魯斯（C. G. Carus）、肯納（J. J. Kerner）、哥雷斯（Görres）和斯維登伯格（Swedenborg）等人的著作及康德的《一個靈性先知的夢境》時，世界終於開始「顯示出深度和背景」。「在我看來，唯心論者的觀察雖然顯得怪異、值得懷疑，卻是我見過的第一種關於客觀心理現

象的描述。」[34]

1879 年，當年十八歲的史坦納開始在維也納理工大學研習自然科學。在此期間，他對靈性的直接體驗發生了變化，已經達到可以將內在靈視景象轉化為思想的程度。就在四歲的榮格「接受啟蒙進入黑暗國度」的同一年，史坦納透過學習費希特（Fichte）的《科學論》開始踏進「我」的領域。兩種啟蒙之間形成了明顯的對比。直到那個時候，史坦納一直在為自然現象尋找概念而「折磨自己」；現在，他試圖通過「穿透『我』」進入到「大自然的工坊中」。史坦納和榮格在探尋知識方面的內在差異，下文也有論述。

當未來的醫師榮格在進行超心理學實驗時——幾年後他在論文中引用了該研究成果——史坦納對自己的思維也進行了實驗。「當時我覺得我有責任透過哲學發現真理」，他這樣寫道。這位年輕的科學家並沒有背棄自己的研究領域，但是他認為自己首先需要滿足必要的哲學前提條件。和榮格一樣，史坦納在追尋真理的過程中完全依靠自己的力量。「沒有人想聽這些內容。最多有人會站出來發表一些降神術言論，這時我就會是那個不想聽的人。對我來說，這似乎是接近靈性的一種荒謬之舉。」[35]

在這一點上，史坦納和榮格之間的分歧顯然是無法彌合的。榮格向那些有著遠古靈魂的人尋求建議，史坦納認為這種做法很荒謬。從榮格的角度來看，史坦納則高估了理性思維的功能。我們時常可以聽到這兩種斷言從兩派陣營的追隨者口中說出，但是都沒有講到重點。我們應該記住榮格的目標是成為一名醫生，他必須關注超心理學和精神病理學，不能因忽視這些現象而把這種吃力不討好的開創性工作留給別人。這是他的人生使命，他的心理結構和命運

註定他要從事這項工作。相對地，我們也應該為史坦納留些餘地。此外，我們也不能像榮格所認為的那樣，僅僅將史坦納的思想歸類為頭腦的理性功能。當我們更深入地瞭解了史坦納和他的整套人智學時，這一點會變得清晰起來。

從史坦納的傳記我們瞭解到，他當時正在研究費希特和黑格爾時發生的一個關於他生命的典型章節他認識了一位從事收集和曬乾草藥工作的素樸男性，後者不了解科學知識或現代文明，卻擁有古老的本能智慧，而且和年輕的史坦納分享了自己的所知。史坦納認為他是「從隱祕世界流淌下來的靈性內容代言人。」

史坦納是這位質樸男人的靈魂伴侶，他們之間的關係不是那種稍縱即逝的。史坦納在幾十年後寫的一部神祕劇中給了他一個角色，扮演的是一種靈魂的類型。此外，值得一提的是，他們的相識也表明史坦納的生命與密修－神祕學之間的連結。對此他只是零星地有所提及。這次相遇似乎幫助史坦納找到了人生使命，而且將其付諸實踐。

毫無疑問地，史坦納和榮格的傳記核心裡都存在**密修－神祕學元素**，在兩人身上都有獨特的呈現。對於尚未啟蒙的人來說，若想理解「神祕之牆」背後的界域，僅靠閱讀他們的論述是不夠的。史坦納只是簡單提及，榮格則進行了相當篇幅的大量論述。最好有類似的啟蒙經歷，然後以傳記和完整著作為背景，去瞭解隱匿的內在經驗是如何於思想中得到表達的。人們對榮格和史坦納通常持保留和批評態度，原因之一當然是對人智學和分析心理學背景中所存在的神祕又令人不安的東西感到恐懼。我們在此要處理的是面對靈魂－靈性實相時所產生的恐懼。史坦納和榮格在與公眾打交道時充

分認識到了這一點。

　　因此，我們在哪裡可以找到與密修－神祕學之間的關聯呢？在史坦納結識「草藥採集者菲利克斯」之後——這是他對來自維也納南部村莊的那位素樸男性的稱呼，他與另一個人的邂逅讓他接觸到了一位「大師」。「可以這麼說，我的菲利克斯只是另一個人的信使，這個人把他當成了媒介，去激發站在屬靈國度中的那名年輕人的興趣，去認識那個世界裡井然有序的系統。」透過史坦納 1913年自傳短文中的暗示，可以認定的是他接收到了某種靈性－科學指導，使他後來寫出了基本的人智學著作，例如《奧祕科學大綱》（1910 年）。「那時流淌在屬靈世界的超凡勢能開始在這名年輕人的面前顯現。只有當你覺察到兩股勢能向上向下同時流動時，才能將它們辨識清楚。此時這位年輕人尚未讀到歌德《浮士德》第二部分，但是他已經觸及到某些玄奧事實了。」[36] 在 1907 年為愛德華・舒爾（Edouard Schuré i）所寫的第一篇自傳短文中，他提到藉由祕術所接收到的一個重要洞見：「絕對清晰的時間概念。這份洞見與我的研究沒關係，完全是受到玄奧生命的指引。我意識到有一個退行的方向：會干擾玄祕星光層的向前演化。這份洞見是進行靈視觀察的先決條件。」[37] 對這個涉及人智學和心理學問題的關注，伴隨了他的一生。對史坦納來說，指出自己是在足夠成熟後才成為密修導師這一點很重要。「時間來到世紀之交，我已經和站在身後的玄祕力量協調一致，我可以對自己說：你已經為自己的世界觀打下了哲學基礎，你已經展示出對兩種時間流的理解，你看待它們的方式只有真正的虔信者才能做得到；沒有人能說出這樣的話：這位玄祕家之所以談論屬靈世界，是因為他不知道這個時代已取得的哲

學和科學成就。我已進入不惑之年。根據大師們的說法，人在四十歲之前是不被允許成為密修導師的。」[38]

我們可以將人智學視為史坦納進行奧祕研究的成果。如果試圖在靈性歷史中找到與其他志同道合流派之間的關聯，你將遇到玫瑰十字會。史坦納對這個密修學派進行了大量描述，確保人們不會將其他類似名號的團體與玫瑰十字會混淆。他只想要具體的、可以明確定義的靈修實體。這就是為什麼他對其他的玫瑰十字團體不感興趣的原因。他就這個主題所做的諸多講座中有一個對比頗具特色，該演講被收錄在《玫瑰十字的神智學》中。在一場 1907 年的演講中他這樣說道，「就像當今學習基礎幾何學的學生很少關心這些圖形最初是由歐基里德帶給人類的一樣，我們也不關心玫瑰十字會在歷史進程中如何發展的問題。小學生是從實際原理中學習幾何學的，和他們一樣，我們也應該從其內建法則去瞭解玫瑰十字會的智慧本質。」[39]

史坦納不僅在原著例如約翰·瓦倫丁·安德（Valentin Andreae）烈的《克里斯蒂安·羅森克魯茲的煉金婚禮》（史寫了一篇書評），同時還有十八和十九世紀的其他作品中，都發現了玫瑰十字的理念。其中一個例子是歌德的《綠蛇與美麗百合的童話》，他辨識出其中的密修元素並加以描述。我們可以說這是他日後推進人智學活動的序曲。[40] 按照史坦納的設想，如同人智學一樣，玫瑰十字會主要是一條啟蒙之路。門徒經歷內在生命的轉化後，對基督會有更深刻的理解。他們所獲得的對於自然、靈性、自己和世界的嶄新理解，將指引他們把世間萬物視為不可分割的整體。他不主張抽象知識的教學，認為靈性真理應該透過具體的生命

經驗顯化出來。靈修教誨並不依賴老師的權威，而是在充分尊重個體自由的情況下得到發展。因此，帶有操控目的入侵個體意志（無意識）的做法是個禁忌之舉。

在比較榮格和史坦納的經歷時，我們必須記住榮格並沒有像史坦納那樣帶著同樣的意圖來處理這個問題。面對三十五歲至四十歲之間困擾他們的中年危機，兩人所做的準備是不一樣的。史坦納從年輕時就在認知問題上不斷掙扎，這不僅僅體現在哲學方面。他的學術研究由於密修訓練而得到提升，邏輯思考能力也因為靈性體驗而得到加強。因此，他對中年危機做出的不同論述和評價，不僅僅是因為兩部傳記在頁數上的差異。史坦納把他對當代思潮的暫時認同描述為有意識地「深入虎穴」，以便從內部征服它。史坦納在這段具有象徵意義的聲明中描述了他所經歷的磨難之真正意涵：「對我的靈魂發展具有決定性意義的，是我站在各各他神祕事件面前，深刻而莊嚴地慶祝這層認知的碩果。」[41]

榮格對他與佛洛伊德及精神分析分道揚鑣後的中年危機是沒有絲毫準備的，這場危機將他推入到徹底迷失的境地。他在自傳中毫無保留地承認了這一點。「從某個地方開始」他被迫進入到一個無法預測結果的心理歷程。然而，長期與精神病患者打交道的工作經驗，使他非常熟悉這些症狀。一場源自無意識的洪水席捲了他，難以辨識的幻像、心理現象的人格化、幻覺、幻聽和神祕夢境紛紛向他襲來。在位於庫斯納赫特（Küsnacht）的房子裡，他飽受促狹鬼（一種製造噪音和亂扔東西的鬼怪）的困擾。這位表面光鮮的精神病學教授不得不承認自己處於「深不見底的無知深淵」，他在自傳中有句令人震驚的話點明了這一點：「在那段黑暗時期裡⋯⋯我最

希望的是遇見一位真正的、活著的古魯，一位具備高層知識和能力的人，將我從自我想像的無意識製造物中解放出來。」[42]

　　我們必須承認，具備榮格所尋求的知識和技術的人確實是存在的，而且當時工作的地方離榮格很近。那些年他在蘇黎世進行過數次演講。1917 年，在榮格的黑暗時期慢慢接近尾聲時，他還談到了人智學和心理學等內容。但是，潛在的能夠改變命運的邂逅未曾也不可能發生。儘管兩者之間存在著許多驚人的相似之處，但顯而易見的是，他們截然不同的內在需求已經清晰呈現於各自的塵世生活中。也許外在的古魯不如榮格內心裡的古魯那麼行之有效，這位內在的古魯有時候是以「真實肉身」示現在他面前的。誰又有資格做出判斷呢？

　　史坦納和榮格的傳記揭示了他們內在發展的進一步轉化。在第一次世界大戰結束時，榮格的願望仍然是以研究者的身分實現其職業生涯。直到取得靈性突破後，始於 1912-13 年的意象和夢境才結出碩果。

　　　　從 1918 至 1920 這幾年中，我開始明白心靈成長的目
　　標是發展自性⋯⋯

　　　　我與這股岩漿不期而遇，烈焰的灼熱重塑了我的生
　　命。這是迫使我展開研究的原始材料，而我的工作或多或
　　少已經成功地將這炙熱之物融入當代的世界圖景中。追求
　　內在意象的那些年是我生命中最重要的時段，在此期間確
　　立了至關重要的一切。一切都是從那時開始的，後來的細
　　節只是對從無意識傾瀉而出的材料進行的補充和說明。這

些內容在一開始就把我淹沒了，它們是我一生工作的基本素材。[43]

　　榮格在大約四十五歲時取得了突破，看到畢生工作在眼前展開時，他進行了一番反思。榮格所說的自性就是史坦納在十八或十九歲時看到的費希特的「我」。正如先前所言，這件事情發生時，四歲的榮格正在接受「進入黑暗界域的啟蒙」。

　　榮格在危機之後駛向了哪片海域？他進一步的研究方向又是什麼？答案是煉金術，這是個歷史知識體系，以文字、圖像和符號的形式，為他的內在體驗提供了有益的「預示」。煉金術的基本思想與玫瑰十字會的幾乎一樣，而史坦納在玫瑰十字會中也找到了人智學中類似「預示」的東西。然而在這裡就方法和最終目標而言，兩人再次出現分歧。史坦納追求的是知識，榮格考慮的則是診斷－治療的應用。史坦納沒有在歷史事件上下功夫，對玫瑰十字會和煉金術士的材料也都不關心。他也省去了閱讀煉金術對開本和收集文獻的麻煩，而榮格卻一心想要細緻地破譯煉金術士的著作。不消說，榮格沒有成為語言學家，也沒按照字面意思理解這些文字。然而，二十世紀的現代精神病學家能夠像榮格那樣浸淫於玫瑰十字會和煉金術文獻，是非常了不起的一件事。他還把這些內容應用在自己的心理學知識體系中。他將煉金術著作視為對他所發現的個體化進程的靈性－心理預示。如我們所知，煉金術的核心目標是「準備哲人石」，煉金師的青金石等同於榮格的「自性」。如果與史坦納的玫瑰十字會啟蒙七步曲進行比較，你將會發現核心的第四步就是「準備哲人石」。

在比較史坦納和榮格的傳記資料時，有意思的是我們看到了命運如何推動他們暫時投身於某種運動，以便為終極人生使命做好準備。這場運動就史坦納來說，就是勃拉瓦茨基（f H.P. Blavatsky）與安妮・貝贊特（Annie Besant;）的神智運動；於榮格而言則是佛洛伊德的精神分析學。這兩場運動提供了一個平台，使他們能夠向感興趣的人發佈自己的研究成果。史坦納和榮格在很短的時間內都被委以重任，前者成為神智學會德國分部的總書記，後者擔任世界心理分析學會的主席一職。史坦納與神智學以及榮格與當時尚未得到充分認可的精神分析學之間關係的曝光，很可能會損害兩人的聲譽，他們都很清楚這一點，也都嘗到了後果。史坦納作為歌德學者和思想家聲名鵲起，榮格則以蘇黎世大學附設伯格霍茲里（Burghölzli）醫院首席醫師的身分名聲大振；但兩人都有可能失去聲譽。當史坦納發表言論為尼采和海克爾（Haeckel）背書時，當他加入先鋒派文學藝術圈子時，當他為一元論者、馬克思主義者及神智學會成員發表演講時，已經表明自己絕非墨守成規之人。

　　值得注意的是，榮格與史坦納都明白他們與這些運動的合作只是暫時性的。對榮格來說，這個階段發生在他生命中的第一部分，但是比他年長十四歲的史坦納與神智學會發生關聯時，已經找到了自己以及自己的人生使命。對兩個人進行比較和評估時，這是一個重要的區別。

　　以下因素也應該被提及。榮格生於 1875 年，神智學會在這一年成立。佛洛伊德與布魯爾（Breuer）為即將出現的精神分析學奠定基礎，與此同時史坦納為後來的人智學創建哲學與認識論原理，時間分別是十九世紀八〇年代和十九世紀九〇年代。1892 年，佛

洛伊德首次發表透過催眠治療　症患者的文章，而史坦納則出版了論文集《真理與科學》。他於 1891 年獲得博士學位，比佛洛伊德晚十年。未來的治療科學和認知科學都因此而得到了發展。1900年，克服中年危機後的史坦納加入神智學會，並且在 1902 年成為會員及總幹事，和榮格與佛洛伊德的精神分析運動關係破裂時同齡。史坦納與貝贊特的決裂發生在 1912-13 年，榮格與佛洛伊德的精神分析協會分道揚鑣也發生在同一時期。當時，史坦納的人生危機已被其甩在身後（他已經四十歲了），而比他年輕十四歲的榮格仍然要面對與佛洛伊德決裂所帶來的危機。「與佛洛伊德分道揚鑣後，我內心開始產生一種不安全感，甚至有迷失方向的感覺。我完全無所適從，因為還沒找到自己的位置。」榮格在回憶錄中如此坦言道。

我們看到對史坦納和榮格的生平來說，1913 年有著完全不同的意義。史坦納這一年成立了人智學會並開始在瑞士本土建造歌德館。從那時起直到 1925 年去世，史坦納只剩十二年的時間進行創造，但榮格的創造迸發期直到二十世紀二〇年代才真正開始。史坦納在世的時候，榮格只在 1921 年出版過一本《心理類型》著作。史坦納未能活著看到分析心理學真正開創性的發現。榮格於 1961 年去世，同年迎來了史坦納誕辰一百周年的慶典活動。

榮格的無意識心理學和
史坦納關於精神分析的講座

人智學者在評論榮格著作時一再提到史坦納的兩次「關於精神分析的演講」[1]，並點明了其中對榮格的批評言論。因此，如果試圖對榮格和史坦納進行對比研究，1917 年的這兩篇速記演講稿是不能被忽略的。《無意識心理學》是史坦納唯一詳盡評論過的榮格作品。

《無意識心理學》出版於 1917 年，就在同一年，史坦納發表了上述的兩次演說，內容基於 1912 年榮格在康拉德－法爾克 Konrad Falke）的《瑞士藝術與藝術年鑒》（*Rascher's Jahrbuch für Schweizer Art und Kunst*）第三卷上首次發表的〈心理學新路徑〉一文。榮格在該文修訂版中有兩個意圖：描述精神分析的起因和目的，以及介紹與佛洛伊德決裂後，他自創的當時尚處於起步階段的分析心理學。榮格後來描述自己在撰寫這本書時「內心處在極大的動盪中」。此書讓我們瞥見了榮格的實際工作過程。從他的文字裡可以明顯看出，他認為這項工作即便不是無足輕重，也只是才剛剛開始。這項研究持續數十載，卻始終未能得出明確結論。多年來不斷變化的標題也反映出該工作尚未完成，仍處在探索實驗階段。第三個標題是「正常心理和病態心理的無意識」（1925 年），這篇文章以第五個也是最後一個標題「正常心靈和病態心靈的無意識」被收錄在德文作品集中（在《英文作品集》第 7 卷中的題目是「論無意識心理學」）。榮格在每次新版前言中都對本次修訂及補充做出說明。

史坦納以極大的興趣關注著所有新發行的文學出版物，當他於 11 月 10 日和 11 日在多爾納赫（Dornach）演講中提及精神分析時，他所指的一定是 1917 年的那個版本，此乃榮格當年唯一出版

的作品。該年的 11 月份，史坦納在蘇黎世也舉行了幾次講座，其中有四次談論的是他和理論科學之間的關係，其中第一個主題就是「精神分析和靈性心理學」。

　　榮格撰寫這本遭到史坦納批評的著作的意圖是什麼？他想為自己在無意識心理學領域的最新發現提供一套「入門指南」。「我認為無意識是一個極為重要的議題，在我看來，如果這個與所有人都密切相關的議題從受過教育的普通民眾生活的軌跡中消失，只刊登在晦澀難懂的學術期刊裡，而且被人遺忘在圖書館書架上蒙塵落灰，那將是一個巨大的損失。」[2] 在這一點上，我們可以引用史坦納的話來「加強說明」榮格的這段前言。史坦納在戰爭期間以及戰爭剛剛結束時就意識到，「就我們這個時代的人類發展而言，在那些重大的甚至是至關重要的脈動中，有一些具有決定性力量的現象，正在外部事件的門檻下發生。正因為如此，我們必須探究人類本性中的無意識（Unbewusste; unconscious）和潛意識（Unterbewusste; subconscious），以便儘快得出必要結論，以型塑當今時代所需要的社會條件（1919）。儘管我們生活在個體意識的時代裡，但現有的意識內容根本無法說明人類未來會如何發展……我們必須在無意識中為整體人類找到最基本的過渡力量，正如我們必須在個體身上為意識的充分醒覺找到至關重要的力量一樣。」[3] 顯然榮格和史坦納對於決定性事物發生的界域有著相同的看法。史坦納特別強調人類必須有覺知地在無意識中做好準備「跨越門檻」（即進入超驗世界）。在這一點上我們應該是可以在史坦納和榮格之間找到共同點的，他們所採用的實操方法則是另一回事。

　　榮格提到了 1917 年的戰況，他繼續說道，「伴隨當前戰爭心

理出現的各種亂象——殘暴的公眾輿論令人難以置信，各方相互詆毀誹謗，前所未有的破壞狂潮，滔天謊言氾濫成災，以及人類面對血腥惡魔時無力制止——這些都特別有利於迫使每個有思考能力的人關注混亂的無意識，後者在有序的意識世界之下正躁動不安地沉睡著。」[4] 史坦納在戰爭期間的公開演講中也同樣表達了對局勢的關注，他在柏林埃梅爾斯豪森（Architektenhaus）的演說中呼籲人們不要忘記中歐文明的靈性遺產。[5] 榮格則認為自己的使命是轉化個體的精神世界。他認為想要「改變國族心理」必須從個人開始。

榮格的這段話對我們理解他的《無意識心理學》非常重要：「我無意聲稱這項工作已經完成或具備足夠的說服力。書中涉及的每個議題都需要進行大量的科學專論。」一年後當這本著作需要發行第二版時，榮格再次表示自己認識到「面臨著極大困難和嶄新的挑戰」。第一次世界大戰結束七年後，也就是史坦納去世的那一年，該書第三版面世，內容有「相當大的改動和完善」。作者再次談到用通俗的語言描述「仍處在出生過程中的高度複雜科學現象」是有風險的。他預期仍將遭遇許多偏見，「但是人們要明白一點，本書的目的只是對書中素材提供一個大致的概念並激發思考。這是無法進行詳盡考證的。」

即使在 1942 年問世的第五版也是最後一版中，榮格也沒收回此種保留的說法。當時榮格已經六十七歲了，儘管在心理學領域已臻成熟並獲得大量重要知識，但仍然不願自由地談論諸如無意識心理學這樣「困難又複雜的議題」。誠然，他已經彌補了許多不足之處，但仍然認為自己尚未涉足一個廣袤無垠的新領域，「我們必須審慎前進，只有透過迂迴繞行才能找到直行之路。」

僅就這一本書而言，如果沿著深度心理學家漫長而艱辛的道路走下去，你會發現史坦納所大量引用的關於精神分析的講座內容，只能被視為當年的文檔紀錄，而不足以成為被評論的基礎。當我們考慮到史坦納去世時尚未預見榮格研究的完整內容時，這一點就變得顯而易見了。只消看一眼榮格主要作品的出版日期，便可清楚地認識到這一點。儘管如此，我還是想簡單地提及講座中的一些觀點。[6]

　　在上述蘇黎世的系列演講中史坦納意識到，如果不從「分析心理或精神分析」的角度去瞭解一個城市的話，是無法欣賞該城市的文化或靈性生命的。儘管史坦納沒有明確區分榮格分析心理學和佛洛伊德精神分析之間的差別，但他在提到榮格所進行的精神分析研究時，至少使用了正確的名相。史坦納總是稱榮格為「精神分析學者當中較佳的一位，榮格」，算是給予了一定程度的尊重。史坦納也觀察到，即便是嚴肅的求道者也在關注精神分析，看來這場運動是無法繼續被忽視的，「因為毫無疑問，此一運動所考量的現象確實存在。」[7]

　　史坦納認為精神分析已經探究到某些不可否認的事實，不僅如此，他還承認「這是人類試圖脫離物質主義並獲得對靈魂的認知的一種方式」。他進一步指出，「我可以向你們保證，在瞭解和研究靈魂方面，這些精神分析學家所能提供的幫助，要遠遠超過當今大學裡的精神病學和心理學。」[8]

　　儘管如此，史坦納對榮格發表評論時，仍清晰地表達出對他的排斥。他不懷疑精神分析所涉及的心理事實是存在的，但史坦納說，「對這些現象採取的研究方法並不充分……在某些情況下，一

半真理要比完全謬誤有害得多。」[9] 在這一點上，他特別提到佛洛伊德的性學說。然而，從認識論的角度來看，史坦納的兩個講座都缺乏完整全面的論述。考慮到當時多爾納赫聽眾的特點，講者未做詳盡解釋也許是合乎情理的。他只是提出警告說，精神分析被付諸實踐時將導致「各種嚴重錯誤」，可能會給社會生活帶來影響。

讓我們看看史坦納是如何評價榮格在研究中所取得的一些暫時性結論的。首先，他對榮格認為佛洛伊德性學說及其精神官能症理論不夠充分的觀點表示認可。[10] 然後他將目光轉向榮格的心理類型理論（榮格的著作《心理類型》四年後才出版問世），並以此為例作為上述「知識不夠充分」的證明。有關兩種心理類型的內容在後期出版的書中才能找到完整而詳盡的描述。儘管如此，史坦納對榮格的兩種心理類型理念及其各自基本功能所做出的論斷，也是令人失望的。他用這句話作為自己簡短演講的開場白，「在這裡，一位偉大的學者再次做出了『劃時代』的探索，但事實上，任何有頭腦的人都能在自己所處的環境中輕而易舉地得出相同的結論。」史坦納承認內傾型和外傾型的區分「在學術上……是有獨創性、巧妙出眾的，確實能夠描述性格特徵，至少在某一點上如此」。但是他隨後得出了結論，「榮格的理論只是將平庸之人重新劃分為情感的和理性的兩類，沒有對事實做出任何補充說明。」史坦納認為榮格的探索只是浮於理論，「研究人員建立了關於潛意識（subconscious）的一套理論，但他們自己卻因此讓潛意識躁動不安。」[11]

我們可以肯定如果榮格聽了史坦納的講座會給出什麼樣的答案，線索比比皆是。例如，三年後的 1920 年春，榮格在《心理類型》的序言開篇中簡單扼要地寫道，「本書是我在實用心理學領域

工作近二十年的觀察成果。」在史坦納舉辦的關於精神分析講座二十年後，這本巨作第七版即將問世，榮格對那些仍未完全理解其理論要素的批評者給出了自己的回答：

　　批評者通常陷入這樣的誤區，比方說，他們自以為心理類型是天馬行空的想像，生搬硬套在實際患者身上。面對這種假設，我必須強調我的類型學說是我多年來實際經驗的結果——學術界的心理學家對這種經驗是完全不瞭解的。我首先是一名醫師和執業心理治療師，我對心理學的所有闡述全都基於我在艱辛的專業工作中所獲得的經驗。當然，只有那些關心如何治療精神併發症的專業人士，才能進入和理解這些醫學經驗。因此，如果我的某些言論讓外行人感到奇怪，或者認為我這樣分類只是研究過程中田園詩情般美好時光的產物，其實這並不是他們的錯。不過我懷疑，這種表淺的態度是否有能力做出中肯的評價。[12]

　　榮格不得不一再為自己辯護，他不僅僅是在進行理論研究而已。1935 年於倫敦塔維斯托克講座（Tavistock）期間，他在一次討論中說道，「我必須重申，我的方法並非基於理論而是事實。我們所發現的的確是按特定順序排列的一些事實，然後根據它們與神話及歷史的相似性命名。你是無法發現某神話主題的，你所能發現的只是個人的生命主題。這永遠不會以理論形式出現，而總是活生生地出現在人類生活中。」只有從顯而易見的事實或現象中才能發展出相關理論。

史坦納在接下來的演講中提到「超個人無意識」的內容。他認為精神分析是將一個人的實際經驗——比如伊底帕斯神話——作為出發點的。我們在此應該順帶指出，榮格堅持認為出現的個人主題和他隨後進行並列比較的神話素材之間，存在著決定性的差異。史坦納的立場則顯示出靈性科學家和精神病學家之間的本質性區別。這個議題涉及到「與神祇的關係」，或者說涉及到「神」這個概念本身。史坦納對現實的理解總是將靈性維度考量在內，而且始終對背後的真相感興趣。另一方面，榮格關注的主要是如何緩解心理層面的痛苦。史坦納將後者交由榮格處理，他在演講中明確提到了這一點。「榮格以醫師的身分處理這些問題。從這個角度對患者進行臨床心理治療是至關重要的。」[13]

　　史坦納從自己的靈性科學角度出發，認為榮格透過精神分析做出的解釋是荒誕可笑的。在他看來，榮格做出的詮釋只是在試圖解決問題，卻沒有認真面對屬靈世界的現實。「在任何地方我們都能發現重要的事實……這些現象只能透過靈性心理學（即人智學）……才能得到合理解釋。精神分析至少讓我們意識到要接受靈魂存在這一事實……但是魔鬼如影隨形。這句話的意思是，他們既沒有能力也沒有意願碰觸靈性現實。」[14]

　　與此同時，史坦納感到精神分析的發現確實適合「指引他們進入屬靈國度」。[15] 這是史坦納在關於精神分析的第二場講座中提出的另一個觀點，顯示出靈性科學家和精神病學家之間存在著意義深遠的共同興趣。史坦納在此強調：

　　　在我們的無意識中……我們與一個截然不同的世界

相連，榮格認為靈魂需要這種連結，因為它通向了另一個
國度。但是他也說過，探究那個世界的真實存在是愚蠢之
舉。好吧，事實就是這樣：一旦跨越意識的門檻，人類的
靈魂就不再處於純物質背景或環境中，而是進入了一個由
思想掌管的、狡點難辨的界域。

榮格說的很對，我們這個時代的人即所謂的文化人，特別需要
關注這些現象。[16]

史坦納在這方面談到了幾個問題，這些問題必須與他作品中的
其他論述聯繫起來進行討論。在此讓我們總結一下史坦納在精神分
析講座中所揭示的，與我們所探究的主題相關的內容：

史坦納反對分析心理學這門正處於起步階段的學科。從他的立
場來看，分析心理學和佛洛伊德的精神分析非常相似，儘管他也承
認自己所批評的文章內容與佛洛伊德學說存在著相當大的差異。

史坦納在 1917 年對榮格做出的評論在某種程度上可能受到聽
眾的影響，因此絕不能以此言論為依據而對榮格後期作品進行整體
性的評斷。

此外，1917 年 9 月 10 日和 11 日的兩場講座顯示出，在史坦
納和榮格的關係中一定有命運之手在推動著。這是唯一能夠解釋為
什麼史坦納一方面欣賞深度心理學不容置疑的優點，另一方面卻不
太能理解榮格取得的開創性成就的原因。

過高地評價上述兩場講座對評論榮格作品來說並不公平；演講
內容本身也沒表明導致史坦納採取消極態度的真正原因。我們必須
在更宏大的背景下處理這個議題。

靈性背景

你越是熟悉魯道夫・史坦納的作品，就越能意識到除非將其置於更大的背景之下，否則無法真正理解他在特定講座中只出現過一次的論述。對那些不太精通人智學的人來說，要想借鑒史坦納就某些相對冷門的主題所做出的言論，就算可能也是一件不易辦到的事。那些專門為人智學會成員舉辦的講座尤其如此，因為演講的對象原本就不是社會大眾。有時參與的聽眾也會做筆記，但通常是不被允許做記錄的。後來史坦納同意出版這些內容，但卻沒時間進行校對。因此，在每回演講週期剛開始時，主辦方經常會發出一些令人生畏的警告，提醒讀者只有那些熟悉人智學的人才有資格對講座內容做出評斷。這類提示對那些特定講座來說當然是有道理的，但並不適合用在書籍和公開演講中。

閱讀榮格作品也會遇到類似的問題。那些只想快速查詢榮格對某一主題看法的人，通常會發現自己身處困境，甚至連精神病學家也一樣。1935 那一年，在一次為倫敦的醫師和精神病學家所舉辦的塔維斯托克講座結束後，榮格在後續的研討會中指出，要想掌握他對夢境解析的某些標準是非常困難的。「這是最大的難題所在：通常情況下人們對這些現象的瞭解，與我多年來進行的研究之間，存在著巨大的鴻溝。只有當你擁有了平行類比的工具時，才能開始做出診斷，說這個夢是有機的、那個夢則不是。在人們獲得這種知識之前，我只是一名巫師。具備特殊知識真是一種可怕的不利條件。」[1]

在閱讀榮格和史坦納的文獻時，我們都要考慮到宏大的背景框架。兩者都要求自己的學生具備一定程度的耐心、敞開度和信心。榮格的相對優勢在於，他能夠以已知的民族學、文化、歷史和靈性

事實為依據，來解釋自己在心理層面獲得的洞見。我在這裡特別指的是榮格對東方密修文本、煉金術文字及圖解，所做出的詮釋和評論。

但史坦納通常是沒有這些書面資料作為參考的，他必須讓讀者熟悉大部分人所無法親歷的問題和現象。這些事件的本質充滿奧祕、完全不為人所知，因此似乎比榮格的深度心理學還要令人感到奇怪。如果只是斷章取義引用史坦納的原話，是無法保證能夠對靈性科學的研究成果進行驗證的。這就是為什麼存在於一般常識與史坦納言論之間的鴻溝，比榮格所面對的還要巨大。儘管如此，我們絕不能摒棄史坦納在靈性研究中做出的論述，和榮格的作品一樣，它們需要被放在上下文脈中去理解。

舉個例子，史坦納關於精神分析的講座背景是什麼？在 1917 年 11 月 10 日至 11 日多爾納赫演講之前的講座中，他已經就前者的內容做出某種奧祕層面的關聯性交代。

史坦納對待歷史的態度是，他認為日期、事件和事實，都是外在事件下的作用力之表徵。內在事件是透過外在事件得到表達的。「靈性背景」需要得到關注。人類意識演化的現階段發展，要求我們理解來自靈性－超驗世界或精微透明界的啟示。「人類必須認識到，今後除非他們敞開自己接受超驗世界的新啟示，否則是無法在靈性道路上取得進展的。」[2]

史坦納希望我們覺知到推動人類進化背後的基本勢能，但同時也要認識那些阻止我們全然覺醒的障礙。這是他的工作中非常重要的一個面向，因為，「在世界歷史舞台的背後，良善和邪惡的靈界力量同時在運作著。」我們在 1917 年 11 月 6 日於蘇黎世舉行的演

講稿中讀到，「只有當靈性科學之光照射到一般感官世界生命場景背後的界域時，才能理解在靈性層面發生的行為和事件。」[3] 某個特定的時間點上，人類註定會發展出某些意志和認知方面的能力。這些能力將幫助我們辨識出屬靈實相，從而促使靈魂臻於完全成熟。史坦納認為目前人類的使命之一是，「他們應該意識到迄今為止仍然藏匿在無意識中的某些事實，並且能熟知經由這些事實所揭示出的情況。」[4]

在同年的 9 月 29 日至 10 月 28 日，於多爾納赫舉辦的十四場講座中，史坦納在密修基礎上描述了十九世紀發展過程中出現的一些情況。他談到在十九世紀中葉左右所發生的一個決定性事件，該事件對整個西方世界起到了至關重要的作用。當時「唯物主義知識」的發展已達到頂峰。史坦納此處指的是一種極其精準和嚴謹的「心智層面的知識」，非常適合用來理解僵死的外在事實。然而，這種類型的認知並不足以理解生命存有，而且與後者的主張相左，更無法用來瞭解靈魂和靈性。對這種認知模式來說，只有進行量化測試才是行之有效的。

史坦納認為這是屬靈世界的一些事件所導致的結果。他談到一場「靈性存有之間的戰役」，時間應該是從十九世紀四〇年代一直持續到 1879 年。他透過聖經和神話語言進行了描繪：這場戰役的雙方分別是大天使米迦勒和邪惡黑暗面的代表阿里曼（Ahriman，與路西弗相反，它代表的是誘惑的另一極）。《約翰啟示錄》第十二章談到了米迦勒和惡龍之間的鬥爭。這個故事具有象徵意涵，史坦納斷言類似事件在歷史上已發生過數次，而且每次都有特定原因。「十九世紀七〇年代末是一段特殊時期，人類靈魂在某些感知

能力方面受到了阿里曼的影響。」這意味著撒旦－阿里曼勢能對人的靈魂和意志產生了重大影響。「在此之前這些能力更像是共有財產；如今則已滲入個體為個人所擁有。因此我們可以這樣說，由於阿里曼勢能從 1879 年開始顯化，個人野心以及運用唯物主義語言來詮釋世界的傾向，便開始出現在人類生活的次元裡。」[5] 史坦納採用了聖經中的象徵性語言，稱這個事件為「黑暗之靈的墮落」。該事件使得人類心靈非常容易受到來自屬靈國度中撒旦－阿里曼勢能的攻擊。

榮格也意識到這種對大眾心理所產生的影響。他談及「原型能量入侵」，也提到了「來自無意識的致命擁抱」。在 1936 年發表的〈沃坦〉（Wotan）一文中，他描述了「北歐的暴風雨之神釋放出激情和戰爭之靈；他是強大的魔法師和幻術家」。榮格認為這股能量在二十世紀三〇年代席捲了中歐。[6] 史坦納也認為這不僅源自於個人心靈的躁動，同時也是一種能量上的噴發，指向的是塵世和靈界之間的密切關聯。史坦納使用的符號和圖像不僅僅是畫面，也是深層的靈性實相，或現實的靈性維度——如果你願意這麼想的話。因為「在物質世界發生的任何事件，實際上都是靈界事件的投射或影子，只不過後者發生的時間更早一些而已。」[7]

同時，史坦納告誡不要籠統而含糊不清地談論靈性，這樣做不會帶來任何結果：「僅憑猜測是無法取得任何進展的，必須進行真正的靈性觀察。」[8] 一定不能將這種觀察方式與歐美那些年代裡非常流行的靈媒或降靈會混為一談。史坦納反對那些降靈會是因為它們實際上阻礙了人們獲得對靈界真正的認識。降靈會運動的迅速蔓延也許可以被視為人類渴望深層知識的一種表現，由此而相繼促成

了神智學會（1875 年，即榮格出生的那一年）、人智學會（1912-1913），以及精神分析和榮格的分析心理學（從 1912 年開始）。如果對這些日期進行比較，會得出令人驚訝的發現。在認知方式上史坦納堅持進行清晰明確的區分，就變得足以理解了。他認為二十世紀要求人類保持高度清醒和靈性上的清明度。「在不久的將來你所能做的最危險之事，就是無意識地將自己交給那些肯定存在的勢能手上。」[9] 用榮格的話來說，這個不久的將來為德國帶來了「沃坦的釋放」。在「龍的墮落」之後緊跟著「龍齒種子」：一戰、二戰及其造成的災難性後果。史坦納在 1917 年 11 月俄國革命爆發前幾天發出了關於「不久的將來」的警告。

　　在這項討論中我們需要如上文所說的那樣，從「外在事件的靈性背景 」和「黑暗之靈的墮落」及其象徵意涵的角度來看待問題。如此一來就更容易理解，為何史坦納認為有必要細查那些宣稱能夠為其時代文化帶來新方向或療癒力的所有現象了。他懷疑深度心理學試圖淡化當時所面臨的問題的緊迫性。精神分析學家認為心靈是真實存在的，並由此而克服了僵硬頑固的唯物主義。史坦納對此表示認可，但另一方面，他並不認同精神分析研究和治療的基本假設和靈性基礎。

關於人類的兩種意象：
名相解釋

榮格和史坦納使用的是不同的語言體系。他們對世界的看法、對自身與人類心智發展的關係、設定的人生使命及目標都大相逕庭，在各自的著作中所使用的名相（terminology）也在不斷變化。他們借用其他作者的辭彙，賦予某些詞語新的意涵並創造出全新術語。考慮到兩者研究內容的複雜程度以及人智學和分析心理學必須經歷的發展過程，這種做法是無可厚非的。

　　仔細審視史坦納早期的人智學文獻可以發現，當他還是神智學會成員時，他使用的是神智學術語來描述自己對人類及世界的意象。在那段時間裡，他更喜歡印度語——確切地說是梵文的術語和名相。在 1913 年之前，他一直用神智學指代人智學。在史坦納的一本基礎著作、若干巡迴講座和單獨演講中，他所採用的辭彙一直都是神智學的。很明顯，他後來改變名相只是為了讓自己表達的更精準。

　　1909 年，史坦納在柏林神智學會德國分部的大會上發表演講，闡明了神智學和人智學之間的關係。正如他的妻子瑪麗・史坦納所言，在這個時間節點上，必須正式為史坦納發起的這場運動夯實牢固的基礎。這些講座表明神智學和人智學的宗旨及願景是不同的。史坦納認為神智學者是從一個更「崇高」的層次來看待世界的，仿佛可以從「高維界域」來判斷物質現實；人智學則立足於「居中地帶，可以同時看向上下兩界」。根據這種描述，人智學者在探索「低等世界」即物質界域時，也帶著同樣的對「高等世界」的虔敬之心，他們並不感覺自己高人一等。神智學則希望透過「在我們之內的神」對現實做出假設。史坦納認為這樣做的危險在於，人們有可能完全忽略物質世界的各種現象，畢竟這些現象在生活中

俯拾皆是。「人智學……的特點可以說是居於上帝和自然之間，經由人類傳達出智慧。它允許人類表達由上界照射進來以及由下界投射而出的智慧思想。人智學是人類所能言說的智慧。」

史坦納最初的追隨者並沒有像他所希望的那樣去理解人智學的此種特質。對許多想逃避思維上——此乃進入人智學之道的門檻——嚴格訓練的人來說，更容易沉溺於非理性的靈性幻想。但是對覺知到自己的「我」而不斷努力提高「我」之意識的學生而言，史坦納則將他們日益置於教學的中心位置。在人類當中創造出屬靈真知並依此採取行動，乃是所有人智學工作的目標。我們不能忽略人智學密修教誨的「核心」，這也是神智學典型的缺失：那位在基督信仰傳統中被稱為耶穌基督之人、那位自稱為「人子」的人。

從深度心理學的歷史中我們得知，必須在榮格與佛洛伊德決裂時劃出一條明確的分界線。史坦納離開神智學會似乎與這個事件有類似之處。榮格和佛洛伊德分道揚鑣顯然不僅僅是兩位科學家的個人命運使然，其中技術和科學因素也發揮了一定作用。在精神分析的發展過程中，佛洛伊德循序漸進為其分析理論和治療方法建立了堅實的基礎。考慮到這一點，我們可以想像榮格發佈超越佛洛伊德的全新聲明時，對前者而言意味著什麼。

由於眾所周知的原因，榮格始終不能——至少是無法完全做到——接受佛洛伊德創建的術語。他所發現的事實和過程是在不同的條件下建立的，因此必須給予恰當的名稱。榮格採用的概念在剛開始就很不穩定，而且很長一段時間都是如此，因為他的工作總是帶來不同的成果，並且永遠都處在未完成的狀態。此外，他的研究對象，即不斷變化的靈魂及其所有的活動、轉化和動盪，都要求詮

釋的文字具備強大的靈活性。

　　榮格為其新的工作方式所選擇的名相「分析心理學」，將他與佛洛伊德的精神分析區分開來（這與史坦納創建新名相「人智學」時的設想是相似的），但他的這項選擇不僅僅是出於實用性的考量。榮格確實希望對佛洛伊德在深度心理學領域做出的貢獻表示尊重，他新創的心理學和治療方法仍然可以被稱為「分析法」，但由於他所面對的是無意識界域，因此必須採用精神分析的方法。然而，分析心理學的目的不僅僅是以片段的方式去分析靈魂。必須明確強調這一點，以消除對「分析」一詞存在的某些偏見。一個悲劇性的、由誤解所引發的人物案例，是傑出人智學者埃米爾・博科（Emil Bock），他看不到榮格分析心理學的真實本質，儘管後者的意圖與他自己的非常相似。博科寫道，「我們不需要精神分析，我們需要的是綜合心理學。人類的靈魂是一個萬花筒，既承載著珍貴的寶藏，也包含著很多問題和悲劇。我們決不能透過不斷的分析令其支離破碎，而是要將它視為統一、有序、和諧的整體。做到這一點所需要的全觀覺識與我們頭腦中現在稱為意識的微弱之光不是一回事。」[2]

　　榮格會毫不含糊地贊同博科的觀點。他的全部工作都致力於達成這個目標：實現心靈的整體性。和博科一樣，他也可能將其稱為綜合心理學。此時引用威廉・比特的話似乎是再合適不過的了，他認為榮格的心理學是一種極有價值的治療方法，所涉及到的內容遠遠不止「分析」而已：「在榮格的分析心理治療中，合成法（synthetische; synthesis）則佔據著中心位置。有意識和無意識之間的差距——和無意識之內的差異一樣——可以透過『合成功能』而

縮小，並且在更高層次上得以融合。無論是透過精神分析取得亦或自行發生，這種功能是卓有成效的。這個過程旨在實現人類的整體性和自性化。」³

史坦納眼中的人類意象

人們必須查閱適當的文獻資料才能得到人智學對人類意象的詳盡描述。然而，為了便於比較，我將在此給出一個簡短的概述。

史坦納對人類三重性 —— 身體、心靈和靈性 —— 重要性的強調讓我們想起早期的人智學理念。史坦納回顧時說道，歌德的觀點「使我們注意到三種不同的事物：第一，我們透過感官通道不斷接收到的訊息，即我們觸摸、品嘗、聞到、聽到和看到的物體。第二，它們給我們留下的印象。由於我們對事情會有親融感或排斥感的反應，或者認為這個有用、那個有害，所以這些印象呈現出喜歡或討厭、渴望或厭惡的特徵。第三，我們這些『準神聖存有』獲得的關於事物的知識，它們在向我們訴說其本質及運作方式的祕密。」⁴

由此人們發現，人是透過三種方式與世界產生連結的。然而，史坦納所希望的並不只是復興傳統理念。他指出，人是可以和以往一樣清晰地經驗現象本身的。史坦納的言論可以和純粹的傳統學說區分開來的另一個原因是，他只堅持那些經得起現代科學檢驗的觀點。每當他必須從人智學的角度回答科學質疑時，總是宣稱他完全認同自己所處時代的科學思想，只要後者是適用可行的。另一方面，人智學致力於獲得超驗世界客觀且精確的知識。要做到這一

點，必須對沉睡於每個人之內的能力進行嚴格訓練。這種訓練會讓人發展出看到超驗世界現象的能力，包括我們自身的靈魂－靈性組織。這一切「就像數學家眼裡的數學問題一樣」清晰可辨。

在根據 1909 年某次講座撰寫的文章〈哲學與人智學〉的前言中，史坦納這樣寫道，「考慮到單純觀察外部世界以及傳統神祕主義的局限性，我所說的人智學指的是對屬靈世界進行的科學探究。試圖進入超驗世界之前，人智學必須在日常意識和科學思維中發展出與生俱來卻尚未發揮作用的力量。沒有這樣的訓練，是不可能以一種有意義的方式踏入屬靈世界的。」[6]

為了能夠明確區分人智學和深度心理學，我們稍後還要再次回到這個重要議題上。

史坦納的靈性科學以達到科學的精確性為目標，由此產生的特質是：人類不僅是一個由身體、靈魂和靈性構成的有機體；獨特而鮮明的個體參與了三個領域內的所有活動：物質世界、靈魂世界和靈性世界。我們不僅僅是這三者的總和，相反地，我們不斷地在當中創造出全新的自己。我們透過物質和靈魂的界域構建出在這個地球上生存所需的物質身體。就像穿上外套一樣，我們用身體將自己包裹起來，身體如同我們靈魂的居所。這是一個非常古老的比喻。聖經裡也寫道，「我們地上的帳篷若拆毀了」，或「星星身披的榮耀」（哥林多前書 15：41）然而，史坦納新增的內容是對個體重要性的認可，該理念吸引了中歐理想主義的思想家們。這在史坦納的學說中是以「我」的形式出現的，作為上述三種人類「外衣」的第四條原則。這個「我」永恆地屬於靈性世界。在「我」，即人類的核心當中，靈性是被個人化（individualized）並能夠覺知到自己

的存在的。

　　因此，作為人類，我們不斷地經由三種方式將自身與世界連結（我們一開始不應該對這個事實做出任何解讀，只要照單全收就夠了）。它告訴我們人類本性的三個面向。就目前而言，這就是**身體**、**靈魂**和**靈性**三個名相的意涵，而且意義也僅限於此。**身體**指的是周邊環境中的事物向我們顯示自己的方式。**靈魂**一詞的意思是我們將這些事物與自身經驗聯繫起來的方式，透過這種方式我們體會到喜歡和厭惡、愉快和不滿、喜悅和悲傷。而**靈性**則意味著當我們——用歌德的話來說——作為「準神性存有」看待世界時，在我們身上明顯呈現出來的東西……

　　透過這種方式，靈魂為自己塗上個人和私密的色彩，與外在世界形成反差。它接收來自外界的刺激，卻由此構建出一個內在的隱祕世界。身體成為靈魂存在的基礎……大自然使我們服膺於新陳代謝的秩序，但是作為人類，我們需要遵循思想的規律。透過這個過程，我們使自己成為優於身體的高等法則的成員，此即屬靈法則。[7]

　　史坦納是在 1904 年開始從事人智學研究工作時寫下的上述內容，此論點在其生命末期（1924-25）撰寫《人智學指導思想》時得到重新表述：

　　人是在兩個界域之間不斷展開生命的存有。在身體

發展的過程中，他成為了「低等世界」的成員；透過靈魂本性建構出「居中世界」；而靈性能力則幫助他不斷努力進入「高等世界」。他將物質身的發展歸功於大自然的恩賜；他將靈魂作為自身的一部分藏匿於內心深處；他於自身之內發現了屬靈的力量，作為指引自己超越自我參與神聖世界的恩澤。[8]

為了避免產生誤解，在此應該說明的是，踏入神聖世界的起始階段絕非是完美的。人們必須付諸努力為之奮鬥，唯有透過大幅度提升意識狀態才能達成。「我」當然是努力獲得高等世界知識的起點，這一點在本書後半部分將進行詳細說明。

這裡需要的覺醒，指的是清晰思考的能力，但僅僅是理性還不能與靈性畫上等號，正如「我」尚未成為靈性能夠在人類身上所示現的最佳範式一樣。史坦納確實將思想定義為「真實的存有」，他說，「我們的前行之路被思想所包圍，而這些想法是真實存在的。」[9]人類透過思想參與世界實相的運作，儘管他們的思想所涉及到的是物質對象，後者只是屬靈現實的集合體。

> 我們能夠感知到的事物無非是緻密化的靈性存有，只因如此，人類才能夠透過將思想提升至靈性存有的水準來思考和理解後者。可感知的事物起源於屬靈世界，是靈性存有的另一種示現形式；當我們對事物進行思考時，我們只是將注意力從可被感知的外在形式轉向它們內在的靈性原型罷了。透過思考理解一個物體的過程，可以比作化學

家熔化固體以便通過液態對固體展開研究。[10]

　　但是史坦納認為，「我」、我們正常的思維方式與屬靈世界的關係，如同皮影戲和真實物體之間的關係一樣。「我們也可以說，人類的思想活動是所屬的真實靈性存有的模糊形象和反映。在塵世生命中，靈性是以物質身體為基礎與物質世界互動的。」[11] 只有當某人離開物質界進入屬靈世界時，無論是透過死亡亦或先前提及的意識狀態的提升，他或她才能瞭解構成萬物生命基礎的「靈性原型」是什麼。屆時，在物理維度只能表現為思想的東西，就可以被體驗為完整的現實。「當思想出現在我們面前時，不再是隱藏於事物背後的陰影，而是創造事物的鮮活現實。可以這樣說，我們是存在於思想的工坊當中，而地球上的事物則是在這裡被塑造成形的。」[12]

　　這些話表明史坦納並沒有賦予思考以極端的重要性。他的確指出過，當人在接收來自屬靈世界的訊息時，需要具備「健康的辨識力」。然而，這種健康的辨識力本身仍不足以使人經驗到屬靈事實。為此，一個人必須接受專精的訓練。[13]

　　史坦納進一步細化了人類的四元特質，以便公正地對待世界上與人類共存的礦物、植物和動物。日常的觀察顯示出，人類的**物質身**（physical body，嚴格來說，不過是一具屍體而已）是不能直接與靈魂或屬靈世界建立聯繫的。為了清晰地理解這種連結，我們需要瞭解另一個概念，這個概念在我們對無生命的礦物和有生命的植物有機體進行比較時發揮了作用。儘管植物是由礦物質組成的，但還有別的東西在植物發芽、生長、開花、結籽的過程中進行事

功。這個「東西」就是史坦納所說的形成性的、賦予生命的力量。這些是植物、動物和人類的共同特徵，但具體的方式各有不同。將植物和礦物區分開來的就是這股勢能。史坦納將這種生命力的組合叫做**生命體**（life-body），有時在描述其功能時也稱之為「生命力之體」。當論及這個「身體」的實質時，他稱之為**乙太體**（etheric body）。乙太體是無法用肉眼看到的，也不能透過傳統的科學方法進行研究。但人們可以通過它對生命進程產生的影響，去覺知到它的存在。只有發展出屬靈感官，才能在植物、動物或人的身上進行直接觀察。我們可以透過史坦納的祕修訓練發展出這種感官功能，史坦納在其著作中對此做出了詳盡的論述。儘管物質界是靈性的一種呈現，但是在史坦納看來，乙太乃超感勢能，是無法用肉眼看到的。同樣地，我們需要提升靈性感知能力對其展開研究。

當我們轉向靈魂世界時，史坦納做出了進一步的區分。痛苦和快樂在靈魂或星光體內佔有一席之地。動物也是有靈魂的，因為它們能感知到痛苦和快樂，但它們的靈魂與人類不同，因為動物沒有個體性的「我」。相反地，動物的靈魂就是史坦納所說的「集體靈魂」，它們是在這種集體之魂的指引下出於本能採取行動的。

人智學的基本著作包含了人類四元性的詳盡描述，而且對物質體、乙太體和星光體及「我」之間的關係，做出了進一步的區分。由於感知能力、心智水準和意識狀態的不同，靈魂被分為情感靈識、心智靈識和覺知靈識，這可以被稱為靈魂的靜態面向。

靈魂的動態面向指的是，人類可以透過接收來自屬靈世界的脈動來轉化物質－靈魂存有。「在人類的靈魂中，『我』不斷閃現，並接收來自靈性的影響，從而成為靈體（Geistmensch 或『靈人』

〔 spirit man 〕）的載體。因此，我們每個人都參與了三個世界的運作——物質世界、靈魂世界和靈性世界。我們透過物質－身體、乙太體和靈魂體扎根於物質界，透過靈性我、生命靈和靈人在屬靈世界綻放，但一端扎根另一端開花的根莖則是靈魂本身。」[14] 正如我們所看到的那樣，在人智學體系中，人不僅僅是各個組成部分的總和。因此，人類永遠不可能被定義為完整圓滿的存有。相反地，我們永遠處在變化當中。這一點在靈性－心理過程包括生理方面得到體現。這裡預期要發生的是神智學中被稱為末世論的內容。

業力和輪迴的概念中包含了進一步的動力系統。人類的命運被認為是在地球上累生累世輪迴所造成的結果。此生提供的機會是可以透過人的「核心」即個體化的「我」之發展和成熟，來影響未來世的命運。「我」即為人類存有的靈性準則，它是不朽的，不斷地輪迴轉世。我們不僅要將人類的起源（榮格稱之為「個體化」進程）置於生死間的一次生命當中去看待，而且要走的更遠、看向出生以前和死亡之後的生命，由此開闢出傳統深度心理學所缺失的新視野。史坦納採用嚴厲的措辭譴責深度心理學：半桶水主義的平方。

從本章所討論的內容中我們可以看出，人類的「我」具有重大而深遠的意義。人類不僅透過身體和心理上的「我」來體驗自身的存在。「我」也成為接收屬靈世界訊息的容器，而靈性的界域是創造力的根基以及各種啟示的源頭，那是我們最終的歸所，也是賦予生命終極意義的世界。

正如我們在傳記中所看到的那樣，史坦納思考個體時的靈感不僅來自德國唯心主義者所信奉的「我」哲學。對史坦納來說，

「我」這個議題具有存在主義的價值。從他的哲學和認識論著作以及關於人智學及靈性科學的作品中，可以清晰地看到這一點。史坦納在「我」當中看到了人類獲得自由並持續發展的可能性，基督是人類獲得自由和自我實現的範式：「我即是」。我們可以像克勞斯‧馮‧斯蒂格利茨（Klaus von Stieglitz）那樣說出，「哲學家認為自我實現和獲得自由是西方思想史的發展目標，而（史坦納的）基督哲學則認為這是全體人類的終極使命。自我實現成為了宇宙史的一部分。」[15] 世界性的視野被打開。但如前所述，這裡指的不是日常尚未發展成熟的小我。一個人的本質不是她看起來是什麼，而在於她能夠成為什麼。

榮格眼中的人類意象

考量榮格的範式如同研究史坦納一樣，我們必須將注意力集中在榮格學說中最重要的內容上。[16] 榮格對這個主題做出的貢獻集中於靈魂層面，對他來說，靈魂就是現實本身。榮格心理學的一個基本特徵是，他設想出一個遵循自身法則的客觀靈魂世界。順便說一句，史坦納認識到了榮格心理學的這個特點，儘管當時後者尚未將其體系完善到今天眾所周知的程度。

這個「心靈的現實」——也就是說，在這個界域中可以發現非物質勢能的經驗證據——被劃分為有意識和無意識兩個層次。在意識當中，我們與自我相遇，這主要是由於後者具備意識這一事實所決定的。在《心理類型》一書中，榮格將意識定義為「靈魂與自我的關係，這種關係是能夠被自我感知的。如果與自我的關係沒有被

感知到，那麼它就是無意識的。意識是維持靈魂與自我關係的一種功能或活動。意識不等同於靈魂……因為靈魂代表著所有心靈內容的總和，而這些內容不一定與自我是有關聯的，也就是說，兩者發生連結需要具備意識這種品質。」[17]

日常清醒的意識並不是一個完全的整體，而只是其中的一部分。因此，自我的性質也是不完整的。在《心理類型》中，榮格將自我描述為思想的綜合體，「它佔據了我的意識領域的中心位置，似乎具有高度的連續性和同一性。因此，我也談到自我－情結，自我－情結既是意識的內容，也是意識產生的條件。」

與有意識的自我相關卻又與之不同的是**人格**（persona，編按：常譯為「人格面具」），即靈魂與外在世界互動的那個部分，其功能是適應外在需求。考慮到面具在古代戲劇中的原始作用，我們可以將人格稱為自我的面具（事實上，persona 在拉丁文中就是「面具」的意思）。面具是對真實個體的效仿，因為它代表著姓名、職業、頭銜、社會地位、生活方式等。根據境遇、性格和周遭環境的不同，一個人或多或少完全認同於自己的人格，就像戴上面具的默劇表演者一樣。

然而，這些在意識的心靈及生理領域內運作的實體，只是個體人格的一部分。在榮格的概念中，自我還不是真正的個體，只有當一個人成功地將意識和無意識統合為完全的整體時，才能夠成為真正的個體。榮格將此過程稱為**個體化進程**（成為自性）。在榮格的術語中，可以把自性理解為目標以及通往目標的道路。

陰影（shadow）是無意識的一個組成要素，它構成我們性格當中消極的、不願承認的、因而大部分都處在無意識狀態的特質。令

人厭惡的陰影是由於靈魂的功能尚未充分發揮或發展不足所導致的。陰影與無意識之間的關係是，陰影的負面特質被徹底否定，無論對外在世界或內在自我而言，它們都仿佛根本不存在（如果意識覺察到陰影的存在，往往將其視為心靈陰暗面的「投射」，而沒有看到它的本質究竟是什麼）。另一方面，與外界互動的人格面具則可以被稱為自我的外衣。

　　強烈認同人格面具（例如，一個人假裝自己就是生活中的某個角色，如僕人、老闆、官員等）與完全認同陰影一樣會帶來問題。當一個人扮演受害者的角色，並且認為自己的缺點是「壞運氣」時，便賦予了陰影以生命。一方面，人是永遠不會徹底放下人格面具的，因為想要過一種完全坦誠的心靈生活是不可能的。另一方面，斷然否定陰影則會讓一個人高估自我，缺乏基於現實的自我評價和自知之明。

　　雖然自我的陰影通常處在無意識中，我們需要透過其呈現方式進行辨識，但靈魂當中還存在著不屬於個體無意識的另一個層面。榮格以科學方式對此展開研究，這是他取得的偉大且富有開創性的成就，他將這個層面稱為**集體無意識**。他遇到一個令人費解的相似之處，一方面是對健康（或罹患疾病）個體的描述，另一方面是神話或象徵性故事。他為集體無意識呈現其內容的形式所選擇的名相是**原型**。

　　「原型本質上是一種無意識的內容，透過變成意識和被感知而發生改變，具體特性是由個體意識所賦予的。」[18] 作者在註腳中做出補充說明：「為了準確起見，我們必須區分『原型』和『原型思想』。原型本身是一種假設的、無法直接體現的模型，類似於生

物學中的『行為模式』。」我們可以這樣說，從榮格的角度來看，原型本身雖然是無法被直接觀察到的，但它造成的原型表徵卻在人類的意識領域中得到呈現。事實上，原型是這些表徵形成的先決條件。換句話說，原型可以被稱為有能力將靈魂呈現為某些意象或畫面的因素和動機，並且只能透過其最終影響辨識出來。它們存在於意識之前，很可能構成了心靈的主導結構。雖然原型本身停留在無意識深處，我們無法直接進行觀察，但個人的原型意象卻是可以被辨識出來的。

　　榮格對自我（ego，編按：或稱「小我」）和**自性**（Self）做出明確區分，後者在更大的範圍內將整個心靈、意識及無意識統合成為整體。「作為一個經驗性的概念，自性指的是人的全部心理現象，表達的是人格作為一個整體的統一性。但是由於無意識的存在，整個人格當中只有部分是有意識的，自性的概念也只有一部分是有可能被經驗到的，就這個程度而言，它只是一種假設。換句話說，它既包括可以被經驗的，也包括無法被經驗的（或尚未被經驗到的）。」[19] 榮格已經展示了這個自性是如何具備原型特徵，以及它是如何在夢境、神話和童話中以英雄、領袖或彌賽亞的形式出現的。它也可以藉由代表整體的象徵符號得到呈現，例如圓圈、十字架或正方形。如果我們以這種方式思考，那麼自性不僅佔據著中心位置，同時也構成了意識和無意識的週邊結構。榮格對整體心靈中心的自性和作為意識中心的自我進行了對比。

　　分析心理學當然不止是分析，也不僅僅是對在心靈中發現的東西進行描述和解釋。所有分析和治療工作都旨在改變和轉化，追求自性的完整或實現。如何實現這個目標呢？

榮格對這個問題的回答指向了一個心靈發展過程：自性或個
體化的誕生。這是他心理學的動態面向。「個體化意味著成為一個
『內在的個體』，就『個體性』包含了我們內心深處最終無可比
擬的獨特性而言，它也意味著成為一個人本身的自我（self）。因
此，我們可以將個體化翻譯為『走向自我』（selfhood）或『自我
實現』（self-realization）。」[20] 榮格認為，只有極少數人有意識地
實現了這種心靈的轉化。以下是心靈轉化的目的所在：一方面，將
個人從人格即面具般的集體心靈中解放出來，後者只是對真正個體
性的一種模仿；另一方面，從無意識原型意象的強迫性控制中解放
出來。

　　榮格還談到了「那些能夠成為意識的心靈內容的整合」，因
此，自我－意識與自性仍然是不同的。他甚至還提到在個體化過
程中，「自我－意識帶來的某些顯著但難以描述的後果」。榮格
對這個過程的定義是：「一般來說，個體化是區別於集體心理的存
在，它是個體生命形成和分化尤其是心理發展的歷程。因此，個體
化是一個分化的過程，其目標是個體個性的發展。個體化是一種自
然需要，因為透過降低至集體標準來阻止個體化進程，是會對個人
生命活動造成傷害的。」[21]

　　將史坦納的人智學與榮格的深度心理學草圖並排放在一起時，
會產生一些問題。對史坦納和榮格來說，靈魂和靈性之間的關係是
怎樣的？如何從兩位探尋者的角度去比較人類意象和心靈的動態面
向？在回答這些問題之前，我們必須首先瞭解意識，因為心靈的歷
程和事實必須始終置於意識的背景中進行觀察。

　　無需指出的是，將本書中的各個章節並列排放必然是一種權

宜之計。當研究對象不是由固定且容易定義的元素所組成，而主要是和發展過程及轉化有關的材料時，我們是無法避免對以後出現的情況進行預測的。換句話說，在處理某些重要問題之前，應該先對它們進行介紹。這類人智學和心理學文獻的讀者必須採取一種特殊的態度。僅僅承認事實、假設和論斷是不夠的，輕信並全盤接受與僵化的懷疑態度同樣是不合適的。我們需要的是不斷地觀察思考，批判性地保持距離、開放的心態以及一定程度的善意，來起到相互平衡的作用。經常聽見有人認為史坦納和榮格除了神祕主義、形上學和意識形態之外，沒提供任何有價值的東西，這種偏見從一開始就阻礙了富成效的討論之可能性。對兩者的研究都需要高度覺知，以及個人本身進行某種程度的體驗之意願。一個害怕因思考未知事物而接受虛假暗示的人，是不信任自己的意識和批判性思維的。另一方面，盲目接受人智學的追隨者們，同樣也看不到史坦納的真實意圖。熱情地表白對人智學的信仰、加入學會等都無法治癒這種盲目傾向。用人智學者赫爾曼・波普爾鮑姆（Hermann Poppelbaum）的話來說，「以這種方式行事的人只是在構建一個假『我』，亦即由人智學概念所形成的錯覺，也就是說，這是一種自我欺騙。這樣的人可能就『高等靈界知識』誇誇其談，但他或她可能更適合接受心理治療。」[22] 這裡可能有必要提及史坦納在 1911 年說過的話：「我請求你們，不要因為我說了這些話就信以為真，你們要透過歷史上所知道的一切——最重要的是你們自己的個人經驗——對它們進行檢視………在這個知識主義的時代，我所尋求的不是你們的信仰，而是懇請你們發展出心智的辨識力。」[23] 榮格可能比史坦納更坦率，他承認：「這個領域的工作是先驅性的。我經常犯錯誤，也

曾多次忘記我所學到的東西。但我知道並且對此感到滿足，亦即正如光明來自於黑暗，真理也一定是從錯誤中誕生的。決定我的發現是真理還是謬誤的並非同時代的批評者，而是未來世代的人。有些東西今天還不是真實的，也許是因為我們不敢去發現它們的真相，但明天它們可能就成為真實的存在了。」[24]

史坦納的「第二自我」
和無意識

史坦納在以精神分析為主題的系列演講中（在第三章已做討論），並沒有將自己局限在只是對精神分析和分析心理學進行評判上，他還接著探究了一個與人智學和深度心理學都有關聯的研究領域。

鑒於史坦納對精神分析的負面評價，人們可能得出結論，亦即他低估了這種無意識（unconscious）的重要性，而總是稱之為「潛意識」（subconscious）；或許還會認為他所做出的努力完全是為了提高和拓寬意識，認定他一心為了想獲得「高等靈界」的知識，乃至於忽略了人類靈魂深淵中的現實，完全忽視了潛意識和無意識。

但事實並非如此，從他關於精神分析的兩場講座中的第二場，可以清晰地看到這一點。史坦納在對靈性科學性質的表述上從未留下任何疑問，無論是純粹地描述他的研究方法，抑或採取立場反對某些低級祕術主義所使用的手段。然而，同樣毋庸置疑的是，他的靈性研究始終是將所謂潛意識的深度考量在內的。

我們必須沿著史坦納自己描繪出的邏輯線路去深入探究，亦即從 1917 年多爾納赫關於精神分析的講座，回溯至 1911 年在哥本哈根所做的三次演講。這些講座的標題是「個體和人類的靈性指南」，演講稿於同一年出版發行，但這並不是他的一貫做法。史坦納在序言中寫道，「這是因為我有在這個時候出版的理由」。正是由於這些原因，他不得不放棄對該主題進行更深刻的探討，而是在後來的講座中多次回到這個議題上。

文章開篇寫道：「如果對自己進行反思，我們很快就能意識到，除了由思想、情感和完全有意識的意志驅力組成的自我之外，

在自身之內還存在著第二個更強大的自我。我們開始意識到，我們從屬於第二自我，如同將自己置於一個更高的力量之下。起初，與清晰且完全有意識的靈魂及其真善的自然傾向相比，這個第二自我對我們來說似乎是一種低等存有。因此，我們剛開始會努力克服這個看似低等的自我。」[1] 史坦納在許多其他演講中描述了此「另一自我」及其「低等本性」。在這裡，我先列舉出幾個例子，然後再討論他在哥本哈根演講稿印刷版中所指出的人智學與基督論的聯繫。

讓我們從同一年即 1911 年的文本開始。4 月，史坦納在博洛尼亞舉行的第四屆國際哲學大會上發表了一篇標題為「人智學的哲學基礎」的論文，旨在闡明人智學對認知的理解，並且將認知定義為某種「流動的、能夠演化的」東西。他解釋說，「在通常有意識的心智視野之外，還存在著一個我們可以深入的界域。」為了避免與偽神祕學踐行者混淆，史坦納指出，他所說的靈魂界域與目前被稱為潛意識的領域並不相同。這個「潛意識」可能成為科學研究對象，是可以用目前的科學方法進行探究的。「但這與我們所說的情況毫無共同之處，在這種情況下，人是完全有意識的，具有高度的邏輯警覺性，如同處在普通意識範圍內一樣。」[2] 接著，他根據自己選擇的主題描述了他所採取的認知方法。

1911 年 8 月，在慕尼黑發表的題為「世界奇蹟、靈魂磨難及精神啟示」的演講中，史坦納重新提及他在哥本哈根做出的論述，並再次描述了遠比普通意識所容許的範圍更「廣闊的靈魂生活」。史坦納對此做出了進一步的詮釋，他提到希臘神話人物波瑟芬妮（Persephone）和狄密特（Demeter），將他們作為靈魂深層元素的

代表。人類古老的靈視能力已經下降至波瑟芬妮的界域，呈現出與人類靈魂現狀近似的狀態。這些勢能先前的任務是讓人類具備靈視能力，如今它們是在為強化「我」而服務。與此同時，史坦納還在狄密特身上看到「一個更古老的統治者，既支配著外部的自然勢能，也掌管著人類靈魂的力量」。我們無法確定是否可以在這裡看到與榮格集體無意識的聯繫。另一方面，史坦納在波瑟芬妮被劫持的神話中看到人類意識演化中的一個階段：「在人類歷史的發展過程中，波瑟芬妮被劫持是由藏匿在潛意識深處的靈魂－力量帶來的，這股勢能在外界自然中表現為冥王。」冥王是地下世界的主宰，代表著活躍在自然界和人類靈魂中的力量。根據史坦納的描述，眾神退出了自然界，劫持波瑟芬妮也是此一事件的寫照，古早的靈視力因而走到了盡頭，不得不採取新的形式透過直覺為人類提供指引。從現在起，屬靈指引必須來自上演轉化靈魂的神聖大戲之界域：古早的神祕主義。「最初，諸神將道德與自然力量一起賦予人類。然後，自然力量或多或少地降低變弱，再後來，神祇透過他們在神祕主義中的使者，以更為抽象的形式取代了道德法則。當人類與自然漸行漸遠時，他需要一種更抽象、更理智的道德法則。因此，希臘人在其德行生活中向神祕主義尋求指引，他們在後者當中看到了諸神的活動，如同先前在自然力量中看到的一樣。出於這個原因，最早的希臘人將道德法則歸功於同樣在自然力量背後進行事功的那些神祇。」[3]

對史坦納來說，還有一種力量是同等重要的。他提到了「乙太體」，乙太體是人類身體的一部分，調節著物質體和靈魂或星光體之間的關係。它像鏡子一樣反映出在靈魂中出現的畫面——用榮

格的話說就是「無意識的創造物」，它使得它們可以被肉眼看見。「乙太體讓人類可以看見或感知到由星光體產生的意象。人在自己星光體中所感知到的，正是其乙太體反映出來的。如果星光體的變化過程沒有透過乙太體映射出來，那麼，星光體的活動當然仍舊發生在自身之內，但我們是無法察覺或感知到的。因此，在人類對世界的整個圖景中，其意識的全部內容就是對乙太體的一種反映。一個人對世界的瞭解程度取決於他的乙太體。在人人具備靈視力的古早時代，情況就是這樣，時至今日仍舊如此。」[4] 這確實是認識世界——包括瞭解無意識活動——的關鍵所在，我們稍後將更多地討論史坦納在這個方面對人類持有的觀點。現在顯而易見的是，從人智學的觀點來看，無意識領域可以被理解為一種將神話意象的內容和人智學的事實聯繫起來的現象。

除此之外，史坦納還描述了希臘神話中鮮活生動的畫面，認為它們曾經具有教育和強化靈魂的作用。從基督事件為意識帶來新的發展方向以來，這些功能產生了一些變化。這種變化主要體現在自我－意識的誕生上。隨著自我意識日益增強，原有的更依賴直覺的感知，以及蘊含深刻智慧基於神話創作的畫面，便逐漸消失。它們被冥府「劫持」了。

在史坦納於國外進行的最後一次演講中（1924年），他再次提及與自然靈以及與通往屬靈國度之路相關的波瑟芬妮－狄密特神話主題。瑪麗・史坦納（Marie Steiner）在標題為「靈性研究中的真假路徑」的講座前言中說道，「人類靈魂的煉金術雖然被物質身所遮蔽且失去了最珍貴的器官，但可以透過轉化塵世界域來重新創造、使之煥然一新。」[5]

在上述系列講座中的第四場中，史坦納談到了意識的蛻變，並且再次引入神話意象。地上世界代表著日常的清醒意識，而生活在冥府的波瑟芬妮則與冥王一起象徵著睡眠狀態中物質身與乙太體的活動。我們現在頗為抽象地稱為「自然」的東西，曾經是波瑟芬妮智慧中鮮活的組成部分，儘管它是以更夢幻的形式參與運作的。[6] 榮格及其學派從許多不同方面研究過這些事實。在這裡，我們必須提到艾瑞旭‧諾伊曼（Erich Neumann）和埃斯特‧哈汀（M. Esther Harding）所開展的影響深遠的工作。[7]

從靈性歷史的角度來看，圖像世界沒有被永久埋沒，是非常了不起的事。它以兩種方式再次走向光明：深度心理學和靈性科學（另一種呈現形式是現代人對意象畫面的渴望）。對於「古老的知識、希臘人的那些令人印象深刻的意象畫面所激發的知識」，史坦納說，「淹沒在靈魂深處的東西正在以靈性科學的形式再次浮現於當今的生活中。」[8] 深度心理學家可以從自己的經驗中體證到類似的事實。然而，他們對靈魂深處這些內容的詮釋和採用的方法卻與史坦納有所不同。

在這裡，我們絕不能忽視另一個重要方面：和榮格一樣，史坦納深知可以找到一條新的通往基督的道路。「高等勢能滲透至人類靈魂中是為了指引他們再次獲得靈視力——或者也可以說是為了將靈視力帶給他們——這股力量最初在古老的雅威文明中是為了有意識的思想做準備的，然後透過基督存有的到來得到了充分的發展，而人們會越來越理解這一點。」[9]

這股基督勢能——這是史坦納採用的名相——所承載的力量將使我們在發展過程中淹沒於潛意識深處的東西再度進入意識中。

史坦納談到「人類內在發展中最偉大的事件」，這裡他指的是保羅在大馬士革路上的經歷，亦即看到復活的基督。史坦納認為，這種經歷並非單一事件，而是長期持續的過程，它將使人類開始意識到基督存在的現實（見附錄：〈一元宇宙和宇宙基督〉）。史坦納發展靈性科學的目的旨在促進這種「人類靈魂的進步」（不要與現代「進步」的概念相混淆）。在這一點上，他找到了自己的使命。

　　史坦納將他對無意識靈魂力量之重要性的評論，與和他談論基督論的書信緊密連結起來，此舉絕非偶然。其中一個例子是 1911 年他在卡爾斯魯厄（Karlsruhe）發表的「從耶穌到基督」系列講座，這輪演講是以公開講座的形式舉辦的。在這裡，我們找到了進一步的解釋，為什麼當今（意指自基督的化身示現以來）「需要找到一種不同於古早神祕主義時期的新方式來探究『世界的神聖根基』。在那些古老的時代裡，狄密特和波瑟芬妮、伊西斯（Isis）和歐西里斯（Osiris）、戴奧尼索斯和波斯的米特拉斯（Persian Mithras）都是內心活動的化身。在這個過程中，每個靈魂都是一個允許諸神進入並影響人在地球上發展的通道。」

　　在卡爾斯魯厄的講座中，史坦納大費周折地盡力避免聽眾對他所說的無意識領域可能產生的任何誤解，他曾經把該領域稱為「湧動的靈魂海洋深處」。他擔心理解的偏差可能導致資訊的濫用。他承認人類的靈性及道德生活從這些深層無意識領域獲得了強大且積極的驅力。他強調「一切有意識的生活都根植於無意識的靈魂生命。基本上，一個人如果不考量靈魂的無意識面向，那麼，他是無法理解人類整個演化進程的……因此，我們必須承認除了意識之外，無意識是靈魂的第二要素，它們是一體兩面。另一個原因是，

這個通常無法被直接觀察到的界域，必須非常謹慎地加以保護，以免受到侵害。無意識是意志的居所，雖然無法直接進入，但可以被某些行為所操控。」史坦納列舉了耶穌會的靈性修習作為例子來進行說明，他說這些練習觸及到了意志力的根基。在這一點上，史坦納說，「當我們遇到另一個人並與其建立最多樣化的關係時，只有在帶著覺知的靈性生命界域裡，才可能產生對這份關係的真正理解……另一方面我們必須認識到，我們絕不該侵犯一個人的意識和潛意識中的一切，必須視其為他內心深處的聖殿。透過認知是影響他人意志唯一的健康方式。」[10] 史坦納認為把無意識稱為「內心深處的聖殿」是合乎情理的，因為復活的基督「在門徒無意識的靈魂力量中進行事功，並向上進入他們的靈魂生命中。」[11]

毫無疑問，在史坦納的這個簡短而重要的論述與分析心理學關於人類接受基督的看法之間，存在著內在的關聯。

歷史學家只能記錄下來這個事實，亦即在西元最初的幾個世紀，基督教以令人咋舌的速度迅速被人所接受。到目前為止，榮格對此做出的解釋鮮少得到認可。他的看法與史坦納有些類似，「如果基督未曾示現出在追隨者無意識中積極運作的力量，那麼祂是永遠不可能給後者留下這種印象的。假設人類的心靈沒有準備好接受基督信仰的理念，它是不會以如此驚人的速度在異教世界裡得到廣泛傳播的。」[12] 格哈德・札卡里亞斯（Gerhard Zacharias）專門研究了這個主題，稱此論述「對基督教神學來說是一個極為重要的事實。」[13]

榮格的原型概念在這裡是非常有幫助的。在《永恆紀元》（Aion，編按：中譯本為《伊雍》）中，榮格設法詳細描繪了「在

幾個世紀當中，基督形象被同化的那種心理矩陣。如果不是在救世主形象和無意識的某些內容之間存在著一種如磁鐵般的吸引力，那麼，人類的心靈是永遠無法看到基督身上耀眼的光芒並且熱情激揚地抓住它的。在這裡產生連結的紐帶就是神－人原型，它一方面透過基督成為歷史現實，另一方面則成為了永恆的存在，它以高於一切的整體或自性的形式掌理著靈魂。」榮格指出了魚這個象徵的心理作用，他繼續說：

> 非正統的魚象徵將我們帶入了這個靈魂矩陣，從而踏進一個經驗的界域裡。在其中，不可知的原型變成了有生命的東西，它永不停歇地改變名字和形態，可以說是透過不斷在周邊打轉來揭示其隱藏的核心……魚象徵乃是對福音書中基督形象的一種自發的同化，向我們展示了這個符號是以何種方式和何種意義被無意識所同化的……魚的意象從無意識深處升起，相當於歷史上的基督形象，如果基督被援引為「耶穌魚」，那麼這個名字指的就是從深處升起的東西。因此，魚象徵是連結歷史上的基督形象與人類靈魂本質之間的橋樑，救世主的原型便居於其中。如此一來，基督就成為了一種內在經驗，亦即「內在的基督」。[14]

在這種解釋的基礎上，人們可以將基督－真知理解為重新建立認知。某種本質上是人性的東西透過基督表達了出來。這與路德維希・費爾巴哈（Ludwig Feuerbach）的立場不同，從一種更靈性的意義上來說，人智學基本上就是一種基督論。耶穌基督道成肉身，

神性透過人身得到示現。本丟‧彼拉多（Pontius Pilate）所說的名言「試觀此人」（*Ecce homo*）中蘊含的真理，必須依賴每個人發展自己的認知方能實現。

榮格從心理學的角度對此過程進行的描述，為這個認知行為提供了最佳注腳。例如，將無意識為接受基督作準備的過程命名為「心理接受系統」。他可以解釋為什麼這個拿撒勒人成為了他那個時代集體無意識所期待的「集體象徵」。但每個人都必須在與基督相遇時敞開自己。每個人都必須接受指引，去找到可以發現基督的道路。

史坦納的研究必然是從心理學家遭遇瓶頸的領域中開展的。史坦納認為他的特殊使命是在人智學說中描繪玫瑰十字會的具體教學步驟。他在多次講座及基礎著作中都做到了這一點。[15] 心理學家有意將自己局限在對重要現象的解釋上，而靈性科學家則試圖「指引靈性追尋者走向內在發展的道路」。[16]

我們如何判斷無意識的功效？根據史坦納的看法，它又有什麼優點呢？在 1911 年的卡爾斯魯厄講座中，史坦納說，「與我們清醒且完全有意識的靈魂所涵蓋的自我相比，第二個更強大的自我」可以被視為一種「低等存有」，是人們努力克服的對象。理性的現代西方人尤其是這麼認為的。史坦納完全不認同這種態度。相反地，他指出，「如果我們必須在完全有意識的情況下做每一件事，理性地瞭解每一件事的情況和後果，那麼，在生活中我們是不會走得太遠的。」[17]

在回顧過往的生命時，我們來到記憶中可以回溯的最早時期，那時我們的自我 - 意識仍然相當薄弱。在此之前的經歷，即生命的

頭三年甚至四年，是不在記憶範圍之內的。我們再次站在史坦納所說的「潛意識靈魂界域」的面前。史坦納認為，那裡正在進行著大量且重要的活動，旨在為人類發展做好準備。他列舉出這項工作帶來的成果：獲得平衡性，發展語言能力，以及大腦機能逐漸開啟。這就是為何他認為潛意識的形成力量蘊含著大量智慧，而這是理性思維在生命中的任何時刻都不具備的。對於我們在史坦納和榮格之間所做的比較而言，考慮史坦納是對下述問題的回答，是非常有意義的態度。「如此重要的工作怎可能在意識之外的靈魂深處進行？」史坦納的答覆是：

在生命的最初幾年裡，我們的靈魂及整個存有與屬靈世界眾天使的連結非常緊密……有一種不屬於我們的智慧在我們之內進行著事功，這種智慧比我們長大後獲得的所有有意識的智慧都要強大和全面的多……在兒童身上做功的智慧，在以後的生活中不會成為意識的一部分，它逐漸被遮蔽並且被意識所取代。然而，在生命的頭幾年裡，這種高等智慧就像「電話線」一樣將我們與屬靈存有連結起來，在祂們的世界中，我們發現自己處在死亡和重生之間。來自這個世界的某些東西，仍然可以在童年時期流進我們的靈光圈內。作為個體，我們則直接聽從自己所屬的整個靈性世界的指引。當我們還是孩子時——一直追溯至最早的記憶——那個世界的屬靈勢能是向著我們的內在流淌的……

來自這個世界的屬靈力量流入了我們，使我們能夠發

展出與重力之間的特殊關係。與此同時，同樣的力量也構
建出咽喉，並且將大腦型塑成表達思想、情感和意志的有
生命的器官。[18]

　　史坦納給出的這個訊息非常重要，因為在我們試圖進行的比較
中，我們需要找到兩者的差異及相應之處，以便從概念上架起一座
橋樑。我們看到人智學者和分析心理學家有著相似之處，前者埋首
於「屬靈世界」，此乃一切存在的基礎，後者則潛心研究潛意識領
域，旨在得出關乎靈魂現實的結論。因此，我們不得不問，史坦納
的「靈性世界」是否以及在多大程度上相當於榮格的「無意識」，
尤其是集體無意識。在上面這段話中，史坦納給出的答案顯然似乎
暗示了屬靈世界和無意識之間的對應關係。即便如此，毫無疑問的
是，人智學者和深度心理學家的核心概念並沒有任何簡單的重疊之
處。

　　思考一下史坦納的論述，即「高等天使的屬靈世界」——不僅
僅是一些相對次要的靈性存有——「進入了孩子的靈魂，並透過祂
們的智慧賦予人類正在成長的物質身」。很顯然，我們在這裡探究
的是具有原型特質的創生大能，祂們指引著「成為人類」的過程。
此乃智慧之創舉，這種智慧不僅遠遠高於通常的意識，而且是不為
後者所知的。關於這種智慧，榮格說，「無意識永遠是意識的創造
之母。意識在童年時期從無意識中孕育而出，就像人從原始時代演
化成現代人一樣。」[19]

　　就兒童個體與人類整體意識發展的對比而言，人類學和深度
心理學之間存在著大量相似之處。我們有豐富的經驗性材料來證明

此一理論。順便說一下，榮格注意到當兒童早期的夢境被憶起時，裡面包含了令人震驚的原型意象，它們在人類靈性發展史中是有相應之處的。榮格認為，對兒童集體無意識的研究不應該給醫師造成實際問題，因為對兒童來說，重要的發展在於適應環境的過程，這意味著逐漸變得有意識。出於這個原因，在兒童身上不該過分強調無意識的重要性。這則建議當然是與普通意識的發展方向保持一致的——起源於理性發展之前夢幻與神話般的深淵，並且帶來了自我－意識的覺醒。

榮格和史坦納都對教育者提出了很高的要求。榮格認為，兒童的無意識（史坦納稱為「內心的聖殿」）不應該被過度利用。榮格希望避免喚醒孩子身上不健康的好奇心，因為這可能導致異常早熟和以自我為中心的傾向。然而，他確實強調教育者在心理層面具有自知之明能力的重要性，因為他們不僅通過教授的知識和技能影響孩子，同時他們的靈魂包括其意識層面或無意識的陰影面，都會對孩子產生影響。在這一點上，史坦納則在 1919 年強調過，「未來所有的教學都必須建立在以人智學角度去理解世界的心理學上。」[20] 凡是熟悉史坦納創辦的華德福學校的靈性和教學基礎的人都知道，此項要求已經在師生關係和教學方法中得到落實，可以被視為一種實用心理學。

現在讓我們回到哥本哈根講座的主題上。史坦納做出了一些補充，表示自己相當認同深度心理學的發現。他指出，無意識的靈性和靈魂勢能在日後的生活中仍然會發揮著一定的作用。

我們透過理想典範和藝術創造力所呈現的一切——包

括身體中的自然療癒力，這股勢能不斷在補償由生活所造成的傷害——並不是源自於通常所說的理性思維，而是生命初期對我們的空間定位、喉部的形成以及大腦發育進行事功的深層力量。這些力量後來仍然運作於我們之內。人們在提及生命中所遭遇的損害和傷害時常說，外力是不會有任何幫助的，我們的有機體必須發展出自己內建的療癒能力。他們所說的是一股在我們身上做工的智慧又仁慈的勢能。從同樣的源頭中也產生了促使我們能感知屬靈世界的最佳力量。[21]

　　史坦納的另一個論述起到了決定性的作用，大意是，高等靈界的知識不能也不應該透過本能的、無意識的方式來尋求。這將導致我們回到遠古時期的靈視力、退行至古人的意識水準。我們應該透過與屬靈世界建立有意識的關係，來尋找和理解潛意識的力量本身。史坦納在他的基本著作中就這方面給出了必要說明。我們稍後再討論這個問題。

　　在這個講座中，史坦納接著詳盡解釋了童年早期的形成力量中也包含著基督論的成分。因為「瞭解幼年時期進行事功的勢能就是瞭解我們之內的基督」。[22]「不借助於任何歷史文獻」就找到基督是有可能的。在先前所提到的慕尼黑講座中，史坦納說，古代人類可以出於本能相信諸神的指引。在這些講座中，他明確談到基督所賦予的「個人和人類的靈性指引」，而基督應該像祂在《約翰福音》中被尊稱的那樣作為「道路、真理與生命」為世人所理解。「像這種關於道路、真理與生命的話語可以為我們打開通往永恆的

大門。一旦我們的自我－認知變得真實而詳盡，那麼，這些語言將從我們的靈魂深處在心中迴響。我在這裡介紹的內容為個人和整體人類的屬靈指引打開了雙重視角。首先，我們作為個體是透過自我－認知在心中找到基督的。我們可以始終透過這種方式找到基督，因為自道成肉身以來，祂就一直在我們之內。「這與榮格所說的心靈矩陣的自發接收特質有著相似之處。我們還可以聯想到的是教會神父口中的天生的基督之魂（*anima naturaliter christiana*）。史坦納繼續說道，「其次，在沒有歷史文獻的幫助下將所獲得的知識應用於這些資料時，我們才開始理解其真實本質——於靈魂深處示現的某種東西經由歷史表達了出來。因此，歷史文獻應當被視為人類指引的一部分，旨在引導靈魂走向自身。」[23]

在這一點上，基督再次被看成一個普通人。然而，無論是史坦納還是榮格，都不認為他與歷史上的拉比拿撒勒人耶穌是同一人。史坦納也不相信「普通的拿撒勒人」這一說法。相反地，他希望展示的是在演化過程中掌理人類和不斷推動我們前進的勢能。「因此，天使的高等屬靈世界指引著人類整體的演化進程，既在一個人的童年時期進行事功，也作用於整體人類。*Angeloi* 或這個界域的超人存有比我們高一個維度，可以直接與靈性世界連結，並且從那裡為地球帶來促進人類文化發展的力量。在個人身上，這種高等智慧在孩童時期的身體上留下了印記，並且以類似的方式形成了古代人類的文化。」[24]

在此基礎上，史坦納為靈感賦予了新的意涵，這個概念在新教正統觀念中被教條式地窄化，並且被理性主義視為不可理解而遭到淘汰。他的做法是將福音書的作者視為「透過在每個人童年時期推

動事功的高我進行寫作的人」。[25] 從這個角度來看，福音書的靈性起源根植於同一種促進身體發展的智慧，儘管這種智慧從心理學的角度來說是無意識的行為。

假如這是真實的，如果聖經解經回避了屬靈世界的現實，忽略了現實的靈性維度，而只是處理理性思維的受造物，那麼，這種解讀是不充分的。當今神學院的語言學和解釋學所採取的方法就是上述這種情況。解讀聖經時，靈性視角應該被賦予和語言學同等的重要性。[26]

在靈性指引的問題上，史坦納列舉了蘇格拉底作為例子進行說明，後者聲稱自己是從代蒙（daimon）這個詞的原始含義中得到靈感的，即守護靈。「蘇格拉底主義」的靈魂調性在為基督訊息做準備的過程中發揮了作用。舉個例子，保羅的使命在希臘土地上取得勝利，要歸功於蘇格拉底的追隨者們。作為心理學家的榮格得出了驚人的類似結論。他在蘇格拉底的代蒙中看到一種客觀的心靈力量的化身，而在目前的情況下，我們認為它是無意識的，「我們在宗教問題上變得如此羞澀，以至於說出『無意識』才是正確的表達」，榮格說，「因為上帝對我們來說實際上已經是無意識的了」。[27] 榮格在與馬丁·布伯的一次交流中說，只有真正經歷過「人性的深淵和巔峰，我們才有權利在形上意義上採用『代蒙』一詞」。榮格談到了「神－人原型透過基督成為歷史現實，但同時佔據主導地位的整體或自性，則永遠存在於人類的心靈中」。從史坦納的話語及榮格的評論中可以看到這一點：「如果基督沒有示現出在追隨者無意識中積極運作的力量，那麼祂是不可能留給後者當時的印象的。」[28]

將自然科學作為起點

史坦納和榮格都認為自己是自然科學家，兩者也都看到科學研究精準性的價值，並且將其應用於自己的工作當中。由於他們已經超越了笛卡爾的理解範疇，不滿足於只是認識可被測量、計算和稱重的對象，因此遭到了同時代人的質疑。儘管被指責為神祕主義和心理主義者，但榮格始終堅持自己是經驗主義者，他的心理學理論都是建立在與患者互動的真實經驗上的。此論斷並非空穴來風，他所有對個人的研究成果已經證實這一點。在研究的過程中他採用嚴格的歸納法，始終是從記錄病人的個人經歷開始，病人透過夢境、聯想和幻想與他產生連結；這些都是個人無意識創造出來的產物。然後他再加上治療師所帶來的對比材料幫助厘清問題。關於無意識、個體化及共時性現象的發現，他對此所形成的最終假設，是經過數年甚至數十年檢驗的，在被證明可靠有效之前從未公開陳述或發表過。

　　榮格由此發現自己處於和史坦納相似的境地，後者不厭其煩地宣稱人智學和自然科學有著相同的思考方式。榮格必須在同時代的學院派心理學和精神病學面前證明自己是科學家，而史坦納關注的則是如何將人智學確立為一門科學。一開始他是無法進行大力普及和推廣的。在 1918 年 1 月 24 日的一次演講中他坦言，「我為未來設想出一種簡單通俗的靈性科學形式，每個樸素的靈魂都能理解……今天，靈性科學仍然與主流科學相距甚遠。為了得到認可，靈性科學必須以這種能經得起公認的科學家仔細審查的方式來進行表述。」[1]

　　因此，即使在第一本人智學著作中史坦納也急於表明，「一個人在忠實地遵循科學哲學原則的同時，如果能夠正確地理解，仍然

可以找到通常是由神祕主義指引的通往靈魂的道路。我甚至可以進一步斷言，只有那些在真實神祕主義意義上理解靈性的人，才能完全明白何為自然的現實。但人們必須小心，不要將真正的神祕主義與紊亂頭腦想像出的『神祕主義』混為一談。」[2] 對榮格來說，神祕主義者也是「對集體無意識現象有著特別生動體驗的人。神祕體驗就是對原型的體驗」。

史坦納在其基礎著作《作為神祕事實的基督教》開篇中就明確指出，他是受到指引寫出這部特殊作品的，旨在連結那些深受當代科學思維影響的人。他說「科學的思維方式」包含著一種力量，「可以讓觀察者相信，如果我們想要形成一種現代世界觀，這裡有些東西是不可忽視的……依循自然科學精神採取行動，意味著如同博物學家觀察感官世界一樣，必須客觀公正地研究人類的靈性演化。」在史坦納的很多論述中都可以發現這種認可自然科學的積極態度。但他繼續說，「這將給靈性生活帶來一種不同於純粹自然科學的探究方法，好比理論物理學、地質學的，或者高級化學研究的進化論一樣。這將產生更高等的方法論原則，而它們當然不會與自然科學的方法論完全相同，但和真正意義上的科學探究精神是一致的。因此，我們可以透過增加視角來修改或糾正從科學研究中得出的片面觀點。我們這樣做不是在背叛科學，而是推動它繼續發展。」[3]

這裡我們可以清楚地看到靈性科學家為何會採取這個立場。這麼做的目的不僅是為了順應當時的主流思想，也是要表明他們所採取的靈性研究方法是從自然科學中自動發展出來的；這構成了科學思想的蛻變。[4] 當我們看到史坦納認為物質自然與靈性之間是不

存在無法逾越的鴻溝時，這一點就變得顯而易見了。屬靈現實不能與「另一個世界」相提並論。正如史坦納採用歌德作為例子說明的那樣，絕不能在外部表象的「背後」尋找靈性。對認真的觀察者來說，靈性是示現在後者之內的。靈性科學乃是——或者希望是——自然科學的延續，這個評語非常重要，因為人們時常誤以為人智學要麼是一種「現代靈知」，要麼是由某些神智學思想構成的偽神祕學大雜燴，甚至是東方融合主義在西方的變體。但正如我在本書後面所做出的解釋一樣，人智學並不是古代玄祕主義的現代版本。

　　榮格的立場又是什麼呢？他在 1926 年是這樣評價自己的：「我不是哲學家，只是一個經驗主義者。所有困難的問題我都試圖根據自己的經驗做出判斷。如果沒有經驗作為基礎，我寧願不回答問題。」他與宗教、生物學以及「整個科學經驗主義都有著積極的關係。在我看來，科學似乎是一種從外向內理解靈魂的巨大努力，而宗教靈知則正好相反，它是人類為了從內在獲得真知所付諸的同樣偉大的嘗試。」此論述表明，從二十世紀二〇年代末開始，榮格已經在思考 unus mundus，此即在其後期工作中扮演重要角色的**一元宇宙**（one reality，編按：或譯「一元世界」）。榮格繼續說，「我的世界觀包括一個偉大的外在世界和一個偉大的內在世界，對我來說，人立於這兩極之間，要麼轉向這一極、要麼轉向那一極。按照他的性情和天性，他認為絕對真理要麼是這個、要麼是那個，並且傾向於為了其中一個而否定或犧牲另外一個。」[5]

　　寫下這句話的人並不僅僅是為了與佛洛伊德心理學教條式的片面觀點保持距離，他之所以用這種方式來寫作是因為和史坦納一樣，不滿足於只是獲得對現實的單一看法。現代自然科學自認有義

務藉由看似反邏輯的假設來解釋一些物理現象，從而超越傳統的經驗方法進入形上領域。同樣地，榮格也認為有必要超越習以為常的經驗領域。一開始他相信自己是在用最佳方式進行傳統意義上的科學研究——陳述事實、觀察、分類和描述因果關係及功能。最後，他發現自己的想法遠遠超越了普遍所接受的科學領域，進入到哲學、神學、比較宗教和人類心靈歷史的範疇。雖然對此感到困惑，但他感覺自己所選擇的乃是命中註定的道路。

榮格在其研究領域中得出一個與其他科學家類似的結論：傳統的關乎現實的概念已經過時，不足以解釋現狀了。自然科學建立了一種世界觀，這種世界觀與西方人的觀點一樣都是片面的。「雖然限於物質層面的現實是從整體現實中切出的一大塊，但它仍然是個碎片，周圍盡是昏暗的半影地帶，人們不得不稱之為非現實或超現實界域。」[6]

心理學家看到的現象無疑是真實的。但是當他試圖進行描述時，仍然無法向那些只認可概念性、邏輯性思維的人表達清楚。約蘭德・雅各比（Jolande Jacobi）指出了榮格心理學面臨的困境：榮格從未放棄過實證研究法，但是在他最終所踏入的領域中，一般的表達方式已經不足以描述他的經驗了。然而，這並沒有讓榮格成為一個形上學者，他也從未如此自稱過。一些生物學家和物理學家也遇到了同樣的問題。需要超驗方法的是現象本身。

儘管某種程度上用來描述心理事實的專業術語缺乏明晰度，但它們表明了一個「門檻」正在被跨越，門檻的另一邊需要一種不同的思考方式、不同的認知方式。這顯然不僅僅是語言或解釋學的問題。我們在這裡所說的是一種徵兆，因為它所指向的是提出深層問

題的需求。史坦納也遇到了同樣的境況，但他的處理方式與榮格不同。史坦納的工作不僅僅建立在實證的基礎之上，因為單純的觀察無法解答認知問題。起初史坦納是透過思考來解決這個問題。為了避免誤解，我們在這裡必須指出，史坦納在抽象思考和「純粹」思考之間做出了區分。對史坦納來說，純粹思考是邁向靈性認知的重要一步，可以幫助人們深層次地理解世界。他在權威哲學著作《直覺思考的靈性之路》（1894）中寫道，「只有找到一個我可以從事物本身發掘其存在意義的對象時，才能夠為我的探索打下紮實基礎。作為思想家，我自己就是這樣一個對象。我賦予我的存在以明確的、自我信賴的思維活動內容。」他進一步說，「在思考中，我們有一個透過自身而存在的原則。讓我們從思考開始嘗試理解這個世界。我們可以通過思考去理解思考本身。」再進一步：「個人生活的最高階段是不涉及特定知覺內容的概念性思考。」[7]

我們從史坦納的自傳著作以及他對哲學史的研究（《哲學之謎》、《人之謎》）中可以看出，史坦納對那些奠基和創立哲學唯心觀的思想家們有多麼推崇。但他並沒有就此止步；他不能簡單地將自己與他們畫上等號。另一方面，他認為有必要在黑格爾的純粹思考經驗與歌德對自然現象背後的理念直觀經驗之間架起橋樑。在此我們發現了一種對思考過程的嶄新理解，後面我們將繼續討論這個話題。透過啟動一種不受感知影響的思考方式，史坦納終於開始嘗試跨越自十九世紀以來由康德知識論所劃定的界限。

榮格與史坦納對思考的高度重視恰好相反，對抱持上述立場的人來說，榮格的論述聽起來可能很奇特。在他的〈關於心靈本質的理論思考〉中，榮格探索了歷史發展中的前後關聯，然後談到過去

三個世紀人類為理解心靈所做出的嘗試,加深對自然的理解帶來了宇宙認知的巨大拓展。另一方面,他默認的假設是每個人都知道靈魂是什麼。

發現靈魂的無意識界域為令人振奮的靈性之旅打開了一扇大門,本以為人們會以極大的興趣抓住這個機會,結果這種情況非但沒有發生,反而對這個假設產生了普遍的抗拒。沒人得出如下的結論:在我們的認知工具,即靈魂當中,如果確實存在一個無意識界域,那麼,所有透過意識所獲得的知識,在某個未知的程度上一定是不完美的。意識認知的有效性所受到的來自無意識假設的威脅,其程度遠遠高於知識論所提出的評判性思考。後者確實為人類的知識設定了一個界限,康德之後的德國唯心主義哲學家們曾試圖將自己從這些限制中解放出來,但自然科學和常識卻毫無困難地接受了這一點。難道這些人士完全沒意識到受限制嗎?

> 但哲學家們是反對為人類知識設限的,相反地,他們傾向於一種古老的主張,即人類的靈性應該能超越自己的頭腦,看到那些顯然已超出理性所能及的事物。黑格爾戰勝了康德這件事,對理性和靈性的進一步發展構成了嚴重威脅,至少對德國思想家來說是如此。[8]

只有後期的謝林、叔本華和卡魯斯的影響,才能釋放出足可彌補此不幸發展方向的力量。沿著這條思路,榮格果斷地拒絕了黑格爾。黑格爾「啟動了自我認同及膨脹,兩者事實上就是哲學推理與靈性的融合。他由此所形成的理性思維上的極度狂妄,促使尼采提

出超人哲學，也為德國帶來了災難」。

極度關注榮格這些論述的人智學批評家約瑟夫‧於普費（Josef Hupfer）認為，榮格最終並沒有堅持這些觀點。[9]然而他從中看到的跡象是，榮格認為哲學研究是沒什麼價值的。於普費堅稱哲學家不僅要具備直覺，而且必須有能力透過思想把握直覺，同時運用清晰的概念有系統地陳述其直觀所見。

如果我們將注意力集中在史坦納和榮格的差異上面，並且假設兩者之間是無法建立橋樑的——這麼做是很省事的，但現在我們必須問的是，**思考**對兩位來說究竟意味著什麼。

榮格既不是哲學家，也不是研究思想的史學家。他並不試圖詳盡研究在現代意識的發展過程中（史坦納稱之為「覺知靈識」的誕生），思考是如何日益脫離與柏拉圖理念世界的鮮活連結，最終形成抽象理性活動的。因此，從笛卡爾開始，哲學家們創造出一種有效的工具來理解他們周圍的無機自然，並且在技術的幫助下將其征服。最高的準確度由此得到實現。然而，這種抽象思維在理解生命、靈魂和靈性方面，卻沒有什麼價值。

榮格不贊成將意識絕對理性化，因為他看到純理性思考導致的片面性是非常危險的。他看到這種思維方式只能呈現靈魂功能性的一面，必須藉由其他方面來進行彌補。

在榮格所劃分的靈魂的四種功能類型中，情感（feeling）和思考（thinking）是對立的。兩種「理性」功能都輔之以兩種「非理性」功能：感官（sensing）和直覺（intuiting）。因此對榮格來說，思考僅僅是靈魂有機體的四個基本功能之一。人們不能由此得出結論，認為他低估了思考的價值。相反地，我們可以說榮格

希望避免的是過分強調理性思考的重要性。在《心理類型》中，榮格對兩種心理學作出了區分。一種是為科學的理性需要服務的心理學，可以被視為精準的自然科學；另一種是愛麗絲・莫拉維茲－卡迪奧（Alice Morawitz-Cadio）所說的「作為非理性實踐的心理學」[10]，在這種心理學中，智力成為了輔助的心理學（ancilla psychologiae）。「只要心智不願犧牲自己的重要性，並且承認其他意圖的價值，它就會始終困在自己的牢籠中，不敢邁出超越自身局限的步伐，也不願放棄自己的普世至上地位。它宣稱其他一切都只是幻想。然而，有任何真正偉大的事情不是從幻想開始的嗎？通過這種思維方式，心智在自然科學中發揮了唯一的效用，卻切斷了自己與生命源頭的連結。」[11]

　　儘管在史坦納看來，幻想是人類的一種富創造力、激發靈感的力量，但是他和榮格都對心智持懷疑態度。與榮格一樣，他認為避免知識主義和理性主義是有必要的，並且展示了可能克服僵化抽象思維的方法。然而，起到決定性作用的是這些方法遵循的方向。史坦納斷然拒絕回到臨界點前的非理性方式。他不想放棄被他視為導師的偉大德國唯心主義哲學家們所取得的成就，對現代自然科學結論在數字方面達到的精準度也表示欽佩。「我們需要一種像數學那般精確的觀察方式，以便洞見到外在世界的高等發展過程……最終，當人們意識到如何從現代自然知識的精神中獲得靈性知識時，就會發現正是從現代自然知識的角度出發，這種靈性科學才是有理有據的，它不會想和自然科學所取得的重要且偉大的成果背道而馳。」[12]

　　如先前所述，無論是作為思想家或者科學家，史坦納是無法

停留在哲學或科學領域所取得的成就之上的。他將心中的願景稱為「人類靈魂生活的轉化和蛻變。」[13] 他告訴自己，「以我們在感官世界中所擁有的、適合在這個世界生活和行動的靈魂態度，我們是永遠無法踏入超感官世界的。」[14] 一方面史坦納相信「純思考」是正確可靠的；另一方面他很清楚這種思考方式可以而且必須在「人類靈魂生活蛻變」的幫助下，轉化為一種更高維度的感知器官。（透過史坦納的知識論我們瞭解到，獲得真知是需要感知和思考的。）任何對自然科學有效的東西，都能夠在靈性科學中找到對應的部分。無論如何，正如史坦納在早期的人智學運動中所強調的那樣，靈性知識不是透過演繹推理獲得的。「心智力量趕走了靈性，但如果心智本身可以發展為想像力，那麼我們就可以再次接近靈性。」[15]

　　總地來說，通過靈性研究獲得的知識如同深度心理學家對某些主題（例如原型）一樣難以表述。它們無法被準確定義和清晰表達，如同象徵符號的意涵不能被精準界定一樣。榮格經常強調並證明有必要對其研究結果進行不同的詮釋。[16]「下定義是沒什麼結果的，人們通常看不到每個定義的不足之處。」[17] 史坦納的這番評論也可能來自榮格之手，表明兩人在這個立場上是相當一致的。

　　在 1919 年的一次演講中史坦納指出，推動人類發展的力量只能在無意識或者潛意識中找到。「我們當今所使用的語言基本上是用來表達靈魂的感官所覺知到的外境的。這種語言使我們難以充分描述感官世界之外的超驗領域事物。」史坦納接下來的話讓我們想起榮格所採用的強化法，他透過可能來自神話、童話或宗教領域中的類似元素，來「增強」病人從無意識中提取出來的材料，從而

解讀其意義。史坦納說，「很多時候，我們必須訴諸於比較……一個生命境況與另一個之間進行對比，其中一個是有助於理解另一個的。在做這樣的比對時人們必須明白，只有不拘泥於定義和文字精準度的靈活思考，才能得到對所描述事物的正確理解。」[18]

出於同樣的理由，史坦納在另一場演講中提出認真對待多維現實的要求。儘管以「僅僅是一堆幹屍般的想法」展開工作可能更方便，但人們必須學會「根據現實」進行思考。「因為現實並不存在於範本當中，現實正在不斷地發生蛻變……我們看待世界的方式必將再次觸及事物的本質。只有透過靈性的眼光觀察世界，才能看到事物的本質。」[19]史坦納在這裡也考慮到藝術的感受力。

史坦納的全部工作可以被看作是一項偉大的教育使命，他是非常現實的，從自己對人類的直覺認知中給出了具體實用的建議，以促進兒童心智思考能力的健康發展（請參考華德福教育學的相關書籍，以及現代華德福學校的工作方法）。有一次，他對某種思維習慣造成的不良影響表達了以下看法：「因此我們可以說，結核病和細菌性疾病與唯物主義的根源是相似的，而後者已經控制了人類的心智。」[20]

這些例子——我們是很容易舉出更多事例作為補充的——足以說明分析心理學和人智學之間關於思考的誤解是不存在的，史坦納和榮格只是從不同的角度在處理這個問題。

約蘭德・雅各比寫到現代分析心理學的雙重視野，並且將榮格與「悖論思維」大師帕斯卡爾（Pascal）和克爾凱郭爾（Kierkegaard）進行了比較。她的意思是，這種思考方式既允許抽象思維，也允許生活體驗。值得注意的是，榮格對歌德做了廣泛研

究，卻似乎沒有被後者的知識理論所觸動。史坦納是真正形成歌德知識理論的第一人。然而，正是歌德的觀點可以彌補榮格和史坦納在這個問題上的差距。史坦納透過數十年的研究表明，歌德對抽象思考和「思索思想」深惡痛絕。[21] 榮格對此也表示反感，他拒絕在「另一個世界」中尋找靈性。他既沒有說出也沒有在哲學上下定義，而是從個人經驗中瞭解到一元宇宙的存在。「歌德是如此熱情地在這個塵世中尋找靈性，乃至於不得不拒絕在其他世界尋找靈性的想法。即使是人必須離開塵世才能發現靈性這個理念，對他來說也是完全缺乏靈性的。」[22] 歌德的這番話引起了同時代科學家的反對，而他並不是唯一的一個。他的思考方式促使他練習「透過觀察來認知」，結果是將自然現象理解為潛在的 Urphänomen 或原型現象的外在徵候。他沒有必要「超越」這些表像去尋找原型。這種觀察方法之所以可行，是因為歌德的凝視不只是聚焦在細節上面，因為整個世界都以和諧整體的方式呈現在他眼前，從而表達出自然界的靈性。

說到這裡，不禁使人聯想起 1794 年 7 月歌德和席勒（Schiller）在耶拿自然研究學會（Jenaer Naturforschende Gesellschaft）演講結束時進行的一場精彩對話。他們都表示無法接受演講者巴茨（Batsch）教授剛剛提出的，將整個自然界分解成無數碎片的原子論觀點。歌德在日記中寫道，「我向他（席勒）生動而詳盡地介紹了植物的蛻變過程，並且用特有的筆觸象徵性地在他眼前畫了一棵植物。他聽得津津有味，也理解得很透徹；然而就在我講完之後，他搖了搖頭對我說，『這不是經驗，只是一種想法。』我感到很困惑，也有點惱火，因為我們之間就這樣清晰地畫出了界限。不過我

還是振作起來，說道，『我很高興，因為我是在不知不覺中有了一些想法，我甚至能夠親眼看到它們。』……如果席勒把我所說的經驗只當成一種想法，那麼一定有某種東西將兩者聯繫起來，並且與雙方都產生了關聯。」

在這個後來成為哲學史一部分的小插曲中，包含著某種原型的性質。它顯示出對立的兩種觀點；每一種對談話中的一方都是行之有效的。史坦納的自傳中描述了他在十九世紀八〇年代初於維也納的學生時代的情況——當時他自己也不得不面對這些問題：「（歌德）透過靈性觀察整體，如同他看到物質層面的細節一樣。在靈性觀察和肉眼觀察之間沒有根本上的區別——只是從一種過渡到另一種而已。」[23]

為了發現靈性、整體，認知能力是需要產生蛻變的。歌德提到允許「感知思考」的「靈性之眼」和「靈性之耳」。換句話說，對歌德而言，思考並不意味著操縱抽象概念。這些概念看似邏輯清晰，實際上是僵死而沒有能力進一步發展的。從歌德的「植物蛻變」當中我們可以感覺到，他的思維足夠靈活——例如在觀察植物時——可以從內心跟隨並且看見成長中的植物葉子是如何發生蛻變的。這種思維方式本身與科學認知並不對立。相反地，它可以被視為機械主義科學在探索無機自然方面成功運用的思維方式的進一步發展，但是對於理解有機物和靈魂來說遠遠不夠，因為其應用範圍有限。關於這一點——靈性研究者和心理學家都應該對此感興趣，史坦納說，「如果我們真的想理解生命和靈魂界域，那麼僅僅得到正確的自然科學認知方法是不夠的；我們只有一個選擇，要麼站在原地停留於無機領域，承認我們根本無法理解生命和靈魂，要麼採

取不同的認知方式，而不是停留在只能用於理解純物理或化學的方法上。」[24]

在同一個將歌德介紹為「靈性探究之父」的演講週期內，史坦納補充說道，「任何人的思維方式只要是僵化的，都只能形成輪廓分明的概念而已。他可以在腦海中勾勒出一片綠葉或一朵花的形象，卻無法在思考中從一個概念轉向另一個概念。當他這樣做的時候，自然會分崩離析變成一些不相干的細節。由於他的概念缺乏內在流動性，因此他無法洞察到自然界的內在流動。如果你考慮到了這一點，便可嘗試進入歌德的靈魂而得出以下的結論，亦即對他來說，認知和許多其他人的截然不同。許多人都以為認知意味著將他們單獨形成的概念組合起來，但是對歌德而言，認知卻意味著沉浸在原型世界中，在那裡觀察事物的成長和形成，不斷地發生改變和自我更新……歌德把原本只是思考的東西帶入到內在的流動中。」[25]

早在人智學開展之前，史坦納已經發展出自己對歌德世界觀的理解。在《歌德世界觀中的知識論綱要》（1886 年）以及《歌德世界觀》（1897 年）中，他為歌德的科學著作撰寫序論而奠定了理解後者的基礎。在 1900 年的《歌德探究》中，史坦納則總結了自己的研究成果，再次闡明認知的過程中需要「觀察與思考相結合」。客觀的外在感知與主觀的內在思想生活之間，並沒有隔著萬丈深淵。真理之所以在人的心智中出現，是因為當人們接近世界時觀察與思考是並行的。「除了自己所帶來的，人不能要求獲得任何其他的知識。任何在『事物背後』尋找其真正意涵的人都沒有清晰地認識到，世人對意義的任何追求都只是源於渴望透過思維洞見來感知其對象。當我們進行觀察時，現象也在對我們說話，而我們的

內在存有也同時在發聲。」[26]

我們已經看到就榮格而言，他一方面聲稱要嚴格按照自然科學規則進行實證研究，另一方面，他卻驚奇地發現自己的成果以及設定的新任務，已經遠遠超出一般的科學研究範疇。史坦納對歌德自然觀的描述，可以幫助我們瞭解榮格的兩難處境。透過閱讀《歌德世界觀中隱含的知識論》，人們可以得出以下的結論：在認知上採取這樣一種態度是可行的，亦即允許經驗主義者保持本色，又允許他超越舊有界限，而不必擔心他可能已經超越現實。

這正是榮格的問題所在，而他也拒絕為自己找到解決辦法。他聲稱自己「不是哲學家」，而且他也被自己對康德主義的偏見所縛。和歌德一樣，榮格不需要形式化的知識論。他每天與病人接觸，和自己的無意識一直有著穩定的交流。他滿足於對這些經歷為他提供的現象進行生動的觀察。透過這一切，榮格再次像歌德那樣發展出一種思維方式，他強行掙脫了理性束縛，卸下了抽象概念的外殼。正如他自己所承認的那樣，他打算「將抽象概念還原為經驗性內容，以便從理性層面上確定我知道自己在說什麼」。這位心理學家坦承，由於不知道「靈魂本身」是什麼，所以他關注的是「靈魂真相的標準」。對榮格來說，「生命」不是有待定義的抽象概念，而是可以描述特徵的具體事物。當榮格對某個現象下定義時，他是向著自然科學做出讓步的，而他在許多重要方面早已將後者拋在腦後。更符合他風格的做法是，指出現象乃整體的一部分——比如，涉及到對夢境序列的描述時，要謹慎地對它們進行詮釋。在這個過程中，治療師是否已經積累了理論知識，對病人來說並不重要。任何可以從理性上被認知的東西，對靈魂來說都沒什麼用處，

因為它是按照自己固有的節奏和法則逐步演化的。

　　這正是榮格選擇以模棱兩可的方式表達自己的原因。他無法容忍僵化的概念，因為他所研究的，是無意識的獨特法則。榮格說，「明確的定義只有在探究事實時是有幫助的，但是對詮釋卻沒什麼價值。」這句話本質上規範了分析心理學家的工作方法。分析心理學家需要反覆練習表達的靈活性、洞察力，以及視覺化的思考方式。歌德在評價這些特質時說過，「能夠感知到自然界的永恆運作，我們才有資格從靈性層面參與到她的創造物中。」與康德一樣，他在這個過程中看到一場心靈的冒險之旅，起初他是無意識地、出於本能地尋找自然界中的典型和原型，最終透過恰當的術語得以描繪鮮活的自然。[27] 這句話很可能出自某個深耕無意識現代心理學並且熟悉原型的研究者之手。

　　榮格和歌德心靈態度的相似之處往往令人震驚。史坦納對歌德獨特心靈結構做出的描述，某種程度上也適用於榮格：「歌德有可能將他的思考、情感以及整個靈魂都帶入這種動態當中，他不僅因觀察外在事物而得出了自然法則常規的理性結論，同時審視了自然現象的內在生命及其變化。」[28] 這份自然生成的天賦使得這位詩人－科學家的靈魂具有極靈活的流動性。在史坦納看來這是一種本能，因為不是透過訓練培養出來的。榮格根據心理學家思維框架做出適當調整後，也面臨著同樣的情況。在他關於「看見洞察力」（anschauende Urteilskraft）的文章中，歌德本人稱其為一種「無意識的驅動力」，這讓他能夠沉浸在自然中，體驗到「內在活躍的靈魂是如何跟隨不斷變化的自然，從一種蛻變發展到另一種蛻變」。靈魂與思維的這份靈活性以及概念化的能力相輔相成，超越了那些

只適用於無機自然的概念。

　　如果想在榮格和歌德這種並列對比上多花點時間，我們就必須對心理類型或至少是態度類型做出補充說明。史坦納說，「歌德透過自身特殊的體質與自然協調一致。基於這種強烈的偏見，他沒有利用自己的天賦觀察靈魂生命。不過，我們可以將歌德觀察世界的方法應用於靈魂本身的生命上。」[29] 毫無疑問，史坦納這番話的本意並不在此。從心理學的角度來理解，它可以被視為一種暗示，即歌德的態度類型顯然是外傾型的。榮格以下的這句話似乎可以證明這一點：「我有足夠的理由相信，歌德是外傾型而不是內傾型人。」[30]

　　在這裡，我要再次回到將我們引至心理特質的那條思路上。這種特質在歌德身上的呈現是，他能夠浸淫於自然並且看到在其中運作的原型；榮格也藉此發現靈魂深處的原型。任何未透徹理解榮格知識論的人智學者，都會陷入年輕的史坦納在熟悉歌德科學著作時所面臨的相同處境。他認為有必要為歌德的著作建構一個先前沒有的知識論。閱讀榮格作品的人智學或哲學讀者，也可以看到他缺乏知識論所造成的嚴重缺陷。史坦納在 1919 年的演講中談到「研究方法的不足之處」。很有意思的是，史坦納在這方面對歌德是極為包容的，他絲毫沒有譴責歌德對「思索思想」的厭惡主張。他尊重歌德有所保留的立場，儘管他在自己建構的知識論中認為，「思索思想」是克服抽象概念思維方式的基本要求之一。這就是為什麼史坦納在《作為靈性道途的直覺思維》一書中宣稱，這種思考方式是任何哲學上的努力都需要滿足的「絕對終極亦為最初的要求」。當史坦納意識到過度專注於思考只會讓「歌德世界觀中最強大的東

西」消失時，心中便開始升起對歌德反感態度的尊重。

　　史坦納認為所有的評判應該就此打住，「因為人們可以相當深入地洞見到歌德的靈性結構」。思想家不能採取歌德的態度，因為他必須培養把握思想的能力——首先他將思想轉化為「脫離覺受限制的思考」，最後發展出感知屬靈世界的靈性器官。歌德是可以切斷自己與源頭之間的連結的，而後者使得他的靈魂能夠「以自己本能的方式不斷前行」。和席勒的友好討論再次說明，歌德必須保持「預言家」的身分，而席勒則維持著「思想家」的抬頭，這樣兩個人才能培養出各自的獨特認知方式。這就是為什麼席勒的哲學思想更有分量，而歌德的作品則更有視覺衝擊力。

　　正如榮格自己所言，他的生命和工作只有在被理解為「無意識的自我實現」時才能得到正確的評價。他開闢了一條通往想像力世界的新途徑。我們應該可以將史坦納對歌德的尊重延伸到榮格身上，因為「蒼白的思考或強迫式學習被轉化為想像力，以及在圖像中持續觀察的能力」。在這兩種情況下，理論知識即使未闡明也是揭露了靈性的。而在每一種處境中，都有一位自然科學家在從事研究。治療師和靈性研究者在工作中都自稱為科學家。人們一再指出，這種說法對史坦納來說是合情合理的。[31]

　　總而言之，我們可以這麼說：對這兩位科學家而言，經驗就是他們工作的基礎。雙方都以批判的眼光看待自己的工作，要麼證明他們的研究方法是行之有效的，要麼用實際結果檢驗自己做出的假設（前面已經說過，榮格缺乏像史坦納為自己和歌德作品所做的完善理論體系）。史坦納和榮格都以客觀術語描述了他們的主觀經驗，努力透過適合各自的工作特質的語言，來介紹研究成果。他

們的工作只是暫時的，還有許多尚未完成，兩者對此都沒有任何疑問。出於這個原因，史坦納和榮格，斷然遠離對他們的見解所做出的任何教條式解釋。他們的教誨不應該被當作權威；史坦納和榮格都鼓勵個人的親身體驗。因此，教育之路對史坦納來說具有決定性的意義。對榮格這位醫師而言，啟動病人有意識和無意識的療癒能量，要比靈性－科學的路數更重要。

為了闡明史坦納研究途徑的科學有效性，同時展示史坦納在多大程度上超越了榮格和歌德的立場，我們就必須進一步地繼續探索從自然科學到靈性科學的路數。

意識的不同形式

意識的多層維度

　　史坦納和榮格在很大程度上豐富了我們對人類意識的認知。雖然在他們之前——特別是在哲學領域——都有先行者，但他們的貢獻必須被成為是富有開創性的。早在佛洛伊德和布魯爾深入心靈深處並且將無意識作為實際研究基礎之前，便存在著這樣一種概念：人類心靈的深度一定是遠遠超過正常意識所能及的。佛洛伊德有能力揭開個人無意識深處的祕密。我們要感謝榮格發現了超個人的集體無意識，儘管在更早之前就存在關於這個主題的猜想。[1]

　　與榮格不同的是，史坦納不必依賴東方密修文獻來瞭解幾種可能存在的意識層次。從他的傳記中我們得知，他從年輕起就透過個人修行經驗以及對哲學和知識論的追求，致力於探究知識以及和意識相關的議題。他以歌德為出發點，並且將歌德的觀點組織成理論體系，後者一直是其餘生中研究工作的基礎。[2] 然而，人類意識具有多維特質是在他進行大量深入研究之後，才變得清晰可辨的。這些維度向他揭示的程度已精微到足以使他引領他人逐步改變自己的意識。他開闢了一條將日常意識化為高等靈界知識的教育之路。

　　史坦納從自己的內心體驗出發，仔細觀察其他思想家處理意識問題的方式——無論是他們已經形成的理論還是做出的猜想。這就是為什麼史坦納一次又一次地回到同時代人的理論，例如馮特（Wundt）、費希納（Fechner）和弗朗茨‧布倫塔諾（Franz Brentano），以及愛德華‧馮‧哈特曼（Eduard von Hartmann）的「無意識哲學」。他對這些人的關注比對佛洛伊德和榮格的精神分析更頻繁、更徹底。這就是為什麼馮‧哈特曼的無意識哲學比榮格

的心理學受到更多關注的原因，而這使得榮格和史坦納的對比變得難上加難。史坦納唯一關心的是如何發展人智學，「一條指引人類靈性走向宇宙靈性的認知之路⋯⋯為了正確發展人類靈魂，人必須充分意識到自身之內的靈性源頭是如何積極運作的。不認同在人類內在生命中做功的那些靈性勢能，是洞見屬靈世界的最大障礙。因為僅僅將我們自身看作是自然秩序中的一部分，實際上是將靈魂的注意力從自身存有上移開了。除非我們首先發現自己的靈性，否則是無法洞見屬靈世界的。而一旦進入到那個界域，我們立刻被賦予靈性，亦即觀察自己時你是清晰和敞開的。自我觀察是開始觀察靈界的第一步，這確實可以作為正確的開端，因為如果它是真實的，人是不可能止步於此的，必然將繼續前行瞭解到眼前世界更多的靈性內容。」[3]

在此處史坦納提出了意識的一個重要面向。他要求我們擴大通常所說的清醒意識範圍，進入到一種「更高」的狀態。當然，史坦納並沒有止步於此，而是發展出一種研究方式，並且展示了透過這種方式可以獲得的成果。他自己進入了更高的意識層次，他的一小群學生在一定程度上也達到了這些階段。

那麼，存在著哪些意識階段呢？史坦納對這個問題給出了許多答案，散見於他的眾多作品之中。我們選出的這份資料提供了最清晰的總體分類。[4] 根據提出問題的角度之不同，還可以有更多的答案。

我們都知道，所有人都處在日常的**清醒意識**中，儘管清醒程度會因個人特質而有所不同。我們一生大部分時間都是在這種意識狀態中度過的；我們是清醒的，能夠意識到我們的小我。我們可以感

知、思考、計畫並且富有活力。

　　眾所周知，**夢境意識**與清醒意識是不同的。我們在這裡要處理的是做夢者被動接受的意象。它們很少讓我們想起清醒時的意識。它們與「真實的」經驗相距甚遠，而且往往具有黑暗的象徵意涵（我們在此不考慮由身體機能引發的夢境）。

　　除此以外，史坦納還確認了一種意識，他稱之為──借用歌德的術語──**想像力意識**，在性質上不同於清醒狀態，也有別於夢境。它對某些感知是開放的，這些感知通常相當豐富、有著千差萬別，我們稍後會做進一步說明。然而，這些感知並不是來自於感官世界。在想像力意識中，覺受器官是非常不活躍的，因此在這種狀態下所感知到的東西具有超驗性質。這裡採用「更高」的比喻是恰當的，因為想像力意識比普通意識更清晰，涉及的領域也更深遠。一個比通常所見的「更高」界域，會在想像力意識中示現出來。這就是史坦納所說的**靈性世界**的維度。對他來說，將他的研究方式與那些以靈媒或幻覺形式把感官覺受和超自然現象混合的做法區分開來，是非常重要的一件事。真正的人智學研究是完全不受身體覺受影響的。然而，首先必須啟動讓這項工作成為可能的靈魂力量。史坦納對此給予了適當的指導。有一次他闡述了自己的想法，以及他的方法是如何有別於他人的：

　　「我所說的人智學，指的是避開了單純的自然研究和一般神祕主義片面性的靈界探索。為了能夠以這種方式洞見到屬靈世界，一個人必須首先在自己的靈魂中發展出必要的能力。這些能力在普通意識中還不活躍，也未能用於常規的自然研究當中。」[5] 我們將會證明這種說法並不是對自然科學的拒絕，史坦納在其哲學和人智學

著作中都承認了後者的價值，但人智學不能止步於此。史坦納認為他的工作是自然科學的一種延續。「為了能夠在屬靈世界獲得自然科學於感官世界所取得的成就，靈性科學必須發展不同於自然科學所要求的認知技能。發展想像力意識所需要的能力完全符合當今普通人心靈發展的需求」。史坦納繼續說道，「為了深入屬靈世界，一個人必須在靈性－靈魂練習的幫助下培養出靈魂能力，超越經由自然成長所抵達的階段。」[6]

想像力意識和夢境意識之間存在著明顯區別。睡夢中意識的清醒程度低於普通的清醒意識，儘管在醒來之後，人們通常都能很清楚地回憶夢境內容。史坦納強調說，「靈魂的活動領域」位於正常意識的「下方」，不受自我意志的影響，所以是存在於我們的意識範圍之外的。

榮格則會說，我們在這裡討論的是無意識領域，它以個人和集體無意識的形式廣泛存在於所謂自我－情結之下。史坦納也數次提到「無意識」一詞，但態度總是不情不願並且有所保留。「實際上，採用無意識一詞是不正確的，應該說是超意識（superconscious）和潛意識。」[7]為了證明這個說法，史坦納指出無意識只是和普通意識相關的一個辭彙。從這個意義上來說，他經常使用這個名相，即使不是作為該詞的同義詞，也總是與潛意識有細微差別的詞語一起使用。因此，在史坦納的作品中，我們既沒有發現存在著前後一致、描述無意識本身的概念，也沒有找到與榮格所使用的無意識名相完全一致的術語。

人們經常指出「無意識」是一個有缺陷的概念。「意義和內容都過於消極、局限太大，沒有考慮到我們這個時代正在出現的『成

長』的概念。」[8] 然而，它是深度心理學的一個關鍵術語，是在後者的歷史發展中形成、演化和轉化的。對榮格來說，無意識只是不被實證探索瞭解的未知界域，或至少在試圖這樣做：「從理論上講，意識領域是沒有界限的，因為它可以無限延伸。然而，就實證經驗而言，在遇到未知時總會發現自身的局限。這包括我們所不知道的一切，因此和作為意識場域中心的自我是沒有關聯的。未知事物分為兩大類：一類是外在的、能夠被感官感知到的；一類是內在的，可以即刻體驗到的。前一類包括外在的未知世界；第二類則是內在世界的未知領域。我們稱後者為無意識。」[9]

不可否認的是，榮格對個體和集體無意識做出的大量描述讓我們很難找到一個令人滿意的定義。這首先是由於無意識本身的特殊性質所決定的，在某些面向上，它呈現並且「創造」了自己，在其他面向上則「有待探索」。另一方面，它似乎需要一個與個人過往及人類集體靈魂生命相關的定義。但它又有可以在最終形成的理論中進行闡述說明的面向。無意識的深不可測可能會造成威脅，但也是人類創造力的矩陣和基礎。我們在這裡可以插一句：被榮格稱為無意識的許多重要方面與史坦納所描述的靈性世界是相同的。我們當然可以認同史坦納的觀點：靈性世界——即一切需要想像力意識和超感官認知器官的事物——對普通意識來說是「無意識的」。只要人類還沒有能力將現實中的「無意識」部分納入視野，這個現象會一直存在。只是說某個現象是無意識的或者是靈性世界的一部分，並沒有多大的意義。這就是為什麼令史坦納感興趣的是，如何將觀察和探究物質世界需要的靈魂力量，轉化為理解靈性世界的勢能。「在可以理解世界真正的現實之前，人必須創造出與超感知相

　　　　　　　　榮格與史坦納：靈性心理學的曙光

關的靈魂狀態……只有轉化後的意識才能看到這樣一個世界：人是作為超感知存有而存在的，並且不受物質有機體衰敗的影響。」史坦納借助想像力意識深入「無意識世界」，而榮格則選擇了一種不同的、更直接的方式。他允許「無意識的創造物」與自己對話，並且透過所謂的「擴大法」，將它們與宗教和靈性歷史中有著類似驅力的現象進行比較。

乍看之下，榮格採取的間接方式似乎是一種理性主義的投機行為，因為如果沒有想像力意識的幫助，直接洞見到超感官現實是不可能的。但表像往往具有欺騙性。史坦納誠然描述了踏入超驗世界的要求和路徑，然而不可否認的是，分析心理學是可以在經驗層面觸及沉睡在心靈深處之無意識事實的。這與猜測和理論毫無關係，它是**真實的個體經驗**，其分析過程已經多次證明了這一點。正是這種面對個人心靈中迄今為止處於無意識面向的經驗，使得分析變得如此有價值。心理學知識本身並不比任何理性認知擁有更多或更少的價值。分析過程中的經驗不僅僅包括「使你恍然大悟」的東西，或者意識到是你所壓抑的，例如你的「陰影」讓你感到恐懼。通常在分析過程中會出現命運的成分——巧合、障礙和解決方案。這清楚地表明，在你的生命中普遍存在著一種超越任何理性思考所能構想出來的智慧。無意識的呈現要比你的理智聰明睿智得多。這些經驗在榮格和他的病人身上已經發生過無數次。

這些事實與史坦納的許多陳述並不矛盾。在這一點上，兩者的差異並不在於觀察到的事實，而是不同的名相及其背後的思維方式（「無意識」、「潛意識」、「超意識」）。榮格對「潛意識」和「無意識」這兩個術語持保留態度，這與史坦納對「無意識」的看

法是相似的。

　　然而值得注意的是，榮格認為「我們的自我－意識有可能被一個更大更完整的意識所包圍，如同小圓圈處在大圓圈之內一樣。」儘管如此，他仍然毫不掩飾地對存在著「更高意識」的可能性表示懷疑。他問道，「人們是如何知道無意識是在普通意識之下還是之上的呢？」榮格在此反對淺薄的意識心理學（Bewusstsein psychologie; psychology of consciousness）所帶來的偏見，這種偏見試圖從意識推斷出無意識，並且僅以後者為標準來判斷前者。不消說，史坦納是不可能因這種態度而遭到指責的。他不僅談到了高等靈界，而且對此做出詳盡描述，並且指出如何認識它們的方法。他有時也會使用「深度」這個比喻。此外，史坦納不僅瞭解清醒意識中的自我，還知道無意識的「高我」，亦即在特殊情況下可以變得有意識的「另一個自我」。

　　榮格是如何看待「更高意識」這個問題的？「即使需要還存在著更高意識這個可能性來解釋某些心靈事實，但這仍然只是一個假設，因為想要證明存在著我們認知之外的意識，遠遠超出理性力量所能及的範圍。隱匿在我們意識之外黑暗處的東西，總是有可能與任何最大膽的猜測和想像截然不同。」[10] 這種答案令人感到失望，尤其是榮格在這篇文章結尾處寫道：「我完全不知道如何證明在我們擁有的自我－意識之外，還存在著一個更高等甚至更深遠的意識。但是，如果真有這種東西，它對自我－意識造成的干擾一定是非常痛苦的。」榮格只是勉強認為可能存在著一個「更深遠」而非「更高等」的意識。

　　從榮格的觀點來看，這種說法是完全合理的。他將自己的思考

和對靈魂的研究，建立在意識是不可改變的假設之上。這與史坦納的靈性科學形成了鮮明的對比。稍後我們將談及相當於**啟蒙之路**的**個體化進程**。我們不想在這裡猜測兩者之間的相似之處。至於「更高的意識」不可能存在之類的反對意見，我們只能說，只要人們對何為想像力意識以及如何獲得這種意識沒有清晰的認知，那麼這個斷言就是站不住腳的。在分析心理學中，引發和伴隨個體化進程的方式有很多可能性，但是沒有一種可以和史坦納的教育之路相提並論。史坦納的描述是對這一說法最好的證明。榮格認為「最大膽的猜測」也無法想像出超意識的事物，或者它「遠遠超過理性力量所能及」這個論斷，也並沒有對史坦納的想像力意識構成嚴重挑戰：史坦納對高等現實的認知並非只基於理性思考或是自然科學探索感官世界時，所採用的精密研究方法。

經由**哲學思考**得出的抽象概念還不是靈性或靈性世界本身。自然科學家瞭解外在世界的現實，而神祕主義者所領會的則是其內在面向。人智學者不否認神祕主義者可以觸及的維度，但他們需要更清晰、更準確的認知。思想家和自然科學家所遵循的標準必須同樣應用於靈性科學，以確保研究成果的可靠性。正如史坦納在《哲學與人智學》中所言，「對人智學來說，認知的過程成為一種可以超越日常意識的真正內在經驗。自然科學對外在物質世界的邏輯判斷和結論是建立在日常意識基礎之上的。另一方面，神祕主義雖然是對內在生命的一種深化，但它仍然是在日常意識範圍之內進行的。」這就是為什麼儘管史坦納從自我和思考入手，卻設計出在不干擾自我完整性的情況下提升和擴展意識的練習。事實上，踏上認知道路的是自我本身。「在靈性教育所帶來的擴展意識的幫助下，

『我』開始進入靈性世界。分離、解體和硬化的精神分裂過程，仍然存在於物質體的界域中。」這是人智學醫師魯道夫・特雷希勒（Rudolf Treichler）做出的評估。[11]

從榮格作為一名科學家的角度來看，無意識的概念是可以理解的。他「只有間接證據表明意識之下還存在著一個心靈界域」。心靈的創造物（例如夢境）是在無意識中形成的，此一說法並非假設，而是一個具體事實。這個現象並非出於有意識的決定，它不是清醒自我所計畫發生的，它就是無意識的行為。基於榮格與現實的獨特關係，儘管他承認無意識是絕對存在的，但並沒有為心靈給予的無意識啟示建構理論；他不希望將後者強行納入理性框架中。儘管深度心理學家的工作是要讓某些東西進入意識範疇，並且闡明心靈的隱祕運作機制，但榮格從未感到有必要將他對於無意識的發現納入任何體系中。我們必須記住，任何試圖以思想的形式表達無意識或超感官世界的經驗，必然都是不夠充分的。那些無法直接體驗到的東西，必須透過圖像語言或故事的形式進行表達。

然而，以這種方式描述的任何東西都不能與潛在的現實（在無意識中「運作」的東西）相混淆。原型圖像可以進入意識，但原型本身卻無法被意識到。榮格認為，這仍然是無意識的，其存在依舊是一種假設。我們可以說，人智學中的反思式思考和靈性現實之間也有著類似的關係。我們可以用思想的形式來描述靈性現實，但只要思考者尚未發展出想像力意識，就不能只是透過思考來進行探究。史坦納的這一評論應該有助於消解榮格對是否存在「高等意識」的懷疑。但只有接受訓練——換句話說，透過個人的親身經驗——才能達到全然確信的程度。

史坦納非常熱衷於辨識什麼是無意識——無論它在哪裡出現——以便將其與他所設想的靈性科學路數區分開來。他希望避免「古早意識的殘留物」——更確切地說是「古早圖像的碎片」——在沒有可能被理解的情況下就浮現於心靈當中，因為這會對心靈造成混亂。沒有人比經驗豐富的精神病學家榮格更能理解這種無意識對心靈的吞噬作用了。他從自己的精神病患者身上清楚地看到這一點，此現象有時被稱為「人格擴張」。來自無意識的某些符號會導致祕術領域中所謂的「玄祕囚禁」，這也是危險之所在。[12] 如果不了解符號背後的現實，這種符號是可以影響並且改變一個人的心靈結構的。宗教、祕術甚至政治符號和象徵中壓倒性的神祕力量，可以繞過有意識的頭腦而產生巨大影響，因為——在史坦納看來——現在正是發展「覺知靈識」（consciousness soul）的大好時機，他質疑一切基於早期靈修實踐帶來的結果。因此，他在符號的使用上是非常謹慎的。在他的靈性科學中，唯一的出發點便是清晰的意識。必須理解全部內容，除此之外，其他一切都是退行，倒退至魔法或一種早已過時並且需要克服的意識形態。在這個立場上，榮格和史坦納的觀點基本是一致的。

意識的高等層次

任何熟悉東方靈修並且超越了瑜伽體式和呼吸練習的人，都會再次面對意識這個問題。想像力意識不止一種；實際上，「更高」水準的意識內容十分豐富，存在著千差萬別。相關文獻描述了意識中心的完整體系，而東方密修弟子的任務就是要啟動這些中心。只

要西方讀者不理解這種高層意識的本質，那麼在閱讀亞洲宗教文本或描述佛陀開悟經歷的文字時，他們會覺得自己處在一個充滿魔法的幻像之境。東方的思維方式對他們來說仍然是個陌生的概念。

除了遵循東方修習方式之外，還有另一種獲得更高層次意識的方法。這個方法就是冥想。哲學家是在日常意識狀態下進行思考的，但冥想的過程則打開了達到更高水準的可能性。在印度瑜伽中，我們可以找到實現這些可能性的經典描述。如果一個人熟悉人智學的練習方法，那麼他會意識到，西方人是不需要為了學習這些內容而繞道於古老的東方密修主義的。我們已經看到，史坦納的出發點並不是東方傳統而主要是從歌德入手。「想像力意識」這個辭彙也指向了這個方向。歌德在觀察植物和動物形態時運用了變形的概念，因此他是能夠透過心靈之眼「看到」靈性原型和物理現象的。史坦納將歌德的思維方式應用於他自己對靈魂生命的看法上。在這裡我們也看到了「蛻變」，此乃意識的蛻變。這不是虛構的類比，而是鐵一般的事實，儘管只有當一個人已經呈現出或者透過練習提升到適當的意識階段時，這些事實才能得到證明。只要尚未達到這個狀態，他就必須滿足於某種概念性的畫面，只能用抽象的概念描述潛在的超感官事實。這個概念試圖透過只適合用來描述肉眼可觀察的事實以及抽象思維過程的語言，來表達超感官現實。

我們現在面對的是什麼呢？我們可以將其比作覺醒時刻。一個人早晨從睡眠和夢境中醒來，在恢復必要的意識之後，他的自我開始運作，而能夠思考、做計畫、執行日常任務。同樣如此，想像力意識是覺醒之後帶來的結果，清醒意識得到加強。然而，這絕不能與增強的感官意識相混淆。現在向他敞開的是具有超感官性質的視

野。

史坦納將高等意識劃分為三個階段：

想像力（Imagination），一種圖像式的意識。

靈感（Inspiration），在這個階段，靈性世界以一種
類似聽覺的形式示現出來。

直覺（Intuition），也許可以表述為靈性世界中類似
觸覺的狀態。這裡的交流比想像力意識和靈感意識更親
密。

這些基本陳述需要進一步闡明。

史坦納談到了一種想像力意識，在這種狀態中，靈魂充滿了與
超感官現實有關的畫面，但這些畫面還不是現實本身。這些圖像是
由人的想法編織和創造而成的，而不僅僅是單純的直覺和幻想。人
與高等現實之間肯定是有聯繫的。史坦納說，「只要形成的圖像在
感官世界中找不到對應的物體，這樣的人都是活在幻想中的。」[13]

當求道者感知到一種類似圖像的畫面，但又不像是物質實物
時，這個事物的性質一定有所不同。為了避免造成任何可能產生的
誤解，史坦納從兩個方面對第一種認知階段（想像力）做出了區
分。這種想像力產生的畫面絕對不能與精神錯亂的人所看到的相混
淆。這就是為什麼他希望將想像力與異象經驗區分開來。對史坦納
來說，異象類似於幻覺；這兩種情況下產生的畫面都來自物理層
面。相比之下，想像力意識就其本質而言是獨立於物質身的超感官
經驗。我們必須明確地將在無意識中以異象或類似形式出現的所有

畫面，與靈性科學所說的想像力意識區分開來。這種意識的特點是，一個人看到正在形成的畫面時是完全清醒並且處在當下的。他可以非常清晰地一步步思考自己的想法。只有從一開始就進行清晰的思考才能正確地踏入靈性世界。除此之外，沒有任何別的機會。唯一不同的是，我們通常的思想都是如影子般黯淡無光的，指涉的都是外在物體或記憶，而這裡所說的想像力是在靈魂出現的那一刻由它自己編織出來的。」[14]

另一方面，想像力不該與幻想相混淆。史坦納所說的幻想指的是，在意識減弱的狀態下從無意識中升起的產物。

他只關心在想像力意識狀態中能夠充分而清晰地進行觀察，並且將感知的對象視為「客觀現實」的能力。

為了保證在實現這個目標的同時排除任何錯誤，人智學的教育之路是從某種思想訓練開始的。首先，我們必須區分清醒意識中對認知的兩種不同「態度」。一種是日常生活中未經訓練的、天真的意識形態。我們毫無辨識地接受周邊環境的訊息，並且在與我們相關事件的基礎上形成自己的思想和語言。與此不同的，是一種經過訓練的思考形式，思考的對象不是外在的印象或記憶而是思考本身。在他的早期作品《靈性道途的直覺式思考：自由的哲學》中，史坦納這樣寫道，「觀察自己思考過程的人生活在一種完全獨立的屬靈活動當中。是的，我們可以這樣說，如果一個人想親身體驗以自己的方式示現給人類的靈性，他是可以透過這種思考達到目標的。有了這種思考的訓練，人類才能參與到屬靈世界的生活中。在這裡，我們站在了通往高層意識階段的起跑線上。無論史坦納是在哪裡描述自己開創的研究方法，他都要求清晰的思考以及像數學一

樣的精準性。

　　這種需要不斷培養並檢驗的精確性，也是走向下一個高等意識階段的先決條件，史坦納稱這個階段為**靈感**，可以說，屬靈世界從這裡開始「發聲」了，因為這個階段需要靈魂生命再一次發生蛻變。想像力是透過思考和記憶能力的融合而獲得的（雖然想像力與記憶中的畫面不一樣，但由於它具有圖像特徵，因此與後者有相似之處），而**靈感**則需要喚醒和提高一個人的情感覺識。人是永遠無法強行進入屬靈世界的。

　　我們可以將日常生活中或多或少清晰的第六感或預感以及「良知的聲音」，與靈感階段所出現的特徵進行比較。上下文清楚地表明，靈感不能僅從清醒的意識中推測出來。開始「發聲」的不是感官世界的物體。屬靈世界以靈感的方式示現出來。畢達哥拉斯談到「天體的和諧性」；歌德在《浮士德》中寫道，「在古代與兄弟天體的比賽中，太陽吟唱出一曲競爭之歌」；《約翰啟示錄》談到七封印打開後的七號角，這些都是他們的靈感意識在說話。當然在每一種情況下，人們都必須進行辨識：哲學家是否仍然在透過古老本能的靈視力說話？詩人是否進入了靈感意識的領域？先知約翰是以何種方式接收超感官印象的？無論如何，在人類思想史的偉大文獻中都充滿了想像力和靈感的元素。史坦納對意識不同層次的劃分在這裡是很有幫助的。

　　不能將第三個階段即**直覺**與這個模糊的說法相混淆：「我是憑直覺發現這一點的。」榮格所說的「直覺」是一種非理性的心靈功能，與史坦納對這個概念的定義毫無關聯。直覺作為高等意識的第三個階段，是思考與意願融合的結果。史坦納認為這個階段是靈性

世界的一部分，而不是作為觀察者而存在的。主體與客體之間的距離已經消失，我們在普通生活中找到了一個重要的並行現象：經驗到自己的「我」。這就是我們所認同的，也是區別我們和他人以及外在事物的現象。

> 同樣地，在直覺認知中，人是處於全體俱現的一體感當中的。對自我（「我」）的感知是所有直覺認知的原型。因此，為了與萬物連結，一個人必須從自己的界限中走出來，必須首先變得「無我」，以便與另一個存有的自我或我融為一體。[15]

如同**想像力**以及**靈感**一樣，**直覺**也可以用不同的方式來看待。例如，我們可以說，直覺是一個靈魂與靈性交流的過程，在這個過程中，一個人與他或她自己的高我以及屬靈世界合而為一。做到這一點需要愛，認知的力量是由愛轉化而來的。[16] 這裡所說的愛與新約聖經中的屬靈之愛（agape）是一致的，因為它透過一種無私的方式努力實現共融。毫無疑問，我們在這裡觸及到的是使徒保羅所說的與基督合一的偉大奧祕（以弗所 5：32）。使徒稱這種「存在於基督之內」的狀態為整個基督信仰教義的主旋律。因此在史坦納看來，直覺是具備神聖特質的。另一個層面上，在榮格的《神祕合體》（*mysterium coniunctionis*，編按：或譯「神祕結合」）一書中我們發現了同樣的現實，亦即從心理學的角度將兩個對立面結合起來。榮格只有在最後的創作期才有能力處理這個觸及人類最深奧祕的主題，而這並非巧合，但是與史坦納所說的直覺意識階段還不完

全相同。

　　如果想在榮格作品中找到具有比較性質的名相，那麼你就必須牢記榮格與史坦納不同，他主要關心的不是「高等意識」的問題。從他拒絕使用「潛意識」和「超意識」這兩個名詞，可以明顯地看到這一點。毫無疑問，這是由榮格的既定目標所決定的。他研究無意識並不是為了獲得高層靈界知識，而史坦納和室利・奧羅賓多都認為後者對人類未來的發展非常重要，而這也是古老的東方道途（例如瑜伽）的目標所在。

　　榮格似乎對人類的靈性成長不感興趣，儘管他始終堅持人是需要內省及洞察人類本質的。榮格並不否認存在著不同的意識層次，正如他不反對脈輪有可能是意識中樞一樣。在談到榮格心理學時，意識擴張也是有自身問題的。誠然，他的工作旨在擴大意識領域，將無意識的內容整合到意識當中；他所有的心理分析工作以及個體化進程，都構成了意識的擴張。但我們不能忽視榮格的某些陳述是需要進行批判性探究的。在他的最後一封書信中，榮格寫到了人類未來的命運：「人應該向前邁出一步，擴展並且完善人類意識，這種想法本身似乎晦澀難懂，沒有人能理解或者令人感到憎惡，而且無人能鼓起勇氣。人類靈魂發展的每一步都是用鮮血換來的。」[17]

　　這些話令人感到困惑。是否應該忽視榮格先前的所有論述——在提到直接經驗時，他承認意識存在著「許多不同層級的亮度」，並且談到「能夠無限擴展」的更高和最高階段。也許我們可以這樣去理解這段聽起來很悲觀的文字：他在試圖保護自己，不去對那些他沒有任何理由懷疑的演化的可能性，進行狂妄虛幻的評估。他確實看到人類肩負著逐步擴展普通意識的任務，這是他能夠在世界上

找到意義的唯一途徑。[18] 在任何情況下，上述言論都不是制止我們進行比較研究的理由。

事實上值得注意的是，榮格對靈魂－靈性領域的洞見已經深入到需要進行這種研究的程度了。榮格的主要工作內容是夢境和夢的分析，以及對個人和集體意識的探索，這使他進入了一個以古早原始靈魂圖像——即所謂的「原型」——為基礎的圖像領域。這些原型意象是無意識的呈現，就畫面內容而言，本質上只不過是各種想像力的元素。榮格本人在描繪他的一次分析實踐時，使用了這個術語，即所謂的「積極想像」（我們將在比較人智學和深度心理學的不同路徑時，再回來討論這個問題）。借用莎士比亞的一句名言，史坦納所理解的想像力是由「像夢一樣的東西」編織而成的，而想像的內容則是透過夢境、異象以及所有幻想出來的畫面得到呈現的。這些都是創造圖像的過程。榮格所處理的材料與活躍在想像力意識中的內容基本相同，但我們決不能忽視夢境和想像力意識之間的區別。夢是在低於清醒時的意識狀態下發生的。自我並沒有參與其中，它是無法控制夢境的。這就是為什麼夢非常適合作為通往無意識的皇家道路。深度心理學家試圖做的是，透過夢境找到一個有意識的個體主動或無意識地拒絕的內容。

史坦納對想像力的解讀完全不同，因為這是一種更高維富洞察力的意識。自我在其中的運作是非常活躍的。觀察者所凝視的不再是普通感官於外境所看到的事物，而是超感官的物體。為什麼史坦納堅持認為潛意識和超意識之間存在著差別，但榮格並不關心這種認知上的區分，只滿足於「無意識」這個名相就夠了？ 原因在這裡就變得非常清晰了。

如果不在大體框架上解釋一下這裡的利害關係，是無法公正地看待分析心理學所從事的夢境工作的。之所以有必要分析夢境，正是因為夢來源於靈魂的無意識界域（不同於史坦納所說的想像力意識）。夢本身對每一個做夢的人來說都是很有價值的，特別是那些不能有意識地創造或構建出來的「偉大夢境」。隱藏在夢境中的智慧「知道」何時才是夢境畫面出現的正確時間，因為其目的是透過補償作用促使精神的經濟法則達到平衡。在病人和治療師之間的對話中，夢境的意涵及其靈性內容得以揭示具有決定性的意義。可以這麼說，雙方是在共同吸收消化整個靈魂－靈性之情境的。他們沉思夢境，不斷考量思索，尋找夢境序列與病人清醒意識領域之間的聯繫。只有這種關於夢境的親密對話，以交談的方式進行冥思、展開想像，才能觸及夢境的意義，有意識地認識夢境的象徵意涵。至關重要的是讓病人去「理解它」，他或她需要理解夢境的意義。值得注意的是，即便是有經驗的分析師，也無法對他或她自己的夢境做出充分詮釋。榮格誠實地承認他在這方面的能力是不足的。交談的對象是「它」發生的關鍵所在。這個「它」表現為一個準「第三個存有」，隱藏的、無意識的靈魂內容被轉化為這個存有，並且變得有意識起來。

人類意識發展史

意識蛻變不僅僅是涉及個體的一種現象，若想理解人類過往的歷史和未來的演化，這是一個非常重要的考量因素。從意識蛻變的角度來看，歷史不僅只是由一堆毫無關聯的外在事件所組成的混

亂局面。只有當我們能夠確定不同文化和歷史時代的普遍意識結構時，才能看到它們的真正意涵，而這個因素通常甚至是沒有受到關注。在我們所讀到的歷史著作，特別是教會史和宗教史中，作者暗自假設人類的意識水準是一成不變的。例如，存在主義對《聖經》的詮釋就助長了這種錯誤的假設。這種觀點認為，人類存在本身是最重要的，因此，意識演化這個議題甚至未曾出現過。然而，粗略地看一下人種學研究的結果就足以表明，即使在當今世界同時代人之間，也存在著許多「不同的意識階段」。這種差異在工業化國家中可能不那麼明顯，但在「文明」人和原住民共同生活的第三世界地區，意識的差異是顯而易見的（現代技術的使用通常不符合原住民意識）。

史坦納並不是第一個思考意識，尤其是古早人類意識的人，在他之前和之後也有其他人從不同的角度研究過同樣的問題。儘管如此、儘管他對這個主題沒有形成完整的闡述，但我們還是非常感謝史坦納從意識演化的角度來詮釋人類發展史。

在此我們想到斯賓格勒（Spengler）、弗羅貝紐斯（Frobenius）、達克（Dacqué）和讓・格布瑟（Jean Gebser），以及像埃米爾・博克、西吉斯蒙德・馮・格萊希（Sigismund von Gleich）、漢斯・艾哈德・勞爾和根特瓦赫斯穆特（Guenther Wachsmuth）這樣的人智學作者。榮格的特殊貢獻——可以說是其深度心理學研究的副產品——已經被他的學生艾瑞旭・諾伊曼發揚光大了。

大約有文字記載的五千年歷史，可以被看做是人類自我實現的過程，表現為意識在不斷演化成長。就史坦納的人智學而言，人們不得不做出補充說明，亦即他的論述所涵蓋的領域更加廣闊，有時

候聽起來很像是一種假設。例如，他談到地球上的許多古早文化以及地球之外的宇宙歷史，而這些都是沒有文獻記載的。[19]

我們在此可以將自己限定於下述觀點中：從人智學的立場來看，人類的發展可以被看做是不斷輪迴轉世的過程。首先，個人是完全淹沒在更大的集體場域中的，尚未體驗到自己才是自由自立的個體。因此，古早人類是生活在夢幻般的意識狀態中的。當今的我們擁有清晰、簡明的概念，過去的人卻活在神話圖像當中。從神話到邏各斯的道路綿延了數個世紀之久。然而，已有跡象表明獨立的思想生活開始出現。在《哲學之謎》一書中，史坦納揭示了這些關聯。「人們會逐漸認識到」，他說，「在人類演化的進程中，人體組織已經發生了蛻變。人類曾經在一段時間內尚未形成促使獨立思想生活得以發展的精微器官。相反地，在這個時期，人類擁有的器官所呈現出的是他在圖像世界裡經歷的一切。」[20] 這種夢幻般的畫面意識，使得古早人類能夠看到在他們周圍掌理他們生活和行為的屬靈世界。他們的心智沒有我們現在這般清晰、理性，而是處在一種更蒙昧的意識狀態。

在古早的傳統中，我們發現有些地方提到「第三眼」在先前時期的意涵。第三眼位於前額中間、正對著頂輪中心的位置。兩者都代表著前意識的感知器官。米開朗基羅著名的摩西雕像頭上的奇怪犄角，就是與其相關的象徵。[21]

埃米爾·博克在其令人印象深刻的著作（《對人類靈性發展史做出的貢獻》〔 *Beiträge zur Geistesgeschichte der Menschheit* 〕）前言中寫道：「克利俄（Clio）女神書寫於其上的石板乃是人類的意識。如果我們試著將歷史當做人類意識演化進程去閱讀和描述的話，那

麼我們就可以洞察到諸神的目的，因為這些目標是貫穿於整個歷史並且逐步得到實現的。人類所經歷的意識轉化是在上帝的意志推動下向前演化的不同階段。我們可以從中認識到歷史的意義。」

人對外在世界的認知是逐漸覺醒的。如同一塊未知的大陸，清晰意識的世界是從緩慢消退的靈魂暮色當中逐步升起的。我們只能循序漸進地意識到「我」的存在。在這種情況下，古早的靈魂能力包括靈視力逐漸在消退。史坦納靈性歷史觀的一個特點是，將耶穌基督置於中心位置，埃米爾‧博克煞費苦心地將其應用於《舊約》和《新約》的解讀中。在一個重要的歷史時刻，「及至時候滿足」（加拉太書4：4），基督－邏各斯便在拿撒勒人耶穌身上道成肉身。他將自己與整個地球結合起來。與此同時，作為「人子」，他也是人類的原型，即「第二個亞當」。

對人類意識來說至關重要的是，只有基督的「我即是」才使得人類的「我」意識成為可能。（「『我』－意識」對史坦納和「自性」之於榮格的意涵大致相同）。將自己與基督－自性連結起來，是一項可以被稱為人類「個體化進程」的任務（此處決不能與教會宣傳的「世界使命」相混淆！）「基督降臨人世」意味著「我」或自性「完全掌理整個世界」。

因此，在史坦納關於《路加福音》的演講中，我們讀到，「在《路加福音》對基督耶穌生活的描述中，後者清楚地表明，『我』意識的新元素已經融入到人類演化的進程中。我們必須簡單地理解所讀到的這句話。基督告訴我們，在早期，屬靈世界並沒有流入俱足自我意識的人類之『我』，而只是存在於人類的物質體、乙太體和星光體當中。換句話說，對於神聖的屬靈勢能流入人類來說，

一定程度的無意識始終是必要的。然而，這種狀態註定要發生改變。」[22]

史坦納認為，意識的進一步發展必然導致與靈性分離，催生出唯物主義和無神論。為了使我們充分發展「我」或自我意識並且達到成熟，這種走向人類危機的運動是必要的，而我們的意識依然是處在這種狀態中的。然而，我們也需要發展出清晰的頭腦，其陰影面則是現代人類片面的知識主義，榮格和史坦納都對此表示惋惜。

在上述提及的輪迴轉世過程中，可以說人類才剛剛來到地球。這個時代絕非人類意識發展的終結，因為演化仍在繼續，其任務是啟動沉睡的人類靈魂潛能。失去的屬靈世界必須重新找回來。我們必須克服「喪失靈魂能力」（比特，榮格）所帶來的困難。重點在於「重新」這個詞。造作地再次啟動原先的能力是行不通的，這會導致各種病理狀態。事實上，所謂的精神病患者基本上都是那些經常有靈界體驗的人。他們的夢想非常誇張荒誕，卻無法在有意識的自我中找到自己的位置。對人智學者來說，找到通往靈性世界的唯一途徑，就是從發展清晰的自我 - 意識開始。史坦納將自己完全奉獻給了這項使命。人智學的主要目的就是為踏上這條道路的行者提供指引。

從與靈性世界的親密接觸所提供的知識中，我們可以獲得大量切實可行的方法，來解決這個時代在各個領域所遇到的問題。

史坦納敦促人類在逐步擴展靈魂能力的同時，應該敢於邁出從純粹地球意識提升至宇宙意識的一步。在一個認真考慮星際旅行可能性的時代，這個要求產生了全新的意義。顯然，史坦納的意思主要是指將意識從受感官限制的物質層面擴展到超感官的靈性層

面。這就是為什麼他在 1919 年回答了這樣一個問題：「人可以離開地球嗎？」答覆如下：「是的，你可以這樣做，但這與走出火車不同……離開地球意味著進入你靈魂的最深處。如果你真的做到這一點，並且找到了藏匿在靈魂深處中的東西，那麼你已經離開地球了。」[23]

人類必須將自己從古老的靈魂遺產中解放出來。他們不得不犧牲看似取之不盡的神話圖像所構成的財富，以獲得清晰的意識和個人的自由。這就是研究意識歷史所揭示的內容。在這個獲得解放的過程中，人類會失去圖像意識和古早的靈視力，這筆財富會被其他東西取代：透過一種前瞻性的努力去理解未來會帶來什麼。史坦納是這樣說的：「我們所需要的——也是人智學想要提供的——是以適合我們這個時代的方式賦予奧祕以新的生命。」[24]

如前所述，榮格並沒有為意識史留下詳盡的資料，儘管在他的著作中，可以用來詮釋、使用以滿足此目的的文字比比皆是。他將注意力集中在個人如何實現個體化上面，個體化意味著個人的成熟。深度心理學並不直接考慮個體化對整體人類所造成的影響。到目前為止，只有少數研究涉及到這個主題。艾瑞旭·諾伊曼的《意識的起源和歷史》就是其中一個。[25] 因此，在這個方面對史坦納和榮格進行全面比較是不可能的。然而，榮格作品中還是有某些段落體現出他對人類意識進一步發展做出的思考。

甚至連佛洛伊德的座右銘「哪裡有『它』，哪裡就會有『我』」（Wo Es War, soll Ich werden.）也已經指向了這些概念。例如榮格曾經提到，「一個人的不同心理層次」對應著「人類的發展史」。然而，他的主要指的不是歷史事件。對榮格來說，集體無

意識的概念總是處在最重要的位置。每個人都作為共同遺產參與其中。榮格將這種集體無意識的心理遺產視為一個完整的、無法被割裂的整體。

榮格所說的可以示現為以基督為原型的「自性」與人智學的基督概念之間，是沒有真正的相似之處的。人智學認為基督是人類發展過程中的**核心人物**。例如，儘管人智學對佛陀和查拉圖斯特拉給予了很高的評價，但基督形象對人類發展的重要性更勝一籌。

這一點在分析心理學中的解釋有所不同。自性的原型意象象徵著心靈的整體性，也可以示現為佛陀或其他偉大的靈性代表人物。在此我們遇到了發展歷史研究中的重大困難。佛陀意識和基督意識之間的對比，呈現出明顯的差異，雖然佛陀獨特崇高的狀態是毫無疑問的。史坦納在其早期作品《作為神祕事實的基督教》（1902年）中指出，和佛陀的生命相比，基督的一生所「蘊含的意義更為豐富」。「佛陀的生命以死亡轉化而結束，但基督生命中最重要的部分則是在死亡之後開始的」，亦即耶穌受難並且被釘死在十字架上。[26] 基督所要求的忠誠不僅要達到靈性－宗教發展的頂峰，而且「直至死亡」。基督所教導的不是遠離塵世以消除輪迴肉身中痛苦的根源；祂的教誨是肯定生命作為克服苦難途徑的價值。基督教中的道成肉身是上帝對世界的愛之表達：「上帝愛世人，甚至將他的獨子賜給他們」（約翰福音 3：16）。無需進一步證明，我們可以簡單地說：「有了基督，人類在演化進程中就邁出了超越佛陀的偉大一步。」[27]

由此可見，將自性原則同樣應用於佛陀和基督，並不能提供任何關於意識發展史的有效訊息。誠然，威廉·比特和瑪麗－路

薏絲・馮・法蘭茲（Marie-Louise von Franz）已經表明，自我實現總是讓一個人能夠發展出對同伴的愛，從而擴大到社會層面，但這還不足以說明人類的演化。榮格在個人的個體化進程上做出的多方面交流，確實為人類整體可能實現的個體化進程提供了啟示。榮格在最後創作期做出了一些同時代的神學家尚未充分理解的觀察。他說他的「無意識心理學可以被看成是一個容器」，用以接收來自基督－邏各斯的訊息，因為他所研究的界域是在心靈之上的。[28] 這些話當然表達出他對整體人類的關注。以聖靈形式示現的基督所指明的道路——正如祂在《約翰福音》中宣稱的那樣——是超越歷史上的耶穌形象的。永恆的道成肉身存在於「上帝指定的時間和地點」。這就是威廉・比特在寫到「靈之基督不斷滲透進入物質世界」時所提到的事件。在這個非常重要的認知上，榮格和史坦納的立場是一致的。

對史坦納來說，再次於我們這個時代進行事功的，正是基督不斷創造和持續自我更新的力量，即「基督脈動」或「基督法則」。

人智學的創立是為了幫助人類做好準備迎接「二十世紀基督事件」的到來。宇宙基督是可以在每個人的靈魂深處被體驗到的，這與基督教的宗教文獻毫無關聯。因為「我們藉由認識自己找到基督即我們內心的指引。我們總是可以透過這種方式找到基督，因為自從祂在地球上道成肉身以來，祂便始終與我們同在。其次，當我們將不是透過研究歷史文獻而獲得的知識應用於這些文獻時，我們就開始理解它們的真實本質了。它們是透過歷史的表達在靈魂深處示現的某些東西。」[29]

從這個角度來看，基督教並沒有像人們在看到各地傳統教會現

狀時所預期的那樣走向沒落。相反地，它正站在一個充滿希望的門檻上，而門檻那端是迄今為止做夢都想像不到的未來。

　　考慮到我們這個時代正在發生的意識轉化，有人會說：在科學和技術時代發展起來的意識，已經證明了自己征服外在世界的能力，但並不足以理解靈魂和靈性現實。濫用藥物不會使我們取得任何進展，反而是對新靈魂特質的一種背叛。如果不努力透過靈魂－靈性訓練獲得轉化，那麼擴展想像力意識將終結於幻想當中。人類必須在靈命上活躍起來，以便迎接來自屬靈世界的挑戰。榮格寫道：「自從星星從天堂墜落、最崇高的象徵變得蒼白無力，一個祕密的生命開始在無意識中佔據統治地位……另一方面，在我們的無意識中隱藏著活水，亦即已經化為自然的靈性，而這就是它被擾亂的原因。」[30] 出於這層信念，榮格認為與無意識打交道是人類所面臨的最重要的問題。根據《啟示錄》第十二章，無意識不僅是人類創造力的矩陣，也是孕育「聖子」的母體，此即煉金術士的「永恆少年」、「靈魂深處的靈子」（魯道夫・史坦納）、基督意識。轉化意識是我們這個時代的人類所肩負的使命，施洗約翰用富有挑戰性的話語闡述了這一點：「改變你靈魂的態度吧！因為天國已經近了！」[31]

靈魂和靈性：
靈性史脈絡下的觀點

榮格和史坦納以靈性歷史為背景，各自提出了對魂（soul）和靈（spirit）的不同見解，由此而呈現出一個難題。我們再一次清楚地看到，就道路以及目標方面而言，兩位研究者在許多重點方面都存在著差異。正如我們先前所提到的，史坦納在生命早期對追求靈性知識是有著明確目標的。史坦納從事的人智學活動（1900 年以後）和所謂的「前人智學時期」之間，並沒有真正的斷層。他從歌德研究中獲得的所有見解，對如何獲得知識的看法以及他的自由哲學，都系統性且持續地獲得應用，並且始終是將超驗世界考量在內的。史坦納在《靈性道途的直覺式思考》（1894）一書中指出「純粹思考」的方法，並且將思考視為一種屬靈活動。他的靈性觀點從這一刻起得到了確立，甚至早期出版的作品也指出了同一方向。我們不能忽視這樣一個事實：使自己成為省思對象的純思考活動，必然會導致抽象概念。思考必須擺脫感官印象，才能成為獲得超驗知識的工具。

　　然而，史坦納並沒有止步於此。他想要實現靈魂力量的轉化，使其成為直接進行靈性觀察的工具。對史坦納來說，抽象思維本身還不是靈性，它只是參與靈性的一種形式，是我們在一般日常意識中能夠進行的思維活動形式。如果將笛卡爾式的認知視野當作任何一種知識的絕對界限，並且假設正常的清醒意識是我們唯一的意識活動，那麼我們就有深陷於抽象概念的危險，而把活生生的、無所不包的神靈矮化為乾癟的智力殘餘物。史坦納說：「昏昧的心智概念必須接受靈性科學所能給予的鮮活智慧。心智的影子必須以這種方式被喚醒。」[1] 人智學即靈性科學證明史坦納對自己的要求作出了回應。

史坦納的這個要求不僅是他個人所關注的問題，而且是一個時代問題，儘管它是以一種特殊方式呈現在他面前的。自十六世紀以來，科學，特別是自然科學和技術已經成為一種工具，使得人類能夠理解、主宰和改變他們的世界。「科學成為與自然鬥爭並且與之對抗的最有效武器。科學有助於改造自然、利用自然、統治自然，至少我們的祖先是這樣認為的。透過在『無機』自然界中應用機械定律，藉由歐洲人成為生活主人時由思考所獲得的成果，上述一切成為了可能。」[2] 就「沒有生命的自然」而言，計數、測量、稱重的思維方式是非常適合控制外在世界的。但是對鮮活的事物以及靈魂生命來說，它註定要走向失敗。當代哲學和心理學表明，人是無法藉此充分解決人類的魂和靈謎題的。靈被化約為抽象概念；魂被認為是抽象靈性僅有的示現己身之處，也就是普通的清醒意識。在這種科學思維視野之下，靈魂和靈性失去了內建的現實性和正當性。外在世界被發現和理解得越多，作為內在經驗和生命意義來源的宗教真理，就越是無法被人們觸及。宗教當局所能做的就是在一場無望的防守行動中捍衛自己，對抗那顛覆性的自然科學革命。在宗教日益衰落的情況下，復甦屬靈生命是不可能的。關於人類、靈和魂的可靠知識不能再披著前科學的外衣，而是必須以現代科學思想所要求的準確度和清晰度得到呈現。因此，我們需要的是一門關於人類的科學、關於個體靈魂的科學、關於神靈的科學。另一方面，克服幾個世紀以來現代科學所形成的狹隘思維模式也是必要的。對史坦納來說，這意味著為了滿足時代的要求，他必須將他的「自由哲學」描述為「運用自然科學方法進行靈魂觀察的結果」。他還有一項任務，亦即開展超越自然科學的形上研究，但要堅持採

用精確的工作方式。

　　他在《歌德世界觀隱含的知識論》（1886 年）中描述了自己在走上這條道路時所面臨的情況：「在這個問題上，我們必須始終牢記這樣一個真理：正確的步驟絕不是人為地造作出一種靈性需要，而是恰恰相反：發現存在的需求並且滿足這種需求。科學的任務不是提出問題，而是當人類本性在現代演化階段提出問題時，給予認真對待和答覆。現代哲學家為自己設定的任務，根本不是我們目前所處的文明階段的產物——並沒有人在尋求他們所提出問題的答案。我們偉大的思想家已經將文明提升至一定的地位，而那些必須由文明提出的問題卻被科學忽略了。因此，我們所掌握的是無人追尋的哲學知識，同時卻因無人能滿足的哲學需求而受苦。」[3]

　　出於此因，史坦納在二十五歲時就闡明了他的人生目標：不是為了滿足人為地造作出來的抽象準需求，而是協助回答關乎人類的緊迫問題。

　　榮格的情況也是如此。但由於他面臨著完全不同的人生使命，而且他對知識理論不感興趣，所以兩人在研究方法上出現了分歧。這位年輕醫師和精神病學家在他的新工作中找到了方向，並且試圖做出自己的科學貢獻，這時他發現很大程度上面臨的是一個未知領域。和佛洛伊德一樣，他沒有將自己局限在僅僅記錄心理現象；他開始做實驗。含括在其作品集第一卷中的精神病學研究報告，描述了這些實驗的內容。其實驗方式以及所遵循的精神，完全取決於十九世紀末的認識論和流行的科學觀點。這意味著它們符合現代科學所特有的唯物主義因果論原則。榮格在佛洛伊德的作品中也發現了這種偏執傾向。精神分析在發展的最早階段就表現出先進的思考

　　　　　　　　　　　榮格與史坦納：靈性心理學的曙光

方式，並且將其與傳統心理學區別開來。儘管如此，它顯然還是受到當時悲觀主義認知論的限制。它是建立在一個不了解何為自由的人類形象之上的。例如，佛洛伊德的性驅力理論奠基於力比多的因果關係上面。後來，佛洛伊德在他的自我心理學中克服了這種純因果論觀點。

佛洛伊德以及處在早期精神分析階段的榮格，將心靈完全和生物驅力聯繫起來。雖然我們必須認識到這種「剝奪」人性的重要性和裨益之處，但這一回可能走得太遠了。在人智學和心理學歷經不切實際的片面理想主義階段之後，出現了此種觀點，認為人完全是由他或她的欲望特別是性欲所驅動的。「客觀精神」實際上已經徹底等同於「科學精神」。

榮格——這位柏格霍茲里診所的年輕醫師——與精神分析創始人佛洛伊德合作時，並不知道自己將要面臨長達半世紀的激烈轉變（標誌佛洛伊德和榮格開始決裂的作品，被命名為《力比多的象徵和轉變》）。這種轉變可以在榮格自創的心理學中找到跡象。為了清楚地指出榮格的魂與靈概念所採取的方向，我們可以說，榮格的成長最終將他從被生物功能牢牢控制的心理學，帶到了以超心理學概念為背景的心理學。在一篇相對較早的文章《佛洛伊德和榮格的對比》（1929 年）中，榮格預見到後來的發展，表達了他對自己未來要走的道路的看法：「我們現代人註定要再次看到神靈，也就是說會體驗到原型，這是唯一可能突破生物驅力魔咒的方式。」關於宗教層面：「誰看不到人類靈魂的這個面向，誰就是瞎子；想透過解釋或合理化而主張它不存在的人，對何為現實是沒有感覺的。歷史的車輪不可能倒轉，但走向神靈的步伐不該受到阻礙，這在

原始的啟蒙儀式中已經非常明顯了。科學必須切除某些部分的知識，並且將有限的假設應用其上。但神性是一個更高的整體，她是意識之母以及意識產生的先決條件。」榮格說佛洛伊德在尼哥底母（Nicodemus）的問題上栽了跟頭：人怎麼能認識神靈呢？但這樣說只是表明他把這個問題變成了自身的問題。

靈魂是人智學靈性概念的基礎

當我們說「靈」（spirit）的時候，我們所談論的究竟是什麼？我們能否為榮格所說的「靈魂的現實」（the reality of the soul）和史坦納所說的「屬靈世界」（the spiritual world）找到一個共同點？觸及屬靈體驗的困難始於這樣一個事實：靈體並不像世上的其他事物那樣以具體物質形態呈現出來。靈體不是以你喜歡的方式觸手可及的東西。然而，它不會像隱匿之神將自己完全藏起來，儘管時而也有這樣的傾向。我們在這裡主要感興趣的是靈魂示現的方式，在避免落入理論詮釋窠臼的同時，要試著破解一些靈魂的特質。這是一個關於人類和神靈關係的問題。一般經驗表明，靈體的示現總是發生在驚鴻一瞥中，它的整個維度仍然是未知的，至少對理性頭腦來說是如此。一次又一次不斷顯現出來的是一個更大整體的不同面向。這個整體所覆蓋的是由事和人所組成的世界，是「它」和「你」的世界。但是在這個更大的整體中，同時也滲透著「公開的祕密」（歌德）、「存有的深度」、「絕對與我們有關的」（蒂利希〔Tillich，編按：一般也稱田立克〕）內在超越性。史坦納曾經談到這個問題，他認為只從一個角度看「宇宙的結構」

是不夠的。「不是只有一種宇宙觀可以被捍衛或證明是有效的，其實總共有十二種。」[4] 這句話清楚無誤地指出，我們需要在和其他觀點的對比中看待每一個觀點。

那麼，我們需要思考「靈」的哪些面向呢？史坦納在《神智學》中向我們揭示了其中的一個重要方面，也由此闡明了魂和靈之間的關係。在這部作品中他描述了「人類的屬靈本質」，並且解釋如何透過自由應用思考法則，「使我們成為比由物質身所界定的更高層級的成員」。史坦納稱之為「屬靈層級」。[5] 但這並不意味和神靈共同思考。從人智學的角度來看，史坦納認為這屬靈層級與靈魂休戚相關，我們也必須將這一點考量在內。

然而，靈與魂屬於不同維度，正如後者的次元有別於物質一樣。靈是建立於魂基礎之上的，就像靈魂的根基是物質元素一樣。

下一個任務則是要沉思何謂自我，個體性的人類。這層思考可以揭示出神靈的一個重要面向，這與**魂和靈之間的關係**也是相關的。讓我們舉個例子說明這句話的意思：凝視自然或藝術作品的人會產生喜悅或欣賞的感覺（也可能相反）。這些感覺屬於觀察者的內在心識反映，是一種主觀感受，因為不同的觀察者對同一事物所產生的感覺，可能非常不同。

思考是在一個不同的層面進行的，因為它的運作法則不受個人偏好所限，而是與客觀事實相關。「人類仰望星空；他們的喜悅之情來自他們的靈魂。但是我們在其中理解到的永恆法則並不屬於我們；它們屬於星星的世界。」個體靈魂以這種方式和屬靈世界建立連結，如同主觀內在世界與客觀現實一樣，後者是高於前者的。內嵌於靈魂中的「我」（史坦納的說法）肩負著雙重使命。一方面，

它包含著個人獨特的靈魂；另一方面，它也能接收來自客觀世界和屬靈世界的訊息。我們是在清醒的意識狀態下透過思考來練習這份能力的。但我們知道思考——即使是發展到成熟階段的「純粹思考」——也只是接近屬靈世界的一種方式。為了更深入地走進超驗世界，我們需要發展覺知、想像力、靈感和直覺的更高階段能力。

這樣一來，靈魂就能成為靈性示現的舞台。屬靈的果實都可以在靈魂的土壤中扎根、生長、成熟。神靈在個體靈魂上蝕刻了自己的烙印。作為靈魂－存有，人類透過思想、意願和感受自由地接收來自神靈的訊息。史坦納所理解的靈與榮格的無意識並不相同；更確切地說，來自神靈的呼喚始於無意識而後進入意識當中。如此一來，神靈便和內建於靈魂中的有意識的「我」開始交流。[6] 一旦理解靈與魂的關係等同於客觀與主觀的關聯，我們就可以補充一句：靈與魂的關係如同容器內容和容器本身的關聯。在史坦納所使用的名相當中，靈魂的靈性（soul-spiritual）一詞表達了靈和魂的密切關聯。將其應用於發展心理學和實用教育學時意味著，成長中的人類的「靈魂的靈性」是在持續發展的各個階段中不斷被注入人體的。這是神不斷以人的形式示現的過程，即使是學校課程也必須考慮到這一點。在魯道夫・史坦納創建的華德福教育體系中，該做法已經成功地實施了五十年。人智學療癒教育也同樣取得了令人矚目的成果。[7]

到目前為止我們已經在超個人範疇內討論了靈的議題，但還有兩個方面也應該被提及。從先前所述內容可以明顯看到其中的一個：層級次序。層級次序以宇宙法則為基礎。屬靈事實可以被視為與屬靈法則相關。然而，我們不能從過於狹隘的角度去理解層級次

序這個概念，因為在活生生的、包羅萬象的屬靈現實當中，也包含著悖論和顯而易見的矛盾。如果在理解現實時對悖論視而不見，那麼我們就忽略了生命基本要素內建的兩極特性。如果能夠理解靈是包羅萬象的，其「高度」和「深度」都指向了更高的維度，而個體靈魂所關切的似乎已經與「超個人」相融合，那麼個中意義就會以靈的附加面向顯化出來。這個面向對我們展示的是，在多大程度上我們已經失去了現實層面的靈性，而後者在我們的生命中是一股積極運作並且提供庇佑的力量。它已經消失了，或者至少對許多人來說是遙不可及的。在利己主義，或是路德所說的「the in se curvatum」，亦即盛行自我中心態度的地方，人們是忽略「超個人」面向的，這導致了靈性上的盲區。當混亂破壞了屬靈次序，意義就被荒誕無望的世界所取代。隨著靈性的喪失，靈魂的完整性也被摧毀。人們認識到這個問題已有數千年，而這就是人類所面臨的困境。

正如耶穌在福音書中所說的：「如果一個人得到了整個世界，但他的靈魂卻受到了傷害，這對他又有什麼幫助呢？」任何接受過心理治療的人都對這種情況的實際症狀了若指掌。[8]另一方面，眾所周知的是追求更深層次的靈魂體驗，實際上是對屬靈真知的渴望。獲得知識有許多種方式，而人們踏上的往往都不是健康的途徑。這些途徑經常伴隨著病態或歇斯底里的神祕囈語，以及濫用藥物和黑魔法。

在通往靈性體驗的道路上

　　為了體驗靈性並且讓靈性再次扎根，什麼是必須要發生的事呢？牧師的告誡和對終極真理、秩序以及意義的引經據典是不夠的，正如卡爾・巴特（Karl Barth）所描述的那樣，「太初之道已被嘈雜之音所掩蓋」，而先前賦予道以威嚴的那位已不復存在。神靈的意涵是不能透過合理化的解釋、定義或教導來達成的。神靈必須示現出來。如果人類想要開始真正地蛻變轉化，就必須終止口頭上的呼籲、演說及宣言。關於屬靈事實的純粹訊息，必須透過個人的直接體驗得到深化。「我們通常對活生生的屬靈並沒有給予足夠的重視；我們必須在完整的生命中才能領略鮮活的現實。」[9]「如今當人們提到神靈時，多半指的是完全抽象的、與這個世界不相符的東西，而不是可以對日常生活產生影響的勢能。」[10]

　　擁有與具體生活事件相關的經驗，同時揭示出更深層次的靈魂真相，榮格認為是至關緊要之事。這種洞見為他的研究指明了方向。他所從事的治療工作向他呈現出大量的臨床圖像和人類生活的故事。想要證明他關於魂和靈的論述不夠精確並非難事。毫無疑問地，他在這方面還有待改進。不過榮格的批評者還應該考慮到，這位年輕的心理學家一開始工作的場所乃傳統的精神病診所，而不是需要展開認識論研究的哲學研討會。此外，他還遇到了本章一開始時提到的十九世紀末心理學和科學所依據的假設。榮格本人一再呼籲人們要留意這種情況。在他為《自我與無意識的關係》第二版撰寫的前言中，他總結了二十八年的心理學和精神病學經驗：「這和聰明的思想體系無關，它所關切的是複雜心靈體驗的形成過程，後

者從未成為科學研究的主題。既然心靈現象是一種非理性的基準概念，而且根據的是老舊的圖景，那麼它是不能和或多或少的神聖理性等同視之的。如果在經驗心理活動的過程中，極為頻繁地遇到與我們的理性預期相反的歷程和事件，並因此而被意識的理性主義態度所拒絕，那我們就不該對此感到驚訝不解了。」[11] 這裡的語境非常清楚地表明瞭榮格所面臨的問題。

榮格認為自己是經驗主義者而非哲學家。他對追求知識不是很感興趣，驅動他的是儘快為病人提供幫助的意願和專業需求。因此，他必須留意病人向他描述的症狀，必須接受他們的內在聲音以及來自無意識的訊息。他需要從症狀入手找到潛在的根本原因，他必須透過摸索和實驗做到這一點，指引他的是一種模糊的「感覺」，而不是被明確定義的「先驗知識」。即使榮格未曾以他自己能夠清晰理解的方式得出結論，人們也必須尊重他對這些結果的看法：「我最基本的觀點和想法都來自於這些經驗。我首先進行觀察，然後才提出我的觀點。拿著蠟筆或畫筆的手是這樣的，邁出舞步的腳是那樣的，眼睛和耳朵是這樣，文字和思想也是如此。模式最終是由一股黑暗勢能所裁定的；一種無意識的先驗之物沉澱下來，變成了可塑的形態。」[12] 一股「黑暗勢能」掌握了主動權。榮格自傳中充滿對這種指引的描述。

從這個基本前提來看，我們可以理解為什麼榮格毫無顧忌地承認他不知道「靈」到底是什麼、「生命」究竟是什麼。然而我們不能忽視的是，他所承認的無知和透過思想解決生命議題的意圖有關。不可否認的是，在榮格所承認的無知當中隱藏著「有知識的無知」（docta ignorantia），即不知道的智慧。史坦納在談到庫薩

的尼古拉斯（Nicholas of Cusa）時說到：「他努力超越透過智力獲得的知識而達到一種靈魂狀態。在這種狀態下，知識不再運作，靈魂則是在『有覺知的無知』中與神相遇。」[13] 我們可以說，榮格對思考的評價也有類似之處。因為「我們所需要的不是知道真理而是體驗真理。我們不需要心智得出的結論，而是要找到一條通往內在體驗──或許沉默無語、或許荒謬無理──的道路。這是一個偉大的目標。」我們是在榮格論文集《尋找靈魂的現代人》的前言中讀到這段話的。從他這方面的思想與魯道夫・史坦納的對比，我們得出了下述結論：榮格和史坦納在此處的立場是一致的，亦即純粹的知識和純粹的理性並不能真正解決內在問題。「當我們在思考時，我們的『存在』就不如實了──因為思想只是反映現實的意像罷了……我們必須意識到，心理活動和思想的本質是映射的鏡像作用。」[14]

另一方面，在評估透過思考深入於無意識或超驗界域時，史坦納和榮格出現了意見上的分歧。榮格直接研究無意識的產物，也就是說，病人以夢境、幻想和聯想的形式，呈現給他來自於靈魂的訊息。史坦納則認為有必要走理性道路，但他不是要停留在那裡，而是為了獲得對超驗世界進行可靠探究所需的清晰認知。

榮格的出發點也解釋了他對所謂「靈」的看法。他覺得自己與靈魂和心識有著最緊密的連結，而這是全體人類的共通之處。「因此，我首先要談論的不是『生命』，不是心靈因素的『靈』，而是有生命的身體。這並不代表我想回避最初提出的問題，以便浸淫在對身體和心靈的反思中。相反地，我希望透過實證幫助我們找到靈的真正根基──而且不以犧牲生命為代價。」[15] 正如我們先前所提

到的，史坦納從開始從事科學活動時就關注靈界知識了。在創立靈性科學之後，他將這方面的努力推進到一個更高的水準，並且在人智學領域中以實際工作的形式增加了一些具體活動。榮格同樣也在付諸努力，他必須透過做實驗進行開創性的研究工作，必須不斷地調整和修正自己的科學觀點。他對心識和超心理學觀點的變化反映了這個修正的過程。榮格談到我們獲得的知識完全取決於我們的心理現實。「我們所知道的一切都是由心理要素所組成的。」他認為心識活動是「我們唯一最直接最真實的存在」。這似乎指向了一種認知上的悲觀主義，尤其是榮格毫不懷疑地相信康德的知識論，亦即對可被認知的東西設定明確界限。這也是為什麼他確信「我們最終都未能真正理解心識的本質」。他在別的地方寫道，「在自然科學中，只有當外部存在著一個阿基米德點時，人們才有可能探究所觀察到的事物的本質。但是對心識來說並沒有這樣一個支點——能觀察心識的只有心識本身。因此，我們是不可能理解靈魂的心識本質的。」他仿佛有一種預感，覺得自己應該讓這個觀點更合理，於是補充說道，「至少目前的方法是行不通的。」[16] 從理論上來說，榮格可以堅持這個觀點直到晚年，但實際上他是做不到的。這並不是他在這個問題上發表的最後言論。如果榮格談論的是人類被心識意像所包圍這個事實，那麼他同時在暗示的訊息就是，這些於心識中浮現的意象是以客觀屬靈世界的存在和有效性為前提的。儘管榮格從未形成理論，但他本人也從未懷疑這樣一個世界的存在。意象和象徵符號在榮格心理治療中的意義，恰恰在於象徵不僅只是定義上的符號，它所代表和指向的乃是活生生的現實。原型最初是不可觸及並且超越心靈本身的，後來才被逐漸納入他的研究和假設中。

對超個人因素的認可，是榮格在創作生涯進入尾聲時得出的結論之一。

　　正如莉蓮‧弗雷－羅恩（Liliane Frey-Rohn）所證明的那樣，原型概念在 1919 年首次以嶄新元素出現。「1921 年之前，他將古早的意象稱為『原始圖象』（*urtümliches Bild*）。之後他也採用『原型』或『原型意象』。這些詞語逐漸生根發芽。在後來的歲月裡，榮格區分了原型意象（archetypal picture）和原型，我們可以在普遍接受的詞語含義上去理解後者，而前者則被他限定為對原型象徵性的表現和圖象化的表達。」[17] 這兩個概念之間的差異持續擴大，反映出榮格對心理學的認知視野也在不斷拓展。坦率地說，這種拓展可以說是對原有界限的超越。一個新的維度進入了視野。這種視野的拓展實際上已經在「原型」（archetype）一詞中表現出來。我們可以把字首「原」（arche）解釋為「開始、原始、基本的基礎」；而「型」（type）則是一種印記，或者說是印記產生的結果。印記存在的前提是有一個刻印者，儘管目前還沒有關於這樣一位刻印者性質的明確定義。在二十世紀四〇年代早期，榮格開始在這個意義上表達自己的觀點。他不僅對神學提出異議——因為神學隨時宣揚的都是上帝無所不能，並且宗教教條是有效可靠的，而且對上帝示現於靈魂中的想法持懷疑態度。榮格還補充說道：「宗教觀點認為印記是刻印者的勞動成果；而科學則把它理解為是一種未知和無法理解之物的象徵。」[18] 顯然，此時的榮格已經在考慮客觀靈魂的背景（Seelenhintergrund）的可能性了。當我們將目光轉向他最後的偉大工作階段時，這種假設得到了證實。他開始用理解事物的新原理，取代經典物理學中固有的因果論或決定論的概念。令人驚訝的

是，他是透過與現代物理學進行對話而形成這個新原理的。

共時性（synchronicity）現象被定義為：同時發生若干有著類似動機但無因果關係的事件或過程。榮格在考慮到這一點時所得出的結論是，「我們自身之內和之外的世界是建立在超驗背景之上的。」[19] 物質和心靈的相互關係——或更確切地說是互補關係——由此變得顯而易見：「既然心靈和物質都包含在同一個世界裡，彼此不斷碰觸，而且最終都是建立在無法示現的超驗因素之上，那麼心靈和物質不僅有可能並且很可能是同一事物的一體兩面。」

「在我看來，共時性所指的就是這個方向，因為這些現象表明非心靈的事物可以表現得像是心靈層面的運作；反之亦然，它們之間是沒有任何因果關係的。我們現有的知識只允許我們將心識世界和物質世界的關係，比作兩個只在頂點交匯的圓錐體，除此之外沒有任何交集。這是一個真正的零點，要麼有接觸、要麼完全沒有。」[20] 正如莉蓮‧弗雷－羅恩所總結的那樣，在這種情況下，觀察方法從主觀向客觀邁進了一步。換句話說，從純粹的原型概念走向了原型的超個人特徵。被中世紀煉金術士稱為一元宇宙的經驗世界之背景，現在可以透過思考來掌握了。這些就是從佛洛伊德到榮格的漫長發展道路上心理學所經歷的各個階段。

那些意圖譴責榮格是心理主義思想宣導者的人，忽略了榮格作為科學家所持有的保守立場，而榮格的謹慎也未得到那些草率認為他已提供超驗證據之人的欣賞。榮格的保守源自於他的態度。他證明自己已經應用所知的一切研究方法，對「可被認知的」即原型圖像進行了深入探究。事實上，榮格心理學收集數據、記錄過程並且給予解釋，他的這種研究方式是高度重視科學精確性的。與此同

時，這也是一門喚醒我們謙卑心態的科學，激發了我們對上界產生敬畏之情。

史坦納認為「對真理和知識的敬畏和奉獻之路」，是通往高層體驗的學校教育的先決條件。「只有進入謙卑之門的人才能揚升至靈性的高度」，他在描述其教學方式的基本書籍《如何認識高層世界》中這樣寫道，「在靈魂中展開的每一種真正奉獻的感受，都會產生一種內在的力量或勢能，這種力量遲早會指引你獲得屬靈知識。」[21]

如果心理學研究者將心識層面所有不朽的、永恆的和創造性的內容都塞進理性抽象定義的範本裡，那麼這個人就嚴重地違反了謙卑法則。例如，從神學和心理學之間的對話可以清晰地看到這一點。榮格明確區分了示現在人類靈魂當中的上帝形象和不可知的上帝本身，即「隱藏的神」。由於榮格執意維持精神病學家的身分，不願發表神學聲明或宗教宣言，因此他將自己的研究對象完全限制在病人透過意象和象徵呈現出來的心靈問題。這種有意識的自我限制必須得到尊重。他的這種交流與證明超驗世界是否存在毫無關係。但我們也必須指出，榮格對超越意識的現實從未有過任何懷疑。這在他後期作品中表現的尤為明顯。這份確知促使這位深度心理學家做出某些類似懺悔的陳述。

然而，人不能將這些體驗當作科學證據，然後將它們應用到另一個完全不同的層面。這種見證建立在親身經歷的屬靈體驗之上，是不能照搬到其他人身上的。每個人都必須讓自己處在一種接收狀態，或是以某種方式為迎接這種體驗做準備。這裡做準備的意思是由上界降下大能。我們接收來自「不可觸及」界域的禮物的時間和

時機，都是無法預先決定的。在宗教用語中，這種與高層智慧的交流被稱為**啟蒙**，我們是無法對其施加影響的。它的發生是無條件的，被稱為恩典。啟蒙的內容，無法觸及卻又積極的作用力，一向被稱為**神靈**的運作。**風隨著意思吹**。靈性科學家和精神病學家有著這樣一個共同點：他們工作的起點和終點都是落在與神靈交流的週邊部分。史坦納引用多瑪斯·阿奎那（Thomas Aquinas）的話，稱他的工作為信仰的序章（praeambulum fidei）。[22]（見附錄：「作為信仰序章的魂和靈的研究」）。

個人體驗之必要性

在榮格身上我們發現了兩種不同的傾向。第一是他堅持在他的觀點和既定目標上，維持著嚴格的經驗主義作風。因此，他不得不放棄做出任何與形上有關的論述。第二，他不斷超越傳統科學所要求的專業能力的界限。不管是誰對榮格表示反對，都認為他是在兩個層面上進行研究，幾乎因此而失去了自己的專業資格，因此都只能說明是反對者自己不敢尋找一種能克服科學專家們支離破碎觀點的視野。榮格尊重康德在《純粹理性批判》中所論述的認知限制，儘管如此，作為心理學家的榮格還是必須不斷地跨越邊界。我們很容易在他的筆下找到否認「另一方觀點」確定存在的證據，或者至少看起來如此。例如，在鈴木大拙的《大解脫》一書的引言中，我們發現了榮格下述充滿悲觀色彩的段落：「當然，我們永遠無法確定一個人是真的『開悟』或『解脫』，還是他只是在幻想而已。我們沒有任何標準可循。此外，我們清楚地知道，想像的痛苦往

往比真實的痛苦更折磨人，因為它伴隨著一種隱隱的自責，從而在道德層面引發了不易察覺的苦楚。因此，在這層意義上，這不是一個『實際事實』的問題，而是『**心識現實**』（phychic reality）的問題，亦即被稱為**頓悟**（satori）的心靈歷程。」

因此，榮格繼續發表這樣的觀點也就不足為奇了：「每一段心識歷程都是一種意像和『想像』的過程，否則就不會有意識的存在，發生的事情也就缺乏象徵性了。想像本身就是一段心識歷程，出於此因，無論開悟應該被稱為『真實的』或『想像出來的』，也都不重要了。」[23]

這句話的意思聽上去似乎是，基於妄想的想像和真正的啟蒙歷程，是同樣有效或無效的。重要的是，榮格補充道，「經歷開悟或假裝開悟的人，都非常確認自己已經開悟了。兩種情況都是如此。就自身經驗而言，別人怎麼評價對他來說沒有任何影響。」很顯然，這裡的重點是個人體驗，而這是不受他人的懷疑所局限的；這種體驗無法被證明，也不需要被證明。

在此我們想起了史坦納對要求他證明靈性科學交流問題的回答。在《奧祕科學大綱》（1910年）第一版的前言中他指出，重要的是不要盲目地只從表面接受或「相信」與屬靈世界進行的交流是存在的，必須依據個人的內在體驗進行判斷。接受靈性科學闡述之事實所需的靈魂活動為自身提供了「證據」。自然科學要求的這些證據其實會導致對提供解釋的主題的偏離。有人可能會說，它們指向的是「現實的外在面向」，而旨在讓靈魂產生體驗的事實，則隱匿於靈魂的「內在」。因此，它們是不受「外在」標準限制的。「那些將靈性科學事實呈現出來的人，必須將靈魂活動放在首位，

因為他們的讀者只有以正確的方式經驗到這種活動，才能觸及屬靈事實。與自然科學研究的事實不同——儘管人們並不理解，但即使沒有靈魂活動也是可以感知到的，靈性科學所探究的事實只有透過靈魂活動才能進入我們的感知。因此，那些陳述靈性科學觀點的人假定，讀者是在陪伴他們尋找這些事實……我們認識到，對自然科學進行解釋時，「證據」可以說是以某種方式從外面帶進來的。然而，以靈性科學的思維方式來看，用以證明自然科學思維的活動，已經存在於對事實的探索中。如果通向這些事實的道路本身不是一個不斷得到證實的過程，那麼我們是無法找到這些事實的。任何真正遵循這條道路的人皆已體驗到證據，從外部得到的證據無法完成更多的事情。」[24]

　　這種說法顯然為許多關於分析心理學（被理解為實證科學）和人智學的誤解敞開了大門。人智學者和心理學家也可能在很多方面對彼此產生誤解。然而，有一點對雙方都是至關重要的：即使是最透徹的頭腦知識，也無法取代個人經驗。只是輕信接受或評判拒絕人智學和心理學教誨，並不能代表什麼。一個人必須願意並且有能力在他或她自己的靈魂當中，去啟動這些理論所給予的脈動。這就是為什麼史坦納堅持不懈地宣稱，「靈性科學的學生必須與客觀的屬靈世界建立直接和真正的關係。」史坦納認為這要比學生與老師的關係重要得多，老師是不應該被比作東方上師的。對靈性教育而言，唯一重要的是學生的靈魂中發生了什麼。類似的信念導致自佛洛伊德以來的分析式心理學，一向要求必須將個人分析作為學生培訓內容的一部分。這是任何考試或學術文憑都不能取代的。

　　對榮格關於靈性體驗的背景和現實做出的看似令人費解的陳

述，仍然存在著許多問題。重要的是，在先前引用的鈴木「大解脫」評論之前，榮格再次強調了他對禪宗**頓悟**經驗的觀點：「出於科學的謙卑精神，我不打算做出形上論述。我所論及的只是一種可以體驗到的意識變化，所以我首先把**頓悟**當作一個心理學的問題來看待。」[25]

僅僅因為榮格著作中的某些段落就指責他是不可知論者，這個做法是行不通的。相反地，如果仔細研究他的大量工作，我們會意識到他所面臨的艱巨任務：在試圖突破傳統認識論局限的同時，作為一名追求精確度的科學家，還得同時尋求社會的認可。毫無疑問地，這是一項冒險事業！

眾所周知，榮格並未將自己嚴格限制在「心識之內」（intrapsychic）或僅只是靈魂體驗，雖然他承認自己秉承著「科學的謙卑精神」。榮格一旦承認「心識」不僅僅是主觀的靈魂面向，那麼不管他自己是否承認，已經背叛了自身的原則。心理學家榮格一直宣稱後者是存在的。他將原型詮釋為原型意像背後的創造力，後來每回當他在心識所呈現的內容中發現了富有秩序的力量時，或者當他意識到整體性和背後意義時，他同時也承認了更廣闊且同樣強大的「另一種心識」的存在。如果這一切都得到了認可，那麼他就為真理和現實奠定了基礎，人們就不能再說「只是發生在心識當中」了。這個現實是非常廣闊的，對它的理解根本無法靠智力達成。理性思考只能獲得碎片式的見解。其特點是可以從「不同角度」看待事物，從而獲得極為清晰的視野，但卻是以犧牲整體性為代價的。

靈性的不同面向

上述內容對我們最初提出的魂和靈的關係問題，究竟帶來了什麼啟發呢？靈是從哪裡進入榮格視野的？

從史坦納對魂和靈的區分，亦即靈魂是主觀體驗而神靈則是包羅萬象的客觀法則，我們可以開始從不同面向去瞭解神靈。雖然榮格和史坦納的觀點在法則和細節上存在著巨大差異，但是對榮格論述中所涉及的某些屬靈面向進行探究，可能會富饒成效。

榮格對靈的現象學和象徵展開了詳盡研究，他從「神靈」這個詞彙令人眼花繚亂的語義開始探究，而這個詞是由許多語言學名相組合而成的，既包括理性因素也涵蓋了非理性面向。他研究了歷史文獻中對神靈的各種描述，包括童話故事、煉金術——煉金術將神靈稱為「精靈墨丘利」、基督教教義以及非基督教宗教得到的結論也因此各有千秋。尋找一個共同點並試圖為「神靈」下定義不僅與榮格的方法背道而馳，而且與定義的「對象」也是自相矛盾的。（這並不代表沒有必要用哲學的方法定義靈；可能是需要這樣做的。但我們不能指望榮格會做出這種承諾。）我們不得不再一次回到史坦納的論述上。

榮格對神靈的特徵做出的總結是：第一，遵循自發流動和活動的法則；第二，具備獨立於感官覺受而自發產生圖像的能力；第三，自發地控制這些圖像並且擁有對它們的主權。[26]「主觀之靈」與「客觀之靈」也存在著區別，前者指的是一種純粹的內心現象。這位精神病學家的以下陳述是非常重要的，「神靈所表現出的心識面向立即表明它們是具有原型特質的——換句話說，我們稱為神靈

的現象取決於一個有自發性的原始形象，而這種形象普遍地存在於構成人類心識的前意識中。這種原型經常以其特有的形式出現，總是鞭策他，賦予他靈感、持久的力量、『熱情』和『啟示』」[27]

　　如果以史坦納精確的區分標準——靈魂是主觀的而神靈是客觀的——來衡量的話，榮格的分類方法不能令人完全感到滿意，因為後者對這方面的論述並不清晰。更能提供幫助的是榮格對神靈作為超物質和超個人現實的闡述，他是從秩序的角度來看待這些現象的。他承認被他稱為「類精神」（psychoid，編按：一般也譯為「類心靈」）的特質和影響是存在的。他這樣做是為了表達這樣一種觀點，亦即在人類心識中做功的影響因素與心識並不完全相同，但肯定是在後者內部發揮作用的。這種影響因素最重要的特點之一是，它可以克服因果關係。當榮格發現這一點時，他觀察到靈魂的背景並不是雜亂無章的，而是一個獨特的有序結構，儘管這個結構不受因果所限。我們可以和安妮拉・亞菲一起談論「無意識中的有序結構形式」，這個形式一方面解釋了所有種族和國家的神話及象徵符號背後的驅力，往往是相同的。[28] 另一方面，原型本身（與原型意象相比，仍然是不可見的）通過創造無因果關係的事件而得以呈現。

　　在所謂的共時性現象中，無論是發生在超心理學、心理學還是物質領域裡，人們發現人類的心識活動和同時發生且表達出類似驅力的外部事件之間，存在著有意義的關聯，而這是不能透過統計分析給出解釋的。榮格對中世紀受煉金術啟發的自然哲學有著廣泛而詳細的瞭解，鑒於此因，他發現得益於靈視能力的煉金術士們看到了一個重要事實。這個事實代表了藏在物質和心識現象背後的統一

法則，是榮格在深度心理學中——還有現代理論物理學家——發現或更確切地說是重新發現了這一點。榮格將這種在共時性事件中示現的合一能量命名為**一元宇宙**。這個**一元宇宙**是神靈的一個面向，因為它同時包含著心靈與物質並且將兩者結合起來。[29]

榮格承認，心靈與物質可以被視為同一個現實的不同呈現方式，它們所指向的是經驗世界的「背景」，即一元世界。他在《論心靈的本質》（1946）一書中總結了自己的觀點。「既然心靈和物質都包含在同一個世界裡，彼此不斷碰觸連結，而最終都是建立在無法示現的超驗因素之上，那麼心靈和物質不僅有可能而且很有可能是同一事物的一體兩面。在我看來，共時性現象所指的就是這個方向，因為這些現象表明非心識的東西可以表現得像是在心識層面運作；反之亦然，它們之間是沒有任何因果關係的。」[30]

早在幾十年前，也就是 1919 年，史坦納就發表了這種觀點，亦即一切存有背後的一體性必須流進當代的文化發展進程中。只是對抽象的屬靈世界進行一般的理論研究是行不通的。「對未來而言最重要的事情不是在物質和靈性之間做出抽象區分，而是在物質世界中尋找靈性本身。這樣一來，人們就可以將其描述為靈性，在靈性體驗中看到神靈是如何轉化為物質，以及祂是如何在那裡運作的。」[31] 當然這種觀點有很深的歷史淵源：在歌德的自然觀和雅各布・波姆（Jacob Boehme）的神學思想中都是顯而易見的。從歷史的角度來說，我們正在接近榮格試圖透過科學驗證的一元宇宙觀點的存在。

如果真的可以從不同的面向來看待神靈和屬靈世界（這是我傾向的觀點），那麼有一個角度是必然不能遺忘的，它在榮格的生

命和生活中發揮了重要作用，此即先前提到的「意義」。與榮格多年合作地安妮拉・亞菲，由於為榮格自傳《回憶、夢、省思》收集所有材料而聲名鵲起。她寫了一本內容詳實的重要專著《意義的神話》。然而，有些說法給人留下的表面印象是，榮格並沒有認真對待「意義」這個問題。比如他在五十九歲時寫道：「生活既是愚蠢的，也是充滿意義的。當我們既不能嘲笑前者也不能揣度後者時，那麼生命就會變得枯燥無聊。所有一切都落入最乏善可陳的層次，只剩下了屈指可數的一些意義和無意義。」即使是在八十歲高齡的榮格所撰寫的自傳中，我們也能發現一些似乎是倉促之中寫下的句子。例如，一個人認為生命包含著更多的意義還是更多的無意義，在榮格看來都是個「氣質性」問題。「如果無意義絕對地占了壓倒性優勢，那麼生命的意義就會隨著我們每一步的發展而逐漸消逝。但情況——或者說在我看來——並不是這樣的。也許和所有形上問題一樣，兩者都是正確的：生命既是——或曾經是——有意義的也是無意義的。我迫切地希望意義將會占上風並且贏得這場戰役。」[32]

　　儘管這些陳述相當模糊，但榮格在實際工作中不斷地發現，只有當病人在她的生命、她的命運從而在她的痛苦中找到意義時，才能被視為「得到了療癒」。對榮格來說，只有當生命符合「神靈的準則」時，才算是真正而充分地活出了人生。當意義的大門被打開的那一刻，我們就進入了屬靈的領域。找到意義的人並不是在物質世界中發現了額外的東西；他們找到的不是碎片或長久以來追尋的「缺失環節」。找到意義就是發現到完整性。基本上，儘管人類生活在荒謬可笑的氛圍中，但所有的存在都是傾向於實現整體性的。

這一點在遠古人類的啟蒙儀式中早有體現，雖然很難被提升到意識當中。榮格的總結如下：「每個人最終都要實現生命，即自性的完整性。這就是我們可以稱之為個體化進程的原因。」

在這一點上，人們應該把榮格所有豐富的材料和洞見集合起來，將它們視為一個整體來進行考量。安妮拉・亞菲做到了這一點，她明確地指出榮格在處理意義議題時，已經抵達屬靈現實的層面。然而，他對澄清與其洞見相關的認識論問題並不感興趣。不消說，僅僅瞭解生命的意義是不夠的。唯一起到決定性作用的是，個人於內在實現了這種個體獨特生命中的超個人意義。

榮格做出的所有關於超驗現實的論述當中，包含著不確定的因素，莉蓮・弗雷－羅恩對這一點的判斷是合理的。[33] 她認為這種變數似乎消除了使其論述成為真正知識的可能性。即使榮格確信存在著現實的超驗背景，但他不能否認對這個存在維度建立切實的認知是非常困難的。「超驗現實的存在本身確實顯而易見，但是對我們的意識來說，構建心智範式從而對我們所感知到的現實作出形象式的描述，則顯然困難重重。我們的假設充滿著不確定性，需要不斷地摸索，沒有任何東西能向我們保證它們最終會被證明是正確的。」[34]

從史坦納的觀點來看，你必須說出：我們可以欣賞一個人在瞭解所謂超驗背景是否存在時，所採取的克制態度，但僅限於這個人探究的是「假設」和「理智範式」。這意味著此人是在正常的、尚未轉化的意識狀態下進行工作的。因此，當榮格在此處提及一種**神祕結合**（mysterium coniunctionis），說到他直接經驗了內在世界中的原型「可疑現實」時，我們對他的這個觀點是可以有所保留的。

這位心理學家的這則聲明意味著他暫時放棄了意識提升的可能性。因此，他透過內在教育獲得了掌握這種知識的先決條件，從而排除了為世界的靈性背景提供確切科學依據的可能性。

榮格無疑已經超越心識的現實、進入了屬靈界域；然而，他並沒有提供與靈魂和神靈相關的**知識**。

啟蒙和個體化

超越慾望衝動的範疇

「今天在西方仍然存在並且被付諸實踐的唯一『啟蒙之路』，是醫生出於治療目的對無意識進行的分析……最初，這種療法採取的是佛洛伊德精神分析的形式。」我們在榮格的《對西藏度亡經的心理學評論》中找到了這個說法。作者透過觀察為自己的觀點提供佐證，亦即精神分析主要處理的是性幻想，這也是《中陰得度法》或《西藏度亡經》中部分內容所涉及到的主題。他的意思是人在死亡後或準備重生的過程中，是會發現自己的真實存在狀態的。榮格在此提醒我們，當歐洲人試圖觸及通常情況下屬於無意識的心靈內容時，會退回到嬰兒期的性幻想世界裡（usque ad uterum）。因此，他或她踏上的道路與迄今為止生命引領他或她所走的方向是相反的，也就是說，回到了出生時——或者更確切地說是出生前——的門檻處，而這個門檻同時也是精神分析研究的局限所在。「人們更希望可以透過佛洛伊德的精神分析輕鬆愉快地追溯這些所謂子宮內的經驗；如果精神分析成功實現了這個大膽的目標，那麼它一定能夠超越受生中陰，並且從後往前滲透至實相中陰的低層狀態。以我們現有的生物學理念來看，這樣的冒險是不會獲得成功的。它需要一種完全不同於由當今科學假設所構建的哲學洞見。但如果我們一直回溯來處的旅程，那麼毫無疑問地，我們會提出這樣的假設：受孕前是存在著生命的，一種處於中陰身狀態的生命。事實上，精神分析師對子宮內的生命經驗純粹只是推測，連眾所周知的『誕生創傷』這一老生常談的說法，也無法解釋任何現象。」此論述非常重要，因為它正好觸及了心理學研究的瓶頸。即使這項研究確實承

認心理經驗的真實性，卻無法表明心識與生命之間的關係。傳統的生物學概念對理解不同維度的現實，構成了難以逾越的障礙。《中陰得度法》的作者沒有理由懷疑中陰身的存在，因為這對他來說是顯而易見的事，但是透過自然科學的研究方法卻無法發現這個現實，雖然這些方法對獲得可被測量、稱重和計算的結果是必要的。榮格的評論表明，一個人想深入脫離身體限制的心靈體驗，單憑佛洛伊德的無意識概念是不夠的。因為「任何帶著純粹是生物領域的假設進入無意識的人，都會被困在本能的界域裡無法超越，因為此人將一次又一次地被拽回到物質維度。因此，佛洛伊德理論除了得出對無意識的負面評價之外，是不可能取得任何成果的。」[1]

此刻我們可能會問，榮格對佛洛伊德精神分析的局限性作出此番評價之後，是否還能堅持自己的判斷，認為佛洛伊德的那種研究是西方文化中唯一仍在運作的啟蒙過程。從榮格對佛洛伊德做出的精準評估來看，這個判斷開始令人感到懷疑。榮格對《西藏度亡經》的評論更加強調了這一點：「《中陰得度法》從一開始就是一本『封閉』的著作，不論讀者在上面寫下何種評語，它一直都是如此。因為它是一本只對了解靈界的人敞開的書，而這種能力並非是與生俱來的，只能透過特殊訓練和特殊經驗才能獲得。這種『無用』書籍的存在，從各個方面來看都是件好事，它們是為那些不再重視當今『文明』的用途、目標和意義的『怪人』所準備的。」[2]

即使對我們的文明所抱持的態度並不悲觀，人們也只能同意榮格的觀察結果。他談到了某些要求，但沒有進行詳細說明。如果一個人能夠突破「本能領域」進入到靈界，那麼這個人會更加贊同榮格觀點的。此處所說的靈界指的是不受西方理性主義精神所束縛的

界域，榮格對後者一再表示譴責。

榮格是絕對正確的：儘管科學和心理學都發表過諸多評論，但是像《中陰得度法》這樣的密教文獻一直不為人所知，現在依然如此。原因是，這種文獻的內容無法透過僅僅知悉書裡描述的事實就能被理解，它是需要讀者親身體驗的。不管怎樣，從文獻學或歷史的角度對「奧祕文字」所做出的詮釋——無論是新約中的一段話還是一篇哲學論文——與直接經驗之間仍存在著天壤之別。後者是可以在對它進行默觀的人身上做工的。此即榮格所說的「特殊的靈性能力」，這種能力不是天生的，但通常可以透過完成艱苦的內在功課來獲得。鑑於榮格自己證明的這些事實，以下論斷是值得懷疑的：我們將精神分析稱為至今仍存在於西方並且被付諸實踐的唯一「啟蒙作用」。很明顯，榮格所呼籲的是建立一門不拘泥於生物本能的啟蒙科學，並且向歐洲人展示獲得必要「靈性能力」的適當方式。

一方面令人費解的是，分析心理學創始人榮格的態度非常謹慎，但同時對超驗維度又極為開放，他從未提及史坦納的靈性科學及其作為，是獲得靈性知識的重要途徑。不僅如此，他還宣稱佛洛伊德的精神分析是「西方世界唯一的啟蒙之路」，儘管他自己有著拒絕它的充分理由（據推測，榮格是希望借此強調精神分析法的重要性）。另一方面，榮格的奇怪態度也是可以理解的；如果他嘗試透過史坦納的人智學來獲得「高等靈界知識」，那麼他大概會對這種研究方法得出完全不同的評價。

然而，似乎有一種方法可以將史坦納的啟蒙之路與榮格的個體化進程放在一起做比較。約蘭德・雅各比稱榮格的心理療法是「一

條療癒之路，不僅發揮了通常醫學－治療意義上的治癒功效，而且起到了指引、教育和強化靈魂的作用。」只有極少數人踏上了人智學獲取知識的道路，而榮格的「療癒之路」也是如此──只有為數不多的人有此意願，並且將其視為命中註定的使命；這是事物發展規律所決定的。在《自我與無意識的關係》一書中，榮格暗示了一個普遍存在的人類問題。從這個問題的背景來看，我們可以體會到走上這條療癒之路的重要性。榮格認為，從心理學的角度來看，人類的整體意識仍然處在嬰兒階段，靈魂－靈性的發展也同樣如此。只有少數人有能力向前邁出果敢的步伐。「即使對那些少數走上這條路的人來說，他們如果不是出於絕望，也只是源於巨大的內在需求。這是一條如刀鋒般銳利的窄路。」人智學作為一種教育方式也有著類似要求。足夠多的歷史記錄已經表明，接受啟蒙需要整個人全然投入，並且肯定存在著失敗的可能性。史坦納以這句話作為他的一本基礎著作的開篇：「洞察高等世界的能力潛伏在我們每個人之內。」[3] 這個基本說法當然有可能是正確的，因為它指的是人類發展內在世界的能力。但實際經驗表明，只有心理狀態穩定的人才應該作此嘗試。史坦納本身也偶爾暗示過這個事實。（見附論提及之「通過靈性修煉獲得心理健康」）。

兩種自我實現的途徑

如果考慮到靈魂－神靈關係的本質，我們可以對史坦納的以下觀點表示認同：至關重要的是，人類要發展高維感知器官，從而能辨識照亮靈魂的屬靈元素，並且覺察到神靈界域。根據榮格的觀

點，我們可以說自我實現是為了讓先前無意識的靈魂內容進入意識，從而將心識中的意識和無意識的部分，整合為一個更大的整體：自性。

　　榮格和史坦納都以自己的方式描述了自我實現的道路。史坦納認為他創建的人智學是一門現代啟蒙科學，對通向「高等靈界知識」的啟蒙之路來說，認知是最重要的。榮格則將個體化描述為一個進程，有時他也說這是一條通向人格成熟和心識完整的道路。「個體化意味著成為一個獨立的個體。如果將個體性視為我們內在最深處的、終極且無可比擬的獨特性，那麼我們將實現自己最真實的自性。因此，我們也可將個體化表達為『成為自己』或『自我實現』。」[4]

　　人智學的啟蒙之路與分析心理學的個體化進程，都有著各自鮮明的特徵。按照史坦納的理解，門徒必須經過嚴格的靈性訓練，為接受啟蒙做準備，儘管有時屬靈體驗會自動發生，但神靈的世界是無法透過個人意願觸及的。相比之下，榮格眼裡的個體化進程則是以心識活動的自然與自發性為特徵，而這種活動造成了自我和無意識之間的衝突對抗。這兩位研究者都強調了這個進程中必然存在的風險。每條道路都需要經受考驗、面對危險、處理危機。想要接受啟蒙或完成個體化進程的人必須為此做好準備。

　　在對雙方生平進行比較的草圖中，我們看到史坦納認為玫瑰十字會是指引西方人進入靈魂－神靈轉化過程的適當途徑。我們也看到榮格詳盡研究了玫瑰十字會煉金術的著作和象徵符號，將它們做為現代心理治療法中的關鍵因素。

　　史坦納和榮格精通於各自的道路，並且都以自己的方式去體

驗通往知識和療癒的途徑。此外，他們每個人都詳盡描述了路途上的各個節點，並且向學生提出告誡。雙方都客觀地描述了個體化的進程。兩人都強調如果只是將他們的教誨當做訊息去接受是行不通的，因為不能將這些教誨視為普通知識來對待。學習這兩種教導方式都需要靈魂－靈性層面的切身體驗。只有親身經驗才能對史坦納人智學或榮格分析心理學做出評價。

如果搜尋史坦納開始肩負人生使命時表明自身意圖的相關文獻，那麼你會在一封信中發現一段綱領性的文字：「我信任那股賦予我的力量，它使我有能力引領『有靈性的學生』走上發展的道路。這是我就職之後的唯一任務。」[5]

這幾句話寫於神智學會德國分會成立之前，史坦納後來成為該分會總書記。我們必須將這段話與《人智學的主導思想》聯結起來一起看，後者是史坦納在去世前一年撰寫的留給後人的靈性巨著。「人智學是一條指引人類靈魂走向宇宙神靈的知識道路。」[6]重點是「路」這個字。人智學經常被誤解為一種完整的、無需再發展的世界觀。但事實上，這條道路旨在向個體靈魂展示超感官印象的靈界的景象。

當榮格回顧從無意識中接收到大量訊息的那些歲月，他清晰地意識到，這些訊息所指的方向遠遠超出了他個人生命的範疇。「圖像內容關乎的不僅是我自己，還有很多其他人。就在那時，我不再只屬於我自己，也不再有這樣做的權力。從那時起，我的生命便開始屬於更大的整體……我自己必須先經歷原初經驗，並且還要設法將經驗的果實種植在現實的土壤中。否則，它們仍然是不具備任何有效性的主觀假設。從那時起我就致力於為心識服務了。」[7]

重要的是我們在此處發現，靈性－追尋者的「就職宣言」和醫師在主要經歷後開始「服務心識」，是同時並存的。他們沒有相互抵消，而是在各自的領域中為彼此提供補充和支持。在兩個人的起步階段，我們發現他們的洞見與史坦納在 1919 年所提出的見解是相同的：「必須從人類靈魂深處汲取新的力量，人們必須瞭解他們是如何在靈魂深處與屬靈生活源頭連結的。」[8]

啟蒙的新舊原則

對人智學的啟蒙之路存在著一種很大的誤解，這與史坦納最初提到的古代啟蒙法有關，但後來事實證明，這些方法與人智學道路幾乎沒什麼關聯。那麼，這個誤解是如何產生的？

史坦納的早期作品使得人智學在神智學的框架內為人所知，書中採用的名相諸如傳統神祕主義、古代祕術和東方密修主義發揮了重要作用。甚至在 1901 年的演講中史坦納已經提到了神祕主義，當時他還沒有加入神智學會。細心的讀者會發現，作者關心的不是傳統神祕主義而是「現代主義之後的神祕主義」，而這也是那些講座的主題。對史坦納來說，神祕主義的特徵是主觀體驗。然而，他所關心的是如何適應當今時代的需求，「將靈性科學奠基在科學般的認知上」，但他要做的不「只是記錄感官所覺知到的事實」，而是繼續前進以獲得「全面理解」。[9]

一年之後即 1902 年，《作為神祕事實的基督教》出版了。在後來發行的擴展版本中，「以及古早的奧祕」被添加到標題中。以《神智學》（1904）為書名勢必會引發進一步的誤解，正如《路西

弗等於真知》（1904）期刊中的文章暗指「祕密的師徒關係」一樣。這些內容在《如何認識高等靈界》（1909）一書中得到詳盡說明。1909 年，《奧祕科學大綱》問世，毫無疑問，這個書名註定會再次造成誤解。難怪史坦納總是不得不將他的意圖與那些（盎格魯－印度）神學會以及那些老舊啟蒙式的支持者區分開來。

人智學與神智學、古代祕術以及東方密修的對比表明，史坦納並沒有簡單地採用古老的啟蒙方式或沿襲東方傳統。在《作為神祕事實的基督教》一書中，史坦納不僅闡述了古早的神祕修習活動是如何在早期基督教中發揮作用的，而且還表明拿撒勒人耶穌是如何與這些古老習俗以及佛陀所教導的東方開悟之道保持距離的。「祕術學派」和「祕術科學」這兩個術語本身並不是自相矛盾的，但現代科學對祕術不感興趣，因此古代神祕教誨不得不被徹底遺棄。

史坦納賦予「祕術」和「密修」這兩個概念以新的意涵。與包括他的朋友德里希・埃克斯坦（Friedrich Eckstein）在內的老舊密修主義的支持者有所不同，史坦納打破了守密傳統，致力於向公眾揭示這些奧祕。1923 年制定的人智學會總章程明文規定了此意圖。史坦納確信，讓公眾瞭解奧祕，是克服社會宗派主義威脅的一種手段。此類活動的一個例子是，在 1923 年所謂的「聖誕會議」期間，他將最初只限於會員的週期性講座開放給大眾報名參加。這是很有必要的，首先，因為演講內容是不可能受到嚴格保密不外傳的，何況洩密事件已經發生。第二個原因是，史坦納希望直接對著聽眾的意識發表演說。他公開宣稱要用對奧祕現象的新理解來取代「過時的保密概念」。儘管如此，他還是決定採用植根於古老傳統的辭彙。他不想破壞先前的靈性教育和現代人內在需求之間的連續

性。人智學的學校教育也同樣具有密修色彩。

此處所說的特別奧祕是什麼呢？那就是，人的靈魂－神靈實質可以因接受教育受影響，而且這是可以在全然自由、頭腦完全清晰的情況下完成的。這個密修過程全然符合榮格所說的「自我－認知」。對榮格和史坦納來說，至關重要的是這個過程不僅要傳遞知識，而且同時需要觀察靈魂、引發內在體驗，從而為認識自己和認識世界奠定基礎。舉個例子來說明史坦納所謂的「密修」意涵：他將費希特的科學理論甚至任何對數表都稱為「密修」著作，因為一個人需要首先實踐、研究和思考這些內容，然後才能掌握其真實性。密修的基本特徵是，人們將屬靈事實納入自己的思考範疇，而這些事實反過來又會改變我們並且幫助我們繼續發展。

基本上，密修啟蒙過程指的是進入實修、試煉和經驗的內在空間。這是一種非凡獨特的私密體驗，任何外在的保密規則都無法為其提供保護。這種經驗有著天然的防護作用，在未經允許的情況下，外力是入侵不了的。一個人只有在調動必要的靈魂－神靈品性時，才能踏入內在聖殿。這種體驗之所以是獨特和私密的，是因為儘管獲得靈魂體驗的方法眾所皆知，但這些經驗卻只會降臨在特定的人身上。神祕體驗是不會在公共場合發生的。

換個人發生也是不可能的，因為「我」即「自性」是每次啟蒙的核心及目標所在，無法被另一個人取代的，哪怕這個人是關係最親密的朋友。卡爾弗里德·格拉夫·迪克海姆（Karlfried Graf Dürckheim,）追求的道路與榮格及史坦納都不同，他寫道：「在這個意義上來說，我們採用啟蒙這個詞的時候，應該帶著極大的謙卑心和謹慎態度。啟蒙意味著極為驚人的體驗，遠遠超出任何正常的

人類經驗，在這個過程中發生的現象或任何可能發生的現象，都將一直被深邃神祕的面紗所籠罩著。它必須這樣發生、必須受到保護，以免尚未具備資格的他人侵入攪擾。『啟蒙』一詞始終保持著這種品質。但現在時機已經成熟，人類應該開始朝著這種最高經驗的方向前進，應該走在通往啟蒙的道路上。」[10]

榮格的個體化進程是如何與啟蒙聯繫起來的呢？約蘭德·雅各比將個體化之路稱為榮格工作的「基石」，出於此因，分析心理學與所有其他心理學流派形成了鮮明對比。在關於這個主題的專門著作中，她表明代表普世生命法則的個體化進程，包含著一個「原型平面圖」。[11] 這個「平面圖」顯示出現代心理學的實踐，與大量宗教史以及古代神祕學主題之間，存在著一些有趣的相似之處。榮格在這些材料當中也為他的深度心理學觀察建立了歷史的「預示」。

例如，這些材料包括關於出生、生命、死亡的宗教和神話傳統；神的復活；英雄浪跡天涯、歷經試煉、與怪物決鬥。旨在轉化和重生的神祕及魔法實踐的故事都屬於這個範圍。在西方和東方，這種神祕的智慧透過多種方式流傳下來。人們可以在童話故事和傳說中找到此類知識的痕跡。在民族學中也能發現大量關於祕密團體和啟蒙修習的證據。儘管這些修習方法起源於人類發展過程中迥然不同的各個階段，我們還是可以從中找到現代啟蒙技術的「原型」模式。這些傳統中有許多都將期望投射到了未來。出於上述原因，我們是不可能僅僅模仿或復甦古早做法的；這與人類意識的演化也有關系。史坦納非常清晰地表明，人智學致力於推動現階段意識的發展。從他很少提及古代象徵主義——如果有的話也只是偶爾為之——可以看到這一點。

榮格的目標同樣是將他的病人從無意識畫面的糾纏中解放出來，雖然象徵、神話及靈性歷史在他的治療中發揮了突出的作用。（現代廣告業的「隱形說客「對圖像的力量瞭若指掌，他們透過操縱強大的象徵符號來誘導公眾的欲望，將當今高度無意識的群體帶入一種被囚禁的狀態。）

這可能就是為什麼史坦納在其基本著作中採用「啟蒙的不同階段」、「開悟」、「與門檻守護者相遇」等名相的原因。在他的四齣神祕劇中，從《啟蒙之門》到《靈魂的覺醒》[12]，這種啟蒙過程以戲劇化的形象徐徐展開。史坦納明確地指出，這些場景主要描繪的是靈魂 - 神靈性質的內在事件。這些戲劇性事件所敘述的並不是歷史上的祕術團體。史坦納希望觀眾「以一種敞開、不帶偏見的內在狀態」觀看這些劇情，換句話說，他希望觀者去經驗劇情。「可以這樣說，意義本身從這些畫面中流淌出來。」[13] 它們引發了靈魂的內在歷程，儘管在神祕劇中以畫面形式呈現、在基本著作中以思想形式描繪的內容，都取材於外在的感官世界。史坦納於 1913 年在慕尼克神祕劇演出期間發表演講（先前引用到的演講）時說，「當靈魂將自己交付給這些意象時，就獲得了對靈性世界『氣候』的理解。」

人智學的冥想方式

人智學與其他認知方法的不同之處在於，它賦予思考以重要的角色，但又不只是局限於理論思考。它致力於改變意識狀態。這種意識的轉化是透過冥想來實現的。

從魯道夫・史坦納的視角來看，冥想是一種靈魂的練習方式，冥想者的意識活動都在自己的掌控中。這種旨在強化個人內在生命的靈魂練習，可以根據個人的特殊需要自由地改變修習方式。思考、感覺和意願的功能逐漸從感官領域中解放出來，最後轉化為超驗感知器官。先決條件之一是，在專門為冥想留出的時間裡做出完全自由的選擇；這種自由始於冥想內容的選擇。為了提高注意力和專注度，人智學的冥想從清晰可辨的思想開始。「人活在自己的思想裡……是靈魂遠離自己的一個例子；而活在感覺、覺受、情緒當中，則是靈魂居於自身之內的例證。」靈魂是思想世界甦醒的舞台。「一個人若想獲得屬靈洞見，那麼當這個人在冥思以下這個想法時，如果去感知靈魂狀態或態度中蘊含著何種力量，就是在做非常重要的準備工作：在思考的過程中，我體驗到自己與宇宙存有的能流合而為一了。冥想的價值並不在於獲得對這句話的抽象理解，而是透過反覆體驗它對靈魂的強化作用時汲取到的力量——如果這種想法可以強有力地在你的內部生命中流動的話。它就像生命的深層屬靈氣息一般，於靈魂中不斷地擴展。」

　　在這個方面史坦納指出，弄清楚想法的意涵並不重要；這可能會導致應該避免的抽象概念。重點是在內心裡去經驗這種想法。經常重複這種體驗將對靈魂生命產生預期的強化效果。

　　關於我們對人智學的冥想方法和榮格的分析心理學所進行的比較，只需一個簡短的描述就足夠了。然而，此處可以提供一些基本原則。人智學的冥想練習可以從以下方式開始：「首先，努力掌握一個你透過日常生活和普通思維能夠完全理解的想法。然後，你讓自己反覆沉浸在那個想法並且融入其中，讓自己完全與之合而為

一。帶著透過這種方式認識的思想一起生活，你的靈魂就會獲得力量。」[14]

「沉浸」一詞只應理解為對冥想對象強烈的專注程度，而不是在想法中「迷失自我」，後者可能會導致失去意識之光。目標是要建立並且加強創造性思想的內在力量，而同等重要的是，相關的陳述是從內在世界自由升起的。這種由「我」指引的內在活動得到了高度重視。雖然感官覺知可能是相當被動的，但冥想需要的是充分活躍的靈魂活動。冥想的意思是，「用並非來自外部自然而是源於內在世界的想法，去充滿自己的意識。在此過程中，我們要特別留意發生的內部活動。」[15]

史坦納將思考作為他創建的知識道路的起點。但我們必須意識到，在冥想中以一種不同尋常的方式經驗思考是很重要的。在我們的日常生活中，思考的發生通常是一種巧合，或僅僅是「來什麼想什麼」。一個想法帶來另一個想法，沒有任何有意識的「我」參與其中。因此，在冥想的過程中從一開始就主動做出決定，將所有試圖入侵的聯想、記憶和感官印象拒之門外，是至關重要的事。實際經驗表明，這種思想和意志的訓練的確會給初學者造成一些困難，但是在克服這些困難的過程中，靈魂生命得到了強化。史坦納還建議人們不必採用現有的象徵符號，而是應該在自己的心中自由地選擇一個意象或符號，這樣做可以避免陷入僵化教條的概念和畫面中。

此外，全然無私地沉浸於所選擇的冥想對象中也很重要。無私不等於「沒有自我」。例如，冥想對象可以是自然現象中純粹的顏色和形態。無私在此處意味著沒有偏見、沒有好惡，因為這些都會

扭曲冥想的過程。我對冥想對象持有什麼看法並不重要，重要的是它要對我傳遞什麼訊息。

冥想練習的第二步是有能力抹去所有呈現於內在之眼前面的畫面，從而創造一種「意識空境」。如此一來，一個不能用概念或意象填充的「靈魂真空」便出現了。這個真空就像是一塊白板，能夠接收來自屬靈世界的靈感印記。

因此，靈魂力量的蛻變可以描述為一個始於概念性思考的發展過程。冥想可以強化並且訓練這種思考方式，直到它有能力接收由想像意識產生的畫面（想像力階段）為止。最後，靈魂進入被稱為靈感和直覺的屬靈經驗界域。人們必須透過適當的練習——思考訓練並輔之以情感和意志訓練——為意識發展的每個階段做好準備。

榮格的積極想像

如果將人智學之路與榮格的個體化進程並列比較，那麼我們首先要記住的是，史坦納不只是複製古早神祕主義或東方靈修模式，他設計出一條適合現代西方人的道路。透過仔細研究我們可以意識到，新舊神祕主義路徑之間的連結是富有成效的。例如，《如何認識高等靈界》一書中所採用的名相雖然使人聯想起傳統神祕主義的語言，但它們指向的靈性事實卻可以在當下被經驗到，如同在古早時期一樣。我們現在使用的語言主要適合描述感官世界經驗，對靈魂活動只能提供一種暗示。

我們在榮格的個體化理論中發現了類似的語言使用方式。榮格採用不同的神話圖像以及神祕主義、靈知主義和煉金術的語言來描

述和擴大病人靈魂中正在示現的內容。判斷病人處於哪個階段、要向何方邁出腳步，是有可能辦到的事。精神分析師的任務就是確定病人處於哪個「立足點」，並且辨識出可能發生的危險和危機。分析師是透過觀察病人呈現出的心識狀態以及參考神話和神祕傳統的相關材料做到這一點的。例如，荷馬史詩傳統中的**招魂術**象徵著進入「死亡之所」，這也是榮格自我分析的起始點。[16] 另一方面，榮格也採用煉金術過程的各個階段，來描述心理治療即個體化進程。特別是榮格將準備「**哲人石**」的煉金過程，詮釋為「內在進程的投射」。這種解釋使他能夠更好地理解靈魂的成熟過程（但榮格並沒有對煉金術本身做出評定）。

　　人智學道路的特點是接受訓練和條理分明的冥想練習，而這兩點在分析心理學中是不存在的。無論是從榮格的著作還是實際心理治療當中，都無法找到對方式方法的明確界定，至少不能逐條一一確認。可以肯定的是，走在個體化道路上的人面臨著諸多挑戰。奉獻、合作、決斷是不可少的。整個心理治療過程需要全身心投入，因為只有在分析者和被分析對象之間展開戲劇性對話，這個過程才得以展開。另一方面，人們非常強調無意識的自發性，因為它是透過夢境、意象、念頭甚至外在的「共時性現象」將自身呈現出來的。因此，事先確定分析者和被分析者分別應該做什麼、雙方在對話時應該做什麼或者以什麼順序來做是不可能的。

　　當我們將人智學的冥想方法與榮格所說的「積極想像」進行比較時，人智學與深度心理學之間的區別就變得尤其明顯了。考慮到當今西方世界存在著大量冒充冥想的練習方式，我們可以將榮格所發展的方法看作是冥想的一種形式。這種做法主要是用於心理治

療。

　　1957 年，在斯圖加特小組醫學和教牧關懷的兩次重要會議上，「積極想像」作為一種冥想形式被提出並展開討論。[17] 瑪麗－路薏絲・馮・法蘭茲將其描述為「一種與無意識對話的特殊形式」。由於我們已經在意識的高等層次中提到「想像力」，所以必須強調榮格的「積極想像」與史坦納的「想像力意識」並不完全相同，儘管兩者都活躍在靈魂領域，圖像在這個界域中被視為心識現實的一種表達。這裡的主要區別在於，史坦納所說的想像力是經由特定的思考訓練帶來的結果，並且由此構成一種高於和超越正常清醒意識的強化意識形式。相比之下，榮格的積極想像可以被視為在清醒和夢境之間的徘徊狀態，它仍然發生於普通意識當中。

　　在實際經驗中積極想像的運作方式是：意象、概念、念頭的來源不是「隨心所欲好玩的白日夢，而是旨在重新構建靈魂中示現的自然事件的內在邏輯。」榮格知道如何從被動的、模糊的隨機幻想中辨識出這種想像力，或是想像的特殊能力。我們可以透過出現的畫面特徵來判斷被分析者的清醒程度。積極想像要求被分析者保持清醒並且做好準備，根據內視之眼看到的畫面做出決定。他或她從來都不只是純粹的旁觀者。「積極想像的治療意義在於它有可能影響無意識，直接作用於結果，這可以透過與象徵符號的有效互動，來達到富有創造性的、解放心靈的效果。」瑪麗－路薏絲・馮・法蘭茲這樣寫道。

　　毫無疑問地，雖然榮格的積極想像不同於人智學的冥想，卻也深入到了心靈圖像的領域。這種方法的有效性就在於此，但如果不遵循史坦納在《如何認識高等靈界》一書中所呼籲的崇高道德標

準的話，危險也是存在的：「如果你所尋求的每一個洞見只是為了豐富自己的學識、為自己積累財富，那麼它就會讓你偏離正道；但如果你所追尋的方向是在提升人類意識，促進世界在演化的道路上日益成熟，那麼每一個洞見都將幫助你向前邁進一步。你必須始終遵循這個基本法則。只有將它當成我們生命的指導原則，我們才能稱自己是真正的高等知識的追尋者。」這則密修訓練的真理可以總結如下：「每一個沒有成為你理想的想法都會扼殺你內在的一股勢能，但每一個成為你理想的想法，則會在你之內創造出生命的力量。」還有，「在探尋高等靈界知識的過程中每邁出一步，都要花費三倍力氣完善自身的德行。」正是因為積極想像是以一種非常危險的方式在進行操作，甚至到達了黑魔法的程度，所以瑪麗－路薏絲・馮・法蘭茲提出以下的合理要求：「有意識地保持道德操守，是每一次進行積極想像治療時必須遵循的基本要求。」由此可見，積極想像首先必須是心理治療師手中的一項工具。

　　看到榮格為探索無意識受造物所做出的貢獻，以及他試圖破譯和轉化它們的過程，我們可以說分析心理學家對從靈魂深處湧現出來的力量，給予了充分的肯定，這些力量以思想和意志勢能的形式呈現，並且需要提升至意識當中。史坦納稱之為「來自無意識生命的……心靈之語」。在他活躍期最後階段的一次演講中，榮格承認事實上並不是他本人在說話，而是「我們這個時代人類內心的聲音」透過他被明確地表達出來。他說，「說出這些話的人並不是我，我只是表達了人類的心聲。」[18] 儘管如此，史坦納是不抱任何幻想的：在他所處的時代裡，人類潛意識裡想要認識人和世界真實本性的渴望，所面臨的乃是同時代人的強烈抵抗。

然而，人智學的創立就是為了幫助人類回答那些曾經沉睡並且依然沉睡在我們靈魂深處的問題。「人智學的偉大任務是由人類的心靈之聲所賦予的。它的源頭正是我們這個時代人類的渴望。」這是史坦納的原話。關於這個崇高的目標，他又補充說道：「人智學會必須找到一種方法，讓人類能夠表達出他們內心深處最誠摯的渴望。然後這些人的心中也會對答案產生深邃的熱望。」誰會宣稱這個或那個崇高目標已經實現了呢？

　　研究到了這個階段，我們可以看到榮格和史坦納的意圖實際上是非常接近的。醫師榮格完全致力於個人和整體人類無意識的顯化。在作品中他密切地關注外部事件，並且將其診斷為「政治舞台上的精神病症狀」。榮格以自己的方式實踐了史坦納提出的要求，發展出「當代事件的症狀學」。精神病學家榮格決心使用他現有的工具，去破譯他所能聽到的「心靈之語」。

　　那麼到底是什麼在表達自己呢？為所有需要解釋的症狀和跡象找到一個共同點並非易事，主要元素可能因為各人觀點而產生重大差異。我想到了「解放」、「成年」以及「融合」這些辭彙，還有榮格的個體化或史坦納的「跨越門檻」，後者採用這個意象來描繪意識的飛躍以及隨之而來的現代人類危機。出於這個洞見，史坦納為靈性、經濟和社會生活發展的新方向，提出了切實可行的建議。

「我」和自性

　　在人智學對人類意象的描述中，我們看到「我」佔據著核心地位。人智學強調這個「我」是人類發展進程的重要一步，因為它賦

予我們認識自身獨特性的能力；但同時也宣稱整體人類的個體性尚未完全被這個「我」表達出來。史坦納展示了靈魂——其靈性核心不受正常意識生活的影響——是如何走向成熟的，這是進行內在發展練習的結果。從靈魂深處升起的第二個自我，像是畫面卻又非常真實，看上去它高於一個人迄今為止意識到的「我」，並且獨立於後者而存在。它似乎給「我」以靈感。最後，當兩者在一個人之內融合後，這個人便始終可以覺知到那個更高維度、賦予靈感的高層我了。[19]

史坦納採用的是「第二個、不同的、高層的我」這個說法，一個人在正常清醒意識狀態下覺察不到這個高層我的存在，雖然「我」是從靈魂深處的第二自我那裡獲得靈感的。但人們不應該得出結論，輕易地認為史坦納關於人類的概念與榮格對心識的觀點是完全一致的。即便如此，史坦納的「第二自我」和榮格的「自性」之間肯定存在著共通之處：在這兩種情況下，一種包羅萬象的東西進入了我們視野，它將無意識界域囊括在內，並且高於正常的清醒意識。史坦納斬釘截鐵地指出，這個「高層『我』－存有」——這是他對第二自我的另一個稱呼——不是理論推測的結果，而是在經過內在修習訓練之後，才有可能「體驗到……這個『我』是以一股鮮活的力量存在於你之內，並且能夠感知到平常的『我』是由這個高層『我』創造出來的。史坦納對此毫不懷疑。這種感受標誌著開始洞見到靈魂的屬靈本質。」[20]

根據榮格所採用的名相，他認為自性包含著意識和無意識，既是圓心也是圓周；它就是這個整體的核心。[21]

榮格將自性簡單地稱為「生命的目標」時，給出了一個非常

榮格與史坦納：靈性心理學的曙光

重要的提示。正如他在《自我與無意識之間的關係》結尾處寫道，「自性也是我們生命的目標，因為它是對命定的組合亦即我們所說的『個體化』最完整的表達，充分綻放的不僅是個人還包括集體意識，每個人都將自己的那部分融入到整體當中。」[22]

　　這段話值得關注，因為它是在榮格提到個體化目標時所做出的評論，而且史坦納在談及人類命運問題時，也提到了他的「第二高層我」。當他說在靈魂深處感受到從「另一個自我」流淌而來的靈感時，他的意思並不是說這種影響是以想法或念頭的形式出現的，而是涉及到「具體行為」。根據史坦納的說法，這裡是有一種特殊動能在發揮作用的。「正是這個『另一個我』指引著靈魂發現其命運鋪陳的種種細節，並且喚醒了後者的能力、先天傾向和天賦才華。『另一個我』存在於一個人的整個命運當中。它伴隨著被生死束縛的自我，並且以其自身的快樂、喜悅和痛苦形塑著人類的生活。」透過超驗意識我們發現一個動態的靈性現實，這個現實導致──或者更確切地說是創造──印度人用業力這個詞來描述的相關現象。「我們一世又一世的生命歷程是由我們自身的永恆存有賦予靈感的。這份靈感的運作方式是，某一次塵世生命的命運是前世所造成的結果。你要學會認識到自己是另一種存有，也就是說，不同於存在於感官世界的那個你。這個存有只能透過它的影響在感官世界示現出來。」[23] 如果我們要為此處意涵找到一個心理學術語，那麼「無意識」一詞會在腦海中浮現。我們必須談論無意識型塑命運的力量，這種力量不僅能激發想法和意象，而且可以創造出各種「共時現象」，會在非常具體的時刻發生外部事件，例如疾病、事故或與他人的重要會面等。這種力量型塑我們的命運，同時

幫助我們理解生命。史坦納本人曾試圖關注因果關係的心理層面，
有一次他這樣說道：

> 　　在沉睡於潛意識中的那股力量的幫助之下，我們從出
> 生的那一刻起便鋪陳出自己的人生道路。當我們開始對自
> 己說出「我」時更是如此，到了某個時刻甚至會與另一個
> 人的人生道路交會……這與一個人不滿意自己的生活並不
> 矛盾。如果他能清晰地看到所有面向，那麼他是很可能發
> 現這些都是可以被滿足的。只因為清醒意識不如潛意識那
> 麼聰明，會錯誤地判斷由後者所引發的事件。他會對自己
> 說：「在我身上發生了不幸的事情」，但實際上，這個人
> 潛意識裡的智慧是希望發生這件事的，儘管他的清醒意識
> 認為是自己走了黴運。對這些深層聯繫的瞭解可以讓人們
> 意識到，「更有智慧的人」已經找到那些成為其命運的因
> 素了。[24]

　　榮格談論更多的是影響自性以及在個人身上示現的業力或命
運。另一方面，史坦納對動態的因果關係更感興趣。透過這方面的
研究，他已經觸及超個人領域，我們從引用的史坦納原話中可以看
到這一點。這些文字所描述的不僅僅是一次輪迴轉世的生活，因為
型塑我們命運的充滿智慧的業力勢能，是在累生累世中不斷運作
的。榮格至少已經意識到自己透過「自性」這個概念描述了「一個
先驗假設」，這個概念可以在心理層面進行驗證，卻無法在科學領
域得到證明。他承認自己由此已經超越經驗科學的界限。在先前提

及的文本中，榮格著重強調超越這些限制對他來說是「絕對必要」的。「如果沒有這個假設，我是無法恰當描述我每天根據經驗觀察到的心識過程的。」毫無疑問，這意味著心理學家想要認識心識時，必須跨越物質的維度，儘管他得為此提出假設。榮格在此處的假設僅限於自性的靜態面向，作為「命運綜合影響的表達」。當人們將榮格的這個假設與包含因果律的人智學觀點進行比較時，就會得到這種印象。當然，榮格的治療方法並沒有因為這個論述而失去它的重要價值。

不管怎樣，史坦納關注的是自性的動態面向。自性作為「高層『我』」將靈感以習性模式的方式注入到個人生命中，而「我」對此是沒有覺察的。正是這個動態面向讓史坦納能夠超越個人生命範疇，並且將其視為「我」在累生累世中不斷運作的一部分。榮格並沒有進入這種思維方式。輪迴的觀念在深度心理學中沒有扮演任何角色。是否相信地球上存在著輪迴轉世，構成了榮格和史坦納之間的一個重要區別。1917 年，在史坦納發表的關於精神分析的講座中（包括在此前後），他都指出：正如他當時所觀察到的那樣，精神分析「仍然是在理解不充足的情況下進行的」。這種不足是由自然科學偏見造成的，進而阻礙了對輪迴事實的認知。只是分析靈魂的「原始黏液」（史坦納採用了佛洛伊德的說法）是不夠的。重要的是要研究蘊藏在這種「原始黏液」中的靈魂－胚胎。開展這種探究的前提是對不斷輪迴轉世的生命以及高層我的瞭解。[25]

不管出於什麼原因，榮格並沒有將輪迴因素考量在內，但只是簡單地得出這樣的結論，顯然是不夠的。我們必須考慮到榮格在1916-17 年期間尚未發現自性這個象徵符號的全部意涵。直到 1928

年之後，他才將「自性」描述為完整心靈的意象，並且認為「自性」是一個高於有意識的「我」的實體。他在心理學上的洞見始終建立在可以進行實證評估的事實之上。唯有如此，才使他一方面能夠提出超驗維度的假設，另一方面則開闢出一條可以真正理解心識過程的道路。沒有人會聲稱榮格因此成為了一位形上學者或靈性研究者；榮格自己也不可能發表這樣的言論，他堅持以經驗主義的方式獲取知識。考慮到我們今天所知道的研究成果，史坦納在1919年蘇黎世演講中提到「蘇黎世的榮格教授」時做出的評斷——「精神分析法在靠近靈性科學世界時，就像靈性之眼被蒙蔽了」——就不再有任何參考價值了。這番話是在榮格分析心理學尚處於起步階段時說出的。當時還沒辦法預測這種研究方法會在哪個方面，為我們對世界和人類的看法開啟的新視野。其中一個面向是已經得到心理學證明的「自性」之存在，它不僅包括靈魂的過去，也包含著由命運所決定的未來之發展。在這一點上以及他作品中的其他許多地方，我們都可以清楚地看到榮格心理學的靈性傾向。這意味著分析心理學從一開始就沒有將以經驗為依據的心識領域與靈性界域區隔開來。只有先假定靈性的存在，分析心理學才能獲得對心識的理解。正是這個事實讓靈性科學和心理學之間的比較，變得有必要且富有意義。

阿尼姆斯和阿尼瑪

　　雖然我們在此的任務並不是詳盡描述榮格的個體化進程，但這條道路有一個重要的特點，那就是成為完整的人。這個面向說明了

榮格與史坦納：靈性心理學的曙光

自性是將靈魂的兩極統一起來的象徵。榮格談到「原型的二元性」不僅包括意識和無意識、高等和低等的心識功能，而且還包括陽性和陰性原則。對於後者，榮格創造了阿尼瑪和阿尼姆斯這兩個名相。

在史坦納的作品中，我們發現有些段落描述和榮格採用的名相十分類似，儘管它們並不完全一致。其中一個觀點是，協調所有生命功能的乙太體或生命體具有相反的性別特徵。換句話說，男人的乙太體是陰性的，而女人的乙太體則是陽性的。我們在史坦納的許多講座中都發現了這個說法，但他從未詳細闡述這一點。他也沒有解釋該事實的重要意義或者社會學價值。關於男神女神例如伊西斯和歐西里斯、濕婆和夏克提（Shakti）的相關論述，如果沒有背景介紹是很難理解的。我們必須將它們與史坦納的密修生理學——「人類遺傳學」——的概念結合起來考慮，同時需要考量的還包括意識的演化進程。當然，安妮拉・亞菲對榮格的詮釋所做出的總結是很有意思的。她將阿尼瑪和阿尼姆斯定義為「男性無意識中的女性本質和女性無意識中的男性本質的人格化」。安妮拉・亞菲將這種心識上的雙重性別與生物學的一個事實進行了比較，亦即男人和女人的性別是由陽性或陰性基因哪個占多數所決定的。[26]

然而，在我們開始討論這些關系之前，必須首先插入以下內容：在個體化的進程中處理阿尼瑪－阿尼姆斯議題之前，還有另外一個因素需要考慮——「陰影」。這就是榮格所說的，當分析者發現了心識中的無意識陰影面時，所必須面對的問題。這個面向必須被接納並融入到整體人格當中。稍後我們將更詳細地討論陰影，它讓人想到人智學中的「門檻守護者」或「分身」形象（見附論之

「作為陰影和分身的惡魔」）。在個體化進程中，必須先與陰影達成協議，然後才能進入更困難的阿尼瑪－阿尼姆斯二元性議題。約蘭德‧雅各比解釋了個中原因：只有在自我和陰影共同構成更寬廣的意識之後，才能對抗原型特別是阿尼瑪－阿尼姆斯的力量，並且與它們展開對話。

　　我們在此不得不放棄詳盡描述與自性的對抗，但應該說這是一個極其深遠的認知過程。阿尼姆斯和阿尼瑪指的是與一個人的心識相反的性別，它們所指向的區域必須被視為是位於陰影「之下」，而陰影反過來又存在於個人無意識當中。阿尼姆斯和阿尼瑪都帶著集體無意識的印記。正如無意識陰影經常被投射到他人身上一樣，男人會在無意識中將自己理想中的阿尼瑪意象投射到命運為他安排的女人身上，而這時他就被她吸引了。

　　一個男人和一個女人在身體和心靈上結合，儘管這個共同體（communio）對雙方來說都具有決定性的作用，但它實際上表達了人類對兩個「一半」相結合的渴望。內在認知的下一步，亦即要保留到人生後半場才能逐步實現的目標，乃是要達成心識的完整性，亦即辨識出自身之內的阿尼姆斯和阿尼瑪。我們也可以這樣說：在人生的上半場，你必須找到外在的那個「你」。這是一個走向成熟的過程，可能需要兩個人多次相互碰觸，然後在生命的後半段才有可能發現內在的「你」。我們必須將這個過程看作是兩個存有之間的相互滲透，結果是相互融合成為一個整體。可以從希伯來語的動詞 yadah 來理解這一點：亞當「認識」了他的妻子夏娃。這絕不僅僅是心智層面對理性事實或境況的認知。這種「認識」意味著已經實現了心靈的完整性，即使是最完美和諧的外在關係也無法

將其取代。

　　從心理學的角度來說，這意味著收回阿尼瑪或阿尼姆斯的投射。先前專門在兩性關係中尋找的東西，現在也可以在一個人的內在靈魂中找到了。（使用「專門」和「也」這兩個詞是為了明確表明，收回阿尼姆斯－阿尼瑪投射並不意味著封閉自己、與他人隔離。相反地，我們可以說現有的人際關係由此得到了改善，一個新的維度由此展開。）

　　我們之所以說這是一個影響深遠的認知事件，乃是因為在個體化進程的這個階段產生了與神祕原型力量之間的對抗，也許是「智慧老人」也許是「偉大母親」。榮格以及諾伊曼、塞弗特（Seifert）和其他人的大量文獻中，都描述了許多與無意識創造力量相遇的情景。象徵符號也扮演著重要的角色：用球體、圓形或方形代表整體性，然後用數字四作為結構元素將這些符號組合起來。只要仔細閱讀榮格關於煉金術或遠東冥想練習的重要著作，就能瞭解這些圖像傳遞的訊息。

　　作為個體化進程的一部分，與自性相遇是透過原型意象得到呈現的，其終極目標不僅是創造一種新的存在方式，而且要孕育出一種嶄新的意識。根據每個人的特點不同，可以有多種表現形式。一種人類的意象開始出現。越來越多的人可以經驗到自己與這個人類意象是一體的。無論透過科學研究獲得的「可被認知的」人類意象有多麼精密複雜，都不可能取代這種體驗。正如歌德在《浮士德》第二部分中所寫的那樣，「難以言說的，至此為止。」陰陽兩極相互融合形成新的整體，在這種情況下，人類發展的一個目標得以實現。宗教象徵符號已經無數次地表達了這一點。基本上，男性和女

性之間的極性對立構成了一個深刻的奧秘。儘管希臘化時代存在著大量刻意模糊個中意涵的傾向，但聖保羅的話語仍然有其價值的。關於男人和女人的結合，他是這樣描寫的：「這是個極大的奧祕，而我是考量到基督和教會才這麼說的。」（以弗所書 5：32）

人智學尋求的是重新獲得關於人類奧秘的智慧真知。史坦納一再提及與這種古老智慧相關的傳統。他試圖在古早密修傳統和他尚未建立的啟蒙科學之間，保持著一種延續性。我在此想到是他就雌雄同體概念進行的所有交流，以及發表過的箴言式表述（見附論之「雙性同體現象」）。

雌雄同體即男性女性同時存在於一個人身上的古老神話，在人智學中得到了補充和進一步發展。提到史坦納對人類範式的概念，我們不得不說：一個人成為男人或女人取決於這個存有的「外衣」，而不是由其內核即個體化的自我所決定的。性別差異內建於一個人的物質體、乙太體和靈魂體當中。相反地，「我」作為一個人的核心即非男性也非女性。史坦納所說的「我」確實是在被明確定義的男性或女性身體中，以及民族和種族群體中，不斷地輪迴轉世的存有。然而，在「我」所處的靈性界域中並不存在這種界分性。從靈性的角度而言，男人和女人都是「人」。只有在人類的靈性「原型」沒有或尚未被理解的地方才會出現文化或傳統偏見。實現真正的人性正是人類被賦予的使命。此處，我們從聖保羅的話中得到了新的啟示：「並不分猶太人或希臘人、自主的或為奴的、男人或女人：因為你們在基督耶穌裡都合而為一了。」（加拉太書 3：28）這意味著與「我」（或者榮格名相中的「自性」）所代表的基督的連結，這可以彌合種族、國族、社會及性別差異之間的

鴻溝。只要基督信仰不僅僅被視為對某個宗教團體的皈依，那麼完全的合一性就能取代這些差別。從這個角度來看，性別和物種存在的意義只是暫時性的。雌雄同體原型是人類未來會示現出來的完整人性的形態。在早期作品《靈性道途的直覺式思考》中，史坦納在〈個體和屬性〉一章中洞察到了人類雌雄同體的本質。他寫道：

> 我們的屬性只是一種媒介，透過它可以表達自身獨特的存在⋯⋯那些根據外在屬性特徵進行判斷的人，在一個邊界線上停下了腳步，超過這個界限之後，人的行為就是自由和自決的了⋯⋯正如自由的個體將自己從外在屬性的特徵中解放出來一樣，認知也必須擺脫理解外在屬性的途徑的束縛。[27]

人智學的人類意象是從其早期根源發展出來的，它證明了史坦納在《靈性道途的直覺式思考》中做出的假設。「自由的個體」這個概念，為個人和整體人類提出了一個必須迎接的挑戰。

東、西方的差異和相似之處

榮格和史坦納對東西方傳統都持有一種影響深遠的、考量到整體人類的世界觀，在兩人對東－西方議題的探究中可以看到這一點。此處我們指的是西方人的思考方式與亞洲靈修——特別是東方的宗教和靈修傳統——之間的張力。榮格和史坦納在談論該議題時，公眾對這兩個世界進行對話的重要性還沒有什麼認識，而靈修也尚未成為一種眼高手低的時尚潮流。

　　史坦納和榮格各自為推動西方人瞭解印度及遠東的靈修傳統，做出了很大的貢獻。因此他們屬於從十九世紀初便開始為拓展西方人視野提供重要動力的思想家的行列，但我們必須弄清楚榮格和史坦納的具體貢獻，以及他們與那些喋喋不休地重複歌德在《西東詩集》中所說的下述這句話的人有何不同：「承認吧，東方詩人比西方詩人更偉大。」

　　從一開始我們就應該避免兩種根本性的誤解。一是認為對東方靈修感興趣或者對東方傳統持有積極看法，是一種墮落的表現且理當被徹底拒絕。普遍存在的一種看法是，這種傾向在世界大戰後尤為盛行。舉個例子，此觀點被用來當成是攻擊人智學的武器。但我們忘了人智學運動在納粹德國是非法的，而且早在一戰前便已經存在。史坦納關於東方傳統的許多重要論述都是在二戰前發表的。另一種誤解則使得榮格和史坦納備受指責，因為人們擔心研究東方靈性傳統可能會引發某種相對的共時現象，導致基督教與東方宗教教義混為一談，或者更糟糕的是，用「另一種宗教」取代了基督教。

　　人智學和榮格的分析心理學都被指控為「一種現代的另類宗教」。此外，榮格還因為「將密修教義心理學化」而受到譴責。[1] 著名的神學家威廉・維瑟・胡夫特（Willem Visser't Hooft）曾寫

道：「形成宗教融合態度最強大的力量⋯⋯是由卡爾・榮格創立的學派造成的⋯⋯不管怎樣，榮格心理學直接或間接地促成了宗教折衷主義，各種宗教概念在沒被認真辨識之前就混作一團了。」[2]

然而，這種言論 —— 有時出自諸如格奧爾格・維塞多姆（Georg Vicedom）或格哈德・羅森克蘭茨（Gerhard Rosenkranz）這般著名的宗教科學家之口——恰恰缺乏嚴肅的靈性辨識力，而這正是理解史坦納和榮格與東方靈修之間關係所需的能力。瞭解亞洲宗教也需要這種辨識力。研究者因自身獨特的卓見而突破了專業領域的狹隘局限，這些人受到專家攻擊是可以理解的。但專家們應該做的是，不辭勞苦地找出被他們假設為「不合理」超越界限的行為背後的意圖，唯有如此才是恰當正確的行為。這種態度會帶來助益，特別是涉及到「東－西方二元極性」議題時是很有幫助的。我們在此處還必須將東－西方的**一體性**考量在內。此外，東方和西方是否確實是對立的，兩者之間是否有可能搭建橋樑，這些也都是需要澄清的問題。

史坦納與東方靈修傳統之間的關係

史坦納沒有完整描述過他與東方及東方靈修傳統之間的關係。如果想瞭解這個主題，我們必須再次從廣泛散佈的資料中收集他發表過的重要言論。首先我們需要看一下演講的週期。

如果一個人熟悉史坦納的演講結構和其表達方式，那麼此人是不會指望他就某個主題做出系統性闡述的，哪怕和系統沾邊的都沒有。史坦納總是努力滿足當時特定觀眾的需求，因此他的論述通

常都以螺旋形式展開，不斷地在原本主題周圍畫出越來越大的圈。在演講的過程中，他似乎經常忘記原本要討論的主題。在《薄伽梵歌》的講座週期中情況就是如此；在「**西方之光當中的東方**」以及「**西方與東方：對比的世界**」也都如此。據我所知，除了印度學研究者赫爾曼·貝克（Hermann Beckh）所做的一項短期研究外，沒有任何一部作品在考慮到史坦納的發現之後，對這個問題做過詳盡研究。[3]

　　如果說榮格與精神分析運動的關係給他造成問題的話，那麼史坦納加入神智學會之後，也使後者處於類似的境地。當我們討論他與東方智慧教誨之間的關係時，這一點變得尤為明顯。早在研究歌德以及形成自己的思想體系時，史坦納就延續了歐洲的德國唯心主義和現代自然科學思想的傳承。相比之下，我們可以說勃拉瓦斯基夫人、安妮·貝贊特以及世紀之交其他主要的神智學作者，他們的著作都有著強烈認同東方傳統尤其是印度教和佛教的傾向，這一點在神智學著作對西方思想和基督教的評價中是顯而易見的。他們假設所有宗教從根本上來說都是平等的，並且推崇不同宗教信仰進行某種程度上的融合。我們無法認定重要的神智學者能完全意識到基督教所傳遞的是獨特的屬靈訊息。為了證明這一點，你只消翻開勃拉瓦斯基夫人的主要著作《祕密教義》或貝贊特的《密修基督教》就夠了，後者論述的基礎是基督示現之前的耶穌形象。

　　毫無疑問，史坦納處在岌岌可危的局面。作為神智學會德國分會總書記，他採用的是神智學會所使用的名相，並且將其論壇為己所用。另一方面，他所宣揚的觀點與神智學會大相逕庭，1912 年後他才停止使用神智學這個名詞。這種意見分歧最終導致他與神智

學會決裂——或者更確切地說，是他被驅逐出了神智學會。沒有任何妥協也不互相讓步，在這種情況下雙方是不可能繼續共存的。這就是為什麼在史坦納於「神智學時期」所撰寫的作品中，我們發現他的有些措辭非常嚴謹，例如在一篇名為「佛陀與神智學的關係」的文章中（1905 年 1 月），我們讀到：「某些情況下，在西方世界傳播佛教和印度教，實際上並不是神智學（他指的是人智學）的做法。神智學者不該將異國教義強加於人，而是要讓每個人透過自己的道路找到實相。既然自己所信仰的宗教已經擁有實相內核，那麼為什麼還要向基督徒灌輸佛教思想呢？神智學不能成為佛教的宣傳工具，相反地，它應該幫助那些渴望發現實相的人，得到對自己內在世界的真實理解。」[4]

史坦納在這裡的遣詞依舊十分謹慎：「在某些情況下」；他所採用的也仍然是神智學的典型辭彙：「實相內核」。然而，他並不掩飾自己的信念，亦即不應該在歐洲宣傳佛教或印度教。在這一點上，他明確地與有著盎格魯－印度傾向的神智學劃清界限。屬靈實相是無法在某個特定地點或文化中找到的，它只能於一個人的「內在空間」中覓得。人們很難指責史坦納在擔任神智學會總書記時隱瞞了自己的真實想法。當安妮・貝贊特開始宣稱自己的門徒，即年輕的印度男孩基度・克里希那穆提（Jiddu Krishnamurti）乃道成肉身的基督時，史坦納當即表示強烈反對，並且與這種密謀策劃保持距離。從那時候起，他的演講包括不斷強調基督事件的歷史獨特性（不要與「基督再臨」相混淆），都必須被視為他對老舊神智學運動的東方化傾向，所做出的進一步對抗。

東方靈修系統和西方思想能否相互理解，以及可以理解到何種

程度，圍繞著這個闡釋學問題的爭論由來已久。不可否認的是，自十九世紀以來，歷史－批判文獻學已經踏進東方宗教的世界裡。然而，這裡所涉及到的主要是破解古代文本和各種傳統習俗。文字中所蘊藏的屬靈本質曾經是——現在依然是——西方思想面對的巨大謎題。

神智學運動的特殊使命是開闢一條以信仰為基礎通往東方靈修的神祕道路，而不是對文本進行評判分析。神智學者正確地認識到靈修傳統是需要被充分闡釋的，而在這個過程中，從歷史和文獻學的角度做出評判並非首要之事。因此，印度梵語文獻學與宗教科學以及神智學者之間沒有合作，也就不足為奇了。現代科學思維和為了尋找靈修系統所付諸的努力之間，存在著「令人不悅的深淵」，這當然是有理由，同時也是無法被跨越的現象。史坦納對東方宗教文本的靈性面和對聖經的屬靈意涵同樣感興趣。同時，他在文獻和歷史研究上也付出了腳踏實地的努力。

因研究佛教而出名的印度學研究者赫爾曼・貝克得出了以下的結論[5]：

> 科學家們純粹從歷史及新文獻學的角度進行批判性研究，而神智學者、新佛教學者以及相關運動的特質則是非歷史性的，他們不對文獻做出評判式的論斷。我們在這兩者之間發現了魯道夫・史坦納創立的靈性科學。這門科學與現代科學的歷史評判研究持有相似立場；事實上，它所遵循的評判態度更為嚴謹。此外，靈性科學與文獻學及語言學也是一致的，並且在後者不夠充分的領域也未曾落入

文獻學排它性的陷阱。靈性科學和神智學的共同目標就是超越感官世界的限制。然而，它不願被來自異域、由外國文化的先決條件和價值型塑出來的教條所束縛。[6]

　　正如人智學研究可以為理解聖經傳統帶來啟發，它同樣可以將意識演化的理念應用到東方教義中。人類意識是隨著時間的推移而發生變化的，有了這分認知，我們必然會將古老東方人的特殊意識結構與現代西方人的區分開來。史坦納為我們詳細描述了歷史上不同的人類文明期，例如古印度、古波斯、古埃及－迦勒底，直到我們當今的文明期。此處一句概括性的陳述足以說明問題：在薄伽梵歌時代、佛陀時代、奧義書時代，甚至更為久遠的吠陀經時代，古印度人或多或少都擁有先天的靈視能力。不同類型的東方宗教文獻在不斷變化的細節描述中，全都表達出這一點。

　　赫爾曼‧貝克已經證明人智學觀點對其專業研究是很有價值的，例如，這門科學對理解古印度經典文獻《梨俱吠陀》中的神靈提供了巨大幫助：

　　　　從《梨俱吠陀》中流傳下來的歌曲，只是對古早鮮活的靈視現象做出的一種回應。這些歌曲清晰地告訴我們靈視力是如何逐步消失，而質疑神是否真實存在的心智之聲又是如何開始日漸興起的……在印度靈性發展後期的作品中（例如《奧義書》和《數論哲學》），我們可以看到有更多文字描述了古早靈視意識是如何向基於理性和思考的意識進行轉化的。史坦納的成就在於，他指出基於理性的

意識對現代人類而言是未來一切發展的起點，但對古代印度人來說卻是一個遙遠的目標，後者必須從古早的靈視狀態中走出來，並且逐步培養出邏輯思考能力。我們發現即使是現在印度人的邏輯思維也不如古希臘人那樣得到高度發展。[7]

　　如果我們想對史坦納關於東方靈性的觀點形成概念，那麼我們會發現有兩個方面乍看之下似乎相互矛盾，然而從根本上來說，它們是相輔相成的。史坦納最初強調東方人和西方人的靈魂結構存在著巨大差異，因為他們對外在世界和對「我」的看法，以及各自對靈性和物質現實的重視程度，都不太一樣。史坦納在比較東西方世界時所做出的評論就是這些考量的結果。然而，史坦納對魯德亞德·吉葡林（Rudyard Kipling）寫於 1889 年的這行詩句，是不會感到滿意的：「哦，東方是東方，西方是西方，兩者永無交匯。」史坦納認為東方靈修傳統和西方思想是相互關聯的。絕不該與史坦納的觀點相混淆的，還有薩瓦帕利·拉達克里希南（Sarvepalli Radhakrishnan）的綱領性著作《東方宗教與西方思想》，以及他基於印度教理念所撰寫的《神靈共同體》。

　　首先，史坦納並不接受宗教平等的觀點，他認為基督示現的獨特事件是人類意識發展史上的核心轉捩點。史坦納在 1912 年聖誕節前後於科隆召開的會議上首次明確表明了該觀點，這是史坦納與拒絕追隨強調東方教義的安妮·貝贊特的神智學者們，所進行的第一次正式會晤。人智學學會在這次會議上成立了。當時，史坦納做了一個名為「《薄伽梵歌》和《聖保羅書信》」的輪迴主題演講。

　　　　　　　　　　　　榮格與史坦納：靈性心理學的曙光

這些講座值得關注，因為史坦納在並列比較宗教史上的這兩個重要文獻的同時，強調了一個關於東西方問題的重要立場。考量到我們在此的具體訴求，以下內容是非常關鍵的：從人智學的觀點來看，東方宗教傳統記錄著古早紀元中存在的靈視力。這些能力確實是一筆財富，但幾個世紀過去了，它們已經逐漸消褪，而「我」－意識開始出現並且取而代之。那些希望保持日漸式微的古早靈視力或想要重新獲得該能力的行者，走上了瑜伽的道路。「人類在起始階段被賦予了太初智慧，而在持續不斷的輪迴中，這種智慧逐漸消失。尊者佛陀的出現標誌著演化過程中一個古老文明期的終結。這是最有力道的歷史證據，即人類已經失去了古早的智慧和真知，這就解釋了為什麼人們會與生命偏離的原因。基督是演化的新起點，祂在這個塵世中看見了永恆的生命之源。」[8]

　　道成肉身的基督不僅透過其塵世生活創造出一個「神祕事實」，同時也構成了一個歷史事件。這是史坦納探討東－西方議題時的關鍵要素（東方宗教狂熱的特點是沒有史實作為支撐）。東方人的「我」缺乏它在西方由基督脈動所賦予的決定性力量。在東方，如同古早時代一樣，古老神祇和英雄的事蹟及其命運呈現在集體靈魂跟前，但是某種全新的東西開始在巴勒斯坦孕育。從地理位置來說，巴勒斯坦是東方和西方之間的門檻。聖保羅經驗到了史坦納從許多不同的角度反覆解釋和描述的「各各他奧祕事件」（此事件始終具有核心意義）。他的心靈態度與東方人的截然不同。我們在保羅身上看到了強烈的個人特質，但東方人呈現給我們的則是超越生命的超人類形象。與《薄伽梵歌》中平靜祥和的瑜伽或克里希那智慧相比，保羅的書信顯示出他鮮明個性中的重要性情。只消

讀一讀這些信件就會明白，我們所面對的這個人既不是來自遙遠上界的執法者，也不是一位傳播古早智慧的老師，而是一個自身的「我」已經成為基督容器的普通人。「現在活著的不再是我，而是基督在我裡面活著。」（加拉太書 2：20）史坦納在討論《薄伽梵歌》的演講以及其他場合中對保羅做出的評價，讓埃米爾‧博克稱保羅為「（人類歷史上）最偉大且富有創造力的推動變革的創新者之一」。[9] 阿爾伯特‧史懷哲（Albert Schweitzer）在早些時候將保羅譽為「基督教思想的守護神」。這兩位神學家都看到這位使徒給予了基督徒永遠可以獨立思考的權利，這是西方人一步步地歷經痛苦之後才獲得的，而這種形式在東方人當中仍然是相當缺乏的。

閱讀史坦納比較《薄伽梵歌》和《聖保羅書信》的文字時，心中會升起這樣一副畫面：

> 《薄伽梵歌》所呈現的是完全成熟的果實，這是人類歷經數千年的演化獲得的美妙成果，最終在崇高的《薄伽梵歌》中得到醇熟、智慧和藝術的表達。
>
> 在使徒書信中則蘊含著一顆截然不同的種子，這顆種子正在成長而且勢必會繼續成長。只有當一個人認為這顆種子尚處萌芽狀態，並且預知到它在未來幾千年的發展後可能會成為什麼模樣，那麼這個人才能感知到這顆穩定成長、不斷成熟的種子被保羅書信撒到人類心靈土壤中的全部意涵。若想做出真正的比較，我們必須將這一點考量在內。[10]

根據這種解釋，崇高之歌即《薄伽梵歌》是漫長發展後的成熟果實，而保羅的書信則蘊含著新的內容，仍然有待繼續發展。儘管史坦納對東方靈性欣賞有加，但如果他更喜歡看似不完美、尚處發展初期的東西，那麼原因只有一個：他深信唯有透過耶穌基督的道成肉身、死亡和復活，人類才有可能獲得在自由中發展「我」的機會。基督真心實意地肯定了生命的價值，他對痛苦的受難說「好」，然後復活重生，這些都是十分必要的。（相比之下，佛陀的建議是遠離塵世脫離輪迴。）為了促進人類進一步發展，屬靈的基督脈動需要被人類接受，而人類的「我」也需要不斷走向成熟。「理解（神可以與人性合一）的必要元素存在於東方的思想洪流中；後者目前只需要被提升至一個更高的維度。西方人的靈魂足夠成熟，可以觸及並吸收這股脈動……因此，我們看到心智層次上對耶穌基督神性的理解是如何在東方產生，又是如何與在西方出現的覺知靈識相遇的。」[11] 在這一點上，我們開始看到東方和西方能夠而且應該互為補充和支持。基督－太陽在東方升起；然而只有西方人才能理解祂的示現。過去是這樣，現在依然如此。撇開意識上的差異不談，留意到歷史事件中出現的一個重要現象是很有意思的：佛教征服了亞洲的大部分地區，基督教則邁著勝利的步伐從東方走向西方！即使如今「年輕教會」在亞洲如雨後春筍般不斷湧現，它們也是在西方傳教士的影響下建立的。（另一個完全不同的問題是，以這種方式被引入伊斯蘭教、印度教和佛教環境的福音，是否已經找到適當的表達方式，以及能否活在這些人的靈魂當中。）

　　史坦納認為，重要的是我們應該透過根植於基督教的科學演化觀，來深刻理解基督所代表的實相。靈性科學將此視為己任。眾所

周知，泰爾哈・德・夏爾丹（Teilhard de Chardin）也得出了同樣的見解，儘管他的靈性背景與史坦納的有所不同。[12]

史坦納是如何看待「佛教情感流入西方」的？他的觀察是，這種現象始於叔本華的哲學。基本上，史坦納認為歐洲人對佛教及其生活方式的狂熱傾向是不合時宜的，是一種時代的倒退，他認為這是由於缺乏對「基督脈動最純粹形式」的理解所導致的。基於此理，他認為將佛教引入歐洲的所有靈性－科學運動皆屬目光短淺。[13] 史坦納對於在西方傳教的東方傳教士都持有這種看法。然而，這個透過確鑿的語言反覆強調的信念，根本不是出於對東方的反感。他更不打算對各種基督教傳教機構提供道義上的幫助。他做出這番聲明是因為有著明確的認識。歸根結底，這些論述是為了真正理解東、西方差異而服務的。

重複投身於地球（輪迴和業力）是人類意象不可分割的一部分，人智學的這種觀點引來了諸多批評。在史坦納看來，人類的個體元素，顯化於肉體－靈魂中的存有，是透過多生多世的投生而形成體、魂、靈的。膚淺的觀察者由此得出結論，認為輪迴的概念是從東方思想中轉借過來的。然而，這種看法忽略了一個事實，亦即東方人並不承認基於強烈的「我」意識而衍生出的恆久性。這種意識是西方人在漫長的靈性發展過程中逐步演化出來的，東方人則竭力逃離因果律為地球上的生命所帶來的苦難。佛教說，「不活在世上是件好事」，這句話不僅僅是對塵世生命的否定。佛法對自我和世界的看法，在本質上是認為人生來就是受苦的，而造成這種苦難的原因則是想要活著的「渴望」，它導致了一次又一次的輪迴與苦難。佛教徒的目標旨在克服這份「渴望」，因為塵世生活是一種不

榮格與史坦納：靈性心理學的曙光

真實的瑪雅幻相。釋迦摩尼與老者、疾病和死亡的相遇激勵他求道成佛。無論是誰宣稱史坦納擁護佛教的世界觀（仍然有人這樣認為），那麼此人很快會發現自己陷入矛盾當中。如果正確理解這兩者，那麼我們會發現史坦納的輪迴概念與佛教的目標——試圖逃離可怕的不斷重複的塵世生活——是不可調和的。

在討論佛教的過程中，或者更確切地說是在對佛陀和基督所做的比較中，史坦納一再宣稱他輪迴理念的根基是中歐人的思考方式，不能與東方靈修相提並論。這句話再次表明東西方走的是不同的道路。無論如何，就像整個靈性科學一樣，史坦納關於輪迴和業力的概念是從現代自然科學的角度發展起來的。

「如果我們的思考方式能夠把握生命現象，並且毫不猶豫地從鮮活且富有生命力的觀察中一路跟隨到其細枝末節，那麼我們確實可以透過純邏輯思維形成關於輪迴以及命運的看法。」這句話是他在其基本著作《神智學》中關於人類靈性轉世的章節結尾處所寫下的。[14]

史坦納看到「佛陀脈動的強大能量在印度靈性的夜空中閃耀著最後的光芒」，也看到了當時整體人類的意識狀態。這位八正道的開創者與所有東方人一樣，有著非歷史性的世界觀，其中完全沒有演化的概念和以自我發展為目標的思維方式。佛教徒的目標是停止轉生的巨輪，而基督徒則努力尋找「高層我」，即內在的基督自性。基督徒竭力從內在喚醒這個我，或者允許它被喚醒。在基督的幫助下型塑世界乃是他們的使命。人是不需要為了進入至福而遠離塵世的。」相反地，一個人必須克服那些使其專注於幻相世界的勢能，從而接受指引回到他真正的原初本性。的確存在著一個高層

我，如果祂俯視這個世界，是可以看見塵世中的實相的。[15]

　　既然猶太基督徒已經意識到自己的罪，並且願意為自己的惡行贖罪，那麼救贖之路就向他們敞開了。這不能簡單地在「個人成就」中覓得，因為普通的「我」是沒有能力做到這一點的。「然而，只有當人的意願升起，亦即目前的自我意識不斷發展、達到保羅所說的更高境界時——『是我，乃是基督在裡面活』，贖罪才成為可能。」[16]

　　在這一點上，我們有必要將史坦納所說的佛教和基督教的「內在神經」進行比較。這種並列對比讓我們認識到，基督徒不該害怕不斷重複的塵世生活，而應該表示歡迎，將其視作一次又一次侍奉基督的機會。史坦納認為基督道成肉身的歷史事件是獨一無二的，不會再次發生，在人類歷史上佔據著恆久的地位。然而，只投生一次並不足以耗盡基督脈動為人類帶來的財富。此外，與佛法不同的是，基督教的思想是具有歷史發展觀的。在基督教的時間概念中存在著開始和結束，而不是「無休止地重複相同的迴圈」。這使得於時間進程中取得進步成為可能。在這樣一個宏大的背景下，個人輪迴轉世所佔據的時間是非常短暫的。輪迴不是一次又一次地重複同樣的事件，而是對過去世已經開展的生命的一種延續。以下是魯道夫·史坦納做出的總結，進一步闡明了東西方的差異：

　　　　因此，基督教將輪迴轉世的教義變為現實。現在我們
　　可以說，一個人在地球上反覆投生，是為了不斷地將人類
　　生命的真實意涵植入心中，而每一次的體驗都是新鮮的。
　　並非只有孤立的個人在努力，更深層的意義在於全體人類

共同奮鬥，這與我們息息相關。人感到自己不再和宣揚出
世解脫的佛陀緊密相連，這個人開始凝視著位於中心點的
屬靈太陽大能，注視著基督脈動，逐漸意識到與自己融合
的乃是以神蹟平衡了墮落事件的那一位。[17]

　　佛陀的成就在於讓人類憶起與太初「古早智慧」的連結，基督
脈動則強有力地指向未來。若想從塵世生活中獲得意義，就必須與
基督進行積極的互動。

　　此外史坦納還非常強調，西方靈修傳統不僅和東方的是一致
的，而且真正包含了後者從歷史中傳承下來的一切。東方智慧可以
比作睿智的老者，西方思想則可以被視為富有創造活力的年輕人。
「東方智慧全部流入到西方的玄祕主義中。在玫瑰十字會教義和對
玫瑰十字會的探究中（史坦納承認這是他的最愛），你會發現來自
東方偉大賢者的教誨被悉數保留下來。在東方的智慧法教中，沒有
任何內容──絕對沒有──是西方智慧所缺乏的。這句話對深度心
理學來說同樣適用。如果我們瞭解榮格在探究過程中發現，他對病
人的研究成果與東方尤其是遠東的某些密修傳統之間，存在著大量
對應的關係，就會明白這一點了。在先前引用的演講中史坦納繼續
說道，「只存在著一個差別：西方智慧必須透過基督脈動點燃的人
性之光，來照亮東方法教的整個體系，但同時又不能失去其中的任
何一部分。」[18]

　　透過這一點我們可以說已經找到史坦納與東方靈修系統的關係
之關鍵點。人智學創始人絕非偽裝的東方教義使者。相反地，他認
為西方人的使命是「在西方思想的光照下對東方靈修」做出詮釋。

這是他在 1909 年發表的一場演講的主題。這種觀點受到基督事件的啟發,使得以下兩個目標的實現成為可能:清晰地看見東西方之間的差異(此即 1922 年在維也納舉辦的東西方大會的主題),並且發現兩者的共同之處。後者是現代人無法回避的使命;對這一點的忽視已經釀就了苦果,我們還無法預見其未來的發展規模和影響。

只有對每個人的靈魂－靈性以及意識的真實差異不抱幻想的人,才有資格談論東西方共同體。史坦納和榮格不該受到指責,誤以為是他們在西方掀起了一場向亞洲學習的狂熱風潮。但由於對真實情況存在著誤解,這一指控已被人們廣泛接受。兩者對理解東方和西方都做出了巨大貢獻。人智學絕對是一門建立在西方思想基礎上的科學,旨在幫助西方人理解東方人及其截然不同的意識狀態。

榮格與東方靈修傳統之間的關係

和人智學一樣,榮格的分析心理學也可宣稱自己是一門徹頭徹尾的西方科學。然而該事實一直備受質疑。榮格對東方文本例如《金花的祕密》做出評論,當然不是為了陪伴西方人走上這條道路,而是旨在幫助後者理解這樣一份東方靈煉的文獻資料,西方世界中的任何人都不能直接拿來為已所用。榮格進行這般研究是為了理解自己以及意識結構完全不同的東方人的靈魂。試圖理解某個現象和為其傳播教義是兩碼事。

榮格對東方靈修傳統的評價在兩個方面與史坦納有著相似之處:榮格承認西方人的心靈狀態尚未發展完整,過度受到智力的支

配。他還認為，東方和西方構成了靈性宇宙的兩個半球，「無論這兩個立場之間有多少矛盾，從心理的角度來說，它們各自都有存在的理由。兩者都是片面的，因為都沒有看見並且考慮到那些與他們自己的典型心態不相符的因素。一方低估了個人意識的世界，另一方則低估了整體大心的世界（the world of the One Mind）。結果是雙方走向極端，喪失了宇宙的另一半；生命與現實完全隔絕，很容易失去人性、變得造作。」[19] 此外，榮格沒有否認自己在西方基督教傳統中的深厚根基，因此他是不可能建議西方人採納或模仿未經檢驗的東方靈修傳統的，儘管他對後者創造出的成果欣賞有加。我們還發現榮格也認識到了史坦納強力論述中的東西方差異性，並且有意協調兩者之間的分歧。

在討論榮格對東方靈修的一般及具體問題做出的大量評論之前，我們應該提出這樣一個疑問：榮格本人對這些問題的討論有多重視？在榮格的作品集中，我們在第十一卷《心理學與宗教：西方和東方》裡找到了相關段落。此處對該問題的澄清尤為重要，因為先前提到的人們對榮格同化宗教傾向所提出的警告，可以在對史坦納的誤解中發現類似的痕跡。在衛禮賢（Richard Wilhelm）出版的《金花的祕密》（該書是榮格評論中國文化的著作）第二版序言中，榮格借機指出，「即使博學的讀者也會陷入某種誤區：經常有讀者認為我出版這本書的目的，是為了將獲得幸福的祕方交到大眾手中。這些人試圖模仿中文著作中所描述的『方法』，完全誤解了我在評論裡所表達的觀點。讓我們期待，這種代表著靈性深度的人只占極少數吧！」[20]

榮格認為第二個誤解是，人們錯誤地認為他的評論代表著他所

採用的特殊心理治療方法，「據說這種方法當中包括我為了達到治療目的而向病人灌輸的東方思想。我認為在我的評論中找不到任何鼓勵這份迷信傾向的文字。無論如何，這種看法是完全錯誤的，它建立在一種普遍被接受的觀點之上，亦即心理學是為了滿足特定目的而創建的，所以並不是一門實證科學。屬於這類膚淺且缺乏智慧的觀點，還包括認為集體無意識概念是『形上學說』。」[21]

　　榮格在其他方面也在試圖消除這種曲解。1930 年 5 月 10 日，在為他的朋友兼合作者衛禮賢舉辦的追悼會上，榮格發表了一場紀念演說，表明他對東方靈性的態度。這場演講被收錄在《金花的祕密》序言中，證明了榮格對這位偉大的漢學家的深切讚賞，用榮格的話來說，他具有「罕見的如慈母般的靈性魅力」。榮格於此處再次提出克服阻礙理解東方靈性偏見的要求。然而，當他呼籲對東方傳統持開放態度時，他並不是要給不進行批判性思考的「印度遊客」開綠燈。相反地，他的意思是「徹底超越基督教徒的憎惡和歐洲人的傲慢後再去欣賞」。這種呼籲來自一個基督教和非基督宗教之間幾乎沒有對話的時代。同時，榮格做出了預言，「所有平庸之輩都會在盲目的自我棄絕或傲慢的批評論斷中失去自我。」

　　榮格在談到衛禮賢取得的成就時說，衛禮賢從東方文化中帶來了嶄新的光芒，特別是他認識到「東方可以給我們帶來許多療癒心靈痛苦的良方」。但我們必須再次在其所處的特殊背景下看待這些言論。榮格進一步說道，「不幸的是，我們這個時代的靈性乞丐傾向於接受東方的施捨，並且盲目模仿後者的路數。這個危險再怎麼強調都不為過，衛禮賢也敏銳地意識到了這一點。歐洲人想要進入屬靈國度不是單靠感官覺受和接受新刺激就能達到的。相反地，我

們必須學習如何贏得我們想要擁有的東西。東方帶給我們的可以對我們自身必須要進行的工作提供幫助。如果我們放棄自己的根基，將其視作無用的錯誤，就像無能的海盜和小偷那樣居於異國海岸上，那麼，此時的我們還能從《奧義書》的智慧以及中國瑜伽的洞見中得到什麼呢？」

答案當然非常清楚。史坦納在另一個語境中賦予了「靈性乞丐」這個修辭手法以正向意涵，他將耶穌在登山寶訓中所說的「心靈貧乏的人有福了」，解釋為「祈求靈性的人有福了」。此處他指的是那些意識到自己的靈性需要並且渴求靈修的人，如同乞丐渴望得到繼續生存所依賴的施捨一樣。我們不能把登山寶訓中「心靈貧乏」之人的靈性渴求與榮格譴責的「靈性乞丐」混為一談，因為後者「如同異國海岸上的海盜一樣」，試圖竊取他國的靈性遺產。

榮格也同樣清晰地指出，歐洲的科學思想是需要拓寬的。他繼續說道，「如果我們想以一種鮮活的方式體驗中國智慧，那麼我們就要有真正立體的生活。這就是為什麼我們必須首先找到歐洲人自己的智慧。我們的道路始於歐洲智慧，而不是那些具有迷惑性、讓我們看不到自身現實的瑜伽練習。」早在 1930 年榮格就已經預見到「東方靈修系統確實是站在時代前沿的！」而且他已經看到東西方碰撞可能會造成的兩種結果：要麼帶來療癒的能量，要麼造成致命的感染。做出這一判斷後，他將如何面對這些新的可能性的問題留給了「病人」，而病人則是每一個現代人。

五年後，榮格在加爾各答出版的《印度覺醒》學術期刊上發表了一篇英文論文，題為「瑜伽和西方」。雖然到目前為止他與衛禮賢的合作激發了他對東亞傳統的深入研究，但是在這篇文章中，他

展示出自己是如何從一名西方心理學家的角度對學校教育的靈性－物質系統做出判斷的。首先，榮格看到讓歐洲人在信仰和知識、宗教啟示和邏輯思維之間產生衝突的發展現狀，並且將這種現象診斷為「缺乏方向，幾近精神錯亂」。他進一步說，「歐洲人在歷史發展進程中已經遠離了自身的根基，其心靈最終分裂成信仰和知識兩個部分，正如每個心理現象發展到極端時會解體，分化為內建的兩個對立面也是一樣的。」[22]

　　心理學家借此表達了這樣一個現實：人類已經進入一個關鍵時期。史坦納也看到了這個低谷，並且將其描繪為人類發展的必經階段。他將克服這場危機視為自己的使命。在發表上述言論時，榮格並沒有忽視這個事實，亦即從危機中收集到的某些方面的訊息是有助於理解意識發展的。榮格的學生艾瑞旭・諾伊曼在他的《意識的起源和歷史》一書中對這些聯繫進行了深入探究。史坦納則從他的角度出發談到「個人和人類的靈性指引」。

　　榮格的結論是——值得注意的是，這篇論文發表在印度學術期刊上——「歐洲人分裂的心靈從一開始就成為充分領悟瑜伽意圖的障礙……印度人不僅瞭解自己的本性，還知道自己可以在多大程度上認同這個本性。另一方面，歐洲人則是透過科學瞭解了自然，但是對自己的本性、自身之內的本體，卻幾乎一無所知。」[23] 要求全面瞭解人類意象並且將其整體現實全部考量在內的呼聲於此處再次響起。最重要的是，榮格看到東方人和西方人有著不同的「心理傾向」。他不建議忽視東方靈修，而是：「我想對所有能聽我講話的人說：學習瑜伽吧；你會受益匪淺，但不要照本宣科拿來就用，因為歐洲人的體質並不足以正確地應用這些方法。印度古魯可以解釋

萬物，你也可以照葫蘆畫瓢。但你知道是誰在進行瑜伽事功嗎？換句話說，你知道你是誰嗎？你瞭解自己的體質特點嗎？」[24]

顯然榮格並不反對瑜伽本身。相反地，他和史坦納一樣似乎都認為這是人類靈性歷史上最偉大的創造性成就之一。然而，榮格對西方人修煉瑜伽也果斷地提出了批評。「西方的靈性發展已經踏上了一條完全不同的道路，因此為瑜伽修習創造了極為不利的條件。」

以下這番話表明榮格的思想在此處達到了巔峰：「在未來的幾個世紀，西方將發展出屬於自己的、以基督教為根基的瑜伽。」[25] 這種說法也是需要仔細權衡的，以免與我們所知道的「基督徒的瑜伽」或「西方人的瑜伽」相混淆。榮格所思考的不僅僅是西方人將東方靈修方法付諸實踐。儘管人們很容易相信《瑜伽與西方》作者的言論，但此處我們只能提出這樣一個問題：「特別適應西方人，符合他們的獨特使命及心理傾向的瑜伽——並且以基督教為基礎——到底是什麼樣子的？也許這樣一條道路的雛形已經存在了？」

這裡只消指出一點就夠了：除了基本著作中對教育之路做出的論述之外，史坦納還在許多演講中對東方瑜伽與基督教或玫瑰十字會的啟蒙之路進行了比較。

這意味著榮格所要求發展的基督信仰教育之路，史坦納早在幾十年前就開始宣導了；他做出了很多的史實比較，並且將其與東方靈修方法區分開來。

在榮格的筆下我們看到了他對東方宗教文獻做出的心理學評論，例如先前提到的《金花的祕密》、《西藏大解脫書》、《西

藏度亡經》。他在 1943 年的文章「東方冥想中的心理學」裡表明了自己的立場，並且為鈴木大拙、海因里希‧齊默（Heinrich Zimmer）的著作以及《易經》撰寫了大量序言。相比之下，在提到西方宗教教義（中世紀煉金術除外）時，他的態度幾乎沒什麼區別，這往往令非專業讀者感到困惑不解。他經常一口氣提到這些教義，並且將它們稱為「批量進口的異國宗教體系」，例如阿博都‧巴哈（Abdul Baha）的宗教、蘇菲教派、拉瑪克里斯納（Ramakrishna）傳道會、西方佛教、基督教科學、勃拉瓦斯基夫人的盎格魯－印度神智學，以及魯道夫‧史坦納的人智學，儘管後者與中歐的靈性遺產有著明確的聯繫。

1938 年，榮格接受印度英國政府的邀請，出席了加爾各答大學成立二十五周年的慶典活動。除了 1939 年在《紐約雜誌》亞洲版上發表的文章之外，我們還在《回憶‧夢‧省思》中找到了對此事件的記錄。

「印度讓我首次直接體驗到一種與我們有著高度差別的異域文化。一些完全不同的因素掌管著我的中非之旅；文化並不佔據主導地位……然而，在印度，我有機會與印度思想的代表人物交談，並且將其與歐洲進行比較。」[26] 他結識了邁索爾王國（Mysore）君主的上師蘇布拉馬尼亞‧艾耶（S. Subramanya Iyer）。令人吃驚的是，榮格側重強調了這樣一個事實，亦即雖然有人將他介紹給許多印度文化的代表人物，但同時他也有意識地避免與「所謂的聖人」、神祕主義者、印度的精神領袖進行任何接觸。

印度學研究者海因里希‧齊默——榮格將自己對印度人思想的重要洞見歸功於他的這位朋友——曾經問榮格是否至少拜訪過室

利‧拉瑪納‧馬哈希（Sri Ramana Maharshi）。榮格不得不承認他沒有拜訪過。1944年，當榮格為齊默的最後一部作品——《通向真我之路》，該書是圍繞拉瑪納‧馬哈希的工作和生活展開的——撰寫題為「關於印度聖賢」的序言時，他說「也許我應該去拜訪室利‧馬哈希的。可是我擔心如果再次遠行去印度彌補這個疏漏，那麼我也可能遭遇同樣的結局：儘管這會是一場獨一無二的會晤，可我就是不能親自去拜訪這位無疑已經聲名顯赫的人物。」[27] 為什麼？因為榮格突然對這個人的獨特性產生了懷疑。他相信自己在印度只可能看到透過多種形式表現出來的樣板式人物，而只有站在歐洲的立足點上，這類人才能稱得上是獨一無二的。「這就是為什麼我不需要與他見面的原因。在印度隨處可見他這樣的人，例如羅摩克里希納（Ramakrishna）的畫像中，他的弟子、佛教僧侶以及日常生活中無數印度人的身上，都能看見他的身影。他的智慧箴言就是印度靈魂的**精髓**。」在這段特別的文字中他如此說道。

榮格對拉瑪納以及印度人在靈性上達到的成熟狀態是讚譽有加的。他強調自己並沒有低估印度聖賢的重要性。然而作為一名心理學家，他永遠不會認為把後者孤立成一種個案現象，是可以得出正確判斷的。造成這種保守態度的終極原因，被認為是西方人根深蒂固的心靈特質。

讀到榮格在回憶錄中寫下的這句話時，當然會受到啟發：「如果試圖向聖賢學習並且接受他們的真理，我會認為這是一種盜竊行為。即使在歐洲，我也不能借用東方學說，我必須透過自己來型塑我的生命。」[28]

對榮格來說，在西方靈性的基礎上「透過自己來型塑生命」的

需求，意味著他在印度旅行期間還在繼續研究煉金術。寫於 1602 年重要煉金術著作《煉金術劇場大全》陪伴了他的整個旅程，他自己的筆記則顯示他從頭至尾地研讀了這本著作。「因此，情況就是這樣：屬於歐洲思想根基層次的這份素材，不斷與他國的思想及文化留給我的印象形成對比。兩者都源於無意識的原初心靈經驗，因此產生了相同、類似或至少是有可比性的洞見。」

　　此處所表達的內容令人想起史坦納所說的差異與相似的雙重面向。史坦納指出從東方學習到的任何內容，都可以在西方智慧中找到。榮格談到「靈魂的原型體驗」，史坦納的說法則是「人類共用的原型智慧」。這些觀點當然會引發對觀福音式的解釋。尤其引人注目的是史坦納特別強調基督教的影響，當然榮格也考慮到了這一點。史坦納認為人類不僅需要發掘東西方思想智慧中共同原型的根源，而且由於受到「青春之泉，基督脈動」的啟發，有必要以一種嶄新的方式來體驗東方智慧。幾乎毋庸置疑的是，如果史坦納和榮格能夠進行一次對話，並且消除所有可能的誤解和偏見，那麼他們是會在這個重要問題上達成共識的。

　　如果一個人想知道榮格的無意識創造出的產物對他自己有多重要，那麼此人最終可能會想起他所提到的一個夢境。這個夢發生在他的印度之旅即將結束的時候，其中充滿了極為豐富的意象，似乎總結了印度和東方靈性帶給他的全部意義所在。儘管他才剛剛親身體驗了印度的傳統習俗，但夢境意象本身與此並沒有任何關聯。夢的內容是基督信仰密修傳統的核心──聖杯。「這個夢蠻橫地抹去了印度給我留下的所有強烈印象，將我迅速帶回到長期以來被西方人所忽視的主題，該主題在尋找聖杯和找尋哲人石的過程中都有體

現。我被一把拽出了印度的世界，這是在提醒我：印度不是我的重點所在，而只是讓我更接近目標的道路中的一部分——不可否認它是一段重要的旅程。這個夢仿佛在問我，你來印度做什麼？還是為你自己和你的同伴去尋找療癒的容器，即**救世主**吧，這才是你們迫切需要的。因為目前的狀況非常嚴峻；所有人都面臨著迫在眉睫的危險：幾個世紀以來取得的所有進展有可能毀於一旦。」[29]

聽到這些話卻不為所動是很難的，儘管它們聽上去可能帶著一絲耄耋老者懺悔的氣息。踏上帕西法爾之路究竟意味著什麼？魯道夫・史坦納發表過很多演講來闡明這個議題。他的論述深具啟發性，因為他在很大程度上澄清了個人以及整體人類的靈性之路應該怎麼走。

榮格表示，「人們不該被不絕於耳的呼聲——『在亞洲獲得重生』——所迷惑。讓自己『朝向東方』的同時，你也應該『西化』自己。當今沒有人能低估榮格的質疑的緊迫性，因為我們面對的是一個尖銳的東西方議題，以及受到致幻劑誘惑、傾向於幻想中的遠東神祕主義的年輕人。「你來印度做什麼？」榮格問自己。史坦納也回答了一個類似的問題：「在尊重東方靈修傳統的同時，我們仍需清晰地認識到：我們必須從西方邁出第一步，建立起我們自己的靈修方式。然而我們必須不斷地鍛造它，以便可以理解地球上存在的任何觀點，特別是古老且值得尊敬的教誨。而這是有可能的，前提是能夠明白，雖然我們的生命哲學是有缺失的，但那是年輕靈魂的弱點。」30

對靈知主義的指責與辯解

史坦納的人智學與榮格心理學都被懷疑是「現代形式的靈知主義（gnosis）」。那些具備紮實人智學或分析心理學知識的學者都能夠理解，為何對兩者知之甚少或者表淺的批評人士會做出此種判斷。

如果只觀察這兩場運動的外在發展，就會出現這種指責聲。但提出這種主張的人會發現自己處在尷尬的境地：如何將思想史上的一個相對未知實體與另一個同樣不為人知且定義也不清晰的實體進行比較呢？靈知（或靈知主義──有必要區分兩者的差別）帶來了若干個問題。任何試圖瞭解這場宗教運動──哪怕只是它的重要主張──的人很快會發現，靈知派是缺乏被廣泛接受的明確定義的。人們在基督教形成之前以及基督教早期和後期，對於靈知主義的多種詮釋是沒有共同點的，甚至連這場靈性運動的起源都不十分清楚。教會歷史學家和靈知學者稱其為「世界宗教」（荷蘭神學家、基督教與靈知歷史學家吉爾斯‧基斯佩爾〔Quispel〕），「靈知宗教」（猶太裔德國哲學家漢斯‧尤納斯〔Jonas〕），以及合法或異端形式的認知派基督教。它應該是從希臘思想或波斯二元論中獲得了最重要的力量。在基督教會的內部，大部分教徒都認為靈知主義是異端。這對我們來說是很有意思的事情，因為這正是一些評判的思想根基。教會史聲明基督教會取得勝利，被宣布為羅馬帝國的國教。它成功地擊退靈知主義，並且稱後者為危險的異端邪說。當時教會自稱──現在依然如此──擁有唯一正確的信仰和唯一的真理。[1]

考慮到這一點，我們必須從一開始就得出結論，亦即客觀討論人智學或分析心理學是否包含靈知元素是不可能的，而這個結論似

乎又回到當初譴責靈知主義的那些批評家身上。

魯道夫・史坦納

史坦納著作中的哪一處提到了靈知的歷史典故呢？在擔任神智學會總書記時，史坦納出版了第一批作品，其中有兩篇題為「現代主義後的神祕主義」和「作為神祕事實的基督教」的系列演講。在這些已經結集出版的演講稿中，靈知和神祕主義都被賦予了重要價值。史坦納甚至說，「靈知這個詞適用於描述基督教成立最初幾個世紀中的每一位作家，他們在基督教教義中尋求深層的屬靈意涵。他們應該被解讀為浸淫於神祕哲學並且努力從神祕主義的觀點來理解基督信仰的思想家。」[2] 與榮格相比，史坦納鮮少提及文學作品，但他一再引用英國學者米德（G.R.S. Mead）的觀點，認為後者「精彩地闡述了靈知的發展」。榮格也多次提到米德。[3]

雖然史坦納的後續作品並沒有過多地涉及靈知議題，但是在速記的演講稿中，我們發現了許多關於靈知主義的評論——大多都非常簡短。我們從這些評語中可以得出結論，亦即史坦納假定靈知主義在基督教成立之前便已存在。在一場關於《馬可福音》的講座中他說到，「古希臘哲學是在熱望各各他奧祕事件的過程中打下基礎的，那麼請想一想，靈知主義是如何以其哲學思想渴求各各他奧祕事件的發生吧。」[4] 史坦納對靈知的歷史並不感興趣；他是從靈性發展的角度來看這個現象的。這種態度在《人智學的主要思想》的〈靈知和人智學〉章節的第 159 到 161 條中清晰可辨。他在其中寫道，「靈知是自遠古時期保存下來的知識之道，當各各他奧祕事件

發生時，它是幫助人類理解此奧祕事件的最佳途徑。」然而從那時起，人類意識已經從「情感靈識」發展到了「覺知靈識」。對於像人智學這樣的現代靈性運動來說，已經不再適合回到靈知主義了，因為與後者相應的是更古老的意識形態。「人智學不可能成為復興的靈知派，因為後者所依賴的是情感靈識的發展；而人智學必須是從屬靈的靈魂中孕育而生……對基督和世界拓展出全新的理解。」[5]

從編號 258 的主要思想中我們可以看到，史坦納直到生命的最後一刻仍然堅持認為，靈知曾經對人類理解基督事件起到了至關重要的作用。他尊重靈知「奇妙的智慧寶藏」，「獨特的理解方式」，以及潛在的靈性敞開度，認為這些都是「非常偉大的」特質。這種觀點為那些譴責靈知主義是純粹異端的神學家們提供了一些啟發。然而，當我們考慮到靈知派完全未能理解以下事實的重要意義時——亦即有著血肉之軀的拿撒勒人耶穌乃道成肉身的基督——史坦納的肯定態度就降低了不少了。他們雖然明白基督所示現的奧祕義涵，卻忽略了這個現象的歷史意義。我們一定要記住史坦納對兩者是同樣深感興趣的。畢竟他最關心的是開闢一條理解基督事件的現代化道路，認真看待基督的生命、死亡和復活在宇宙層面的重要性。他認為如果人們理解了這一點，那麼整個世界就能意識到有一股偉大的勢能正在改變宇宙的現實。出於此因，他（於1920 年）要求自然科學也要承認基督事件。「除非基督教滲透到我們所有的知識體系中，甚至進入到物理學的領域，否則它是不會被深刻理解的。」[6]史坦納甚至談到了一種在基督事件的推動下融入世界的「新物質」。我們必須以面對物質、物理和化學事實的態度去看待它。隨著這種思想佔據主導地位，第二世紀靈知主義的認

知基礎被徹底遺棄。在繼續指責人智學深受靈知影響之前，我們必須對人智學思想做出更仔細的分析。

舉個例子，天主教宣稱人智學混淆了知識和信仰，未能充分辨識人類認知和宗教啟示之間的區別，故而支持的是一種虛假的靈知主義。[7] 而這正是史坦納所關心的議題（見附論之「作為信仰序章的魂和靈的研究」）。天主教的批評者提到了馬丁‧布伯的對話哲學。馬丁‧布伯反對人智學，雖然他幾乎沒研究過人智學思想；但卻對靈知思想展開了廣泛的研究。布伯明確區分了（主體）「我－你」關係和（客體）「我－它」關係。當靈知主義者聲稱可以透過自認擁有的「高等感官」將知識擴展到屬靈界域時，混亂就出現了：在「我－你」關係中，人類發現自身與上帝之間的個人連結；而在「我－它」關係中，人類遇到的則是任何可能出現的客體。在「基督、哈西德主義和靈知」的文章中，布伯將靈知描述為「與神之間有著一種熟知的關係，熟知是出於一份看似不可撼動的信念，即自我是有著充分神性的。」[8] 根據布伯的說法，我們的時代將宇宙奧祕投射到心靈當中，結果造成了對靈知思潮的渴望。布伯認為，這種趨勢掩蓋了信仰的現實。這種「宣稱自知」的做法違背了自省的需求，並且最終是對「上帝超越一切」信念的背離。此處令我們想起了布伯和他的朋友，即德裔以色列哲學家雨果‧伯格曼（Hugo Bergmann）之間的爭論。伯格曼是史坦納的學生，他試圖說服布伯放棄對神祕主義和靈知的懷疑態度。[9] 布伯的回答很有意思：「我之所以反對靈知派是因為這些人自以為是，他們以為自己已經瞭解神聖界域，並且擅加描述這個界域發生的事件和過程。我反對靈知，因為它讓上帝變成了一個人們可以熟知其現實和歷史

的客體。我反對靈知，因為它放棄了人與上帝之間的個人連結，取而代之的則是進入高層世界遨遊，那裡的溝通方式豐富多彩、各個界域或多或少都充滿著神聖氣息。」在回應史坦納提出的一個要求時，他說，「一個人高度重視真理、對知識有著絕對信仰，對這種人我當然是充滿敬意的，但這與我所說的直接與上帝建立虔誠連結毫無關係，除非這個人受到了這種連結的指引。」[10] 那麼，問題自然就出現了：以割裂的目光看待「我－你」以及「我－它」之間重要且有益的區別，以至於排除了認知的可能性，這種做法真的有必要嗎？

史坦納和榮格與布伯在思想結構上的差異，可以在布伯的作品《上帝之蝕》中明顯地看到。這位對話式的思想家與榮格拉開了距離。布伯認為，一個人的目標一旦放在「體驗經驗」上面，就是對「奧祕自發性」的侵犯：「人只有堅定地站在現實所呈現的全部力量跟前，無所畏懼、毫無保留，並且給出生動的回應，才能了悟生命的全部意涵。他已做好準備用生命來證明自己所領悟的意義。」[11]

卡爾・榮格

從榮格的回憶錄中我們知道，研究宗教史和人類靈性發展史，以便與現代心靈中的某些現象進行比較，對榮格來說是至關重要的。他在古老的思考方式中看見了這些現象的某些「預兆」。根據他自己的描述，從 1918 年到 1926 年他密集地研究了靈知主義。他一生都對這門學科保持著興趣，儘管對煉金術及其符號的研究為他提供的材料比「被遺忘的信仰碎片」豐富的多──這是米德對第二

世紀靈知主義的稱呼。「在我看來，有可能將靈知和當代生活聯繫起來的傳統紐帶已被割斷。事實證明很長一段時間以來，找到一座從靈知主義──或新柏拉圖主義──通往當今世界之間的橋樑是不可能的。但是當我開始瞭解煉金術時，我意識到它代表著與靈知主義的歷史關聯。因此，在過去和當下之間是存在著連貫性的。煉金術以中世紀的自然哲學為根基，一邊通往過去的靈知主義，另一邊則指向未來和現代無意識心理學。」[12]

當榮格的重點轉向煉金術時，他並沒有因此而貶低靈知。相反地，我們可以說榮格在煉金術中發現了另一個版本的靈知主義──這個版本更容易理解並且記錄更加完整。此外，有時榮格感覺現代靈魂與靈知之間是存在著關聯的。在 1928 年題為「現代人的精神問題」一文中，榮格以靈魂為背景對某種黑暗的、幾乎是病態的現象做出了診斷，這讓他想起西元一世紀的靈知主義。[13] 像往常一樣，榮格籠統地提及神智學、人智學（他稱人智學為純粹的印度化靈知）和印度的昆達里尼瑜伽，但並沒有花費心思區分它們之間的差別。他認為「這個現代版本的靈知」聲稱自己是一門科學的做法，是積極而且正面的，不存在欺騙愚弄的企圖。因為與盛行於歐洲的傳統宗教形式不同，現代人不希望在不加評判的情況下就「相信」教會教條。相反地，他們需要知識；榮格的意思是他們需要的是「經驗原型」，而不僅只是一般意義上對知識的渴求。榮格想要展示的是通往這種原型體驗的道路，亦即人如何有意識地在自己的靈魂中挖掘這種經驗的寶藏。荷蘭靈知主義學者吉爾・基斯佩爾（Gilles Quispel）非常正確地指出，「我們這個世紀最重要的靈知就是榮格的情結心理學。沒有人能夠否定其科學發現和觀察結果

所呈現的價值及真理。這是一個公開的祕密，亦即這種心理學的背後存在著一種靈知主義。這毫無疑問地證明，靈知是屬於西方傳統的。」[14]

最近，海達・赫維格（Hedda J. Herwig）指責榮格是一個靈知主義者，宣稱他「從一個假定的智思世界（mundus intelligibilis）邁出了玄祕的一步，將『原則』的世界實質化為『靈性』世界。」[15]這些評價，特別是榮格自己的證詞給人留下這種印象：無論是隱藏不露還是公開承認，榮格有著靈知主義傾向是毫無疑問的。因此，我們是否必須將史坦納和榮格與那些靈知主義者或偽靈知主義者相提並論？在歷史上，後者連同所有其他異教徒始終被教會視為丟人現眼的殘渣。教會一直試圖消除異端，採取的方式因時代特點而有所不同，要麼打壓迫害、要麼置之不理、要麼聲討譴責，但是都沒有取得成功。

基本上，我們只有在仔細辨識後才能對這個問題做出回答。即便靈知主義已經被深入研究了一百五十年，但必要的區分依然是缺失的。甚至在權威的神智學手冊中，我們所讀到的論述依然是「古早時期的一場奇特的靈性運動，被稱為『靈知』或『靈知主義』。」[16]我們可以問問這究竟是什麼意思。靈知，關於靈性的知識，從這個意義上來說，連新約都承認了其合法地位，乃是一種滲透到「神的深奧之事」（哥林多前書 2：10）且本身就是「永生」（約翰福音 17：3）的知識？或者，它只是一種「主義」、一種意識形態？新約中的「靈知主義者」保羅和約翰，以及後來的「靈知者」亞歷山大城的聖革利免（Clement of Alexandria），都不得不在早期為自己做出辯護，以抵禦未來成為「偽靈知者」的危

險。毫無疑問，正統「基督教靈知派」是存在的，天主教徒克普根（Koepgen）在其同名作品中承認了這一點。[17] 他認為這是一種超越邏輯和辯證觀點的認知方式，因為這種方式能夠滲透進入宗教現實的深處。

英國道明會神父維克多・懷特（Victor White）無疑地對靈知議題做出了一些有益的貢獻，他一方面區分了「靈知」（gnosis）和「靈知者」（gnostics），另一方面則區分了「諾斯替主義」（Gnosticism）和「諾斯替主義者」（Gnostics）：「這種區分非常重要，因為人們很容易得出錯誤的結論，亦即主流基督教會對諾斯替主義的拒絕也包括了靈知和靈知者。事實並非如此，也沒有必要如此。早期教會所接受的並且首先賦予其存在理由的啟示本身就是一種靈知。」[18] 毫無疑問，「靈知」在新約中是一個與信仰、希望和愛有關的基本概念。在《聖經武加大譯本》（又譯《拉丁通俗譯本》）中，傑羅姆（Jerome）將聖保羅著名的詩句翻譯為 *scientia inflat*（「知識叫人自高自大」）。脫離信、望、愛的知識會導致自我膨脹。榮格採用「膨脹」（inflation）一詞來描述那些被無意識洪流淹沒的人所面臨的危險，他們對自己的估計過高，最終陷入無邊無際的自大當中。這種人喪失了自己對社會和現實的認知。

如果將先前描述的膨脹型與靈知者的形象並列對照，我們會發現一種破碎的現實感；這表現在二元論的觀點上，亦即創生是一個美好且充滿光明的神聖屬靈世界，它與敵神的、邪惡的、世俗物質的黑暗世界是斷然分開的。有一個「雙神」論聲稱，創造這個世界的並不是一位仁慈的神祇，而是邪惡兇險的次等神（馬吉安〔Marcion〕）。諾斯替主義中也有一種社會二元論，聲稱擁有靈

知的人認為自己比那些僅有靈知信仰的人要優越。早期基督教認為靈知和信仰都是同一整體中的一部分。

後來，兩場運動——靈知主義和「信仰主義」——都否認了這種一體性。因此，指出「信仰的認知功能」是有必要的（阿爾弗雷德·戴多·穆勒〔Alfred Dedo Müller〕）。[19] 諾斯替主義者有可能將靈知與救贖混為一談，因為後者是一種已經實現的恆久狀態。

靈知主義與諾斯替主義之間的界限是非常狹窄的，而就在這條無可避免的山脊上，有一條「被稱為靈知的隱祕而神聖的路徑」（納塞內讚美詩〔Naassene Hymn〕）。正是受限於人類的發展狀況，靈知才一直處在膨脹的危險之中。基督徒的生命在自由和恩典的張力中不斷上演。

兩者終究都是靈知主義者嗎？

任何將榮格和史坦納稱為靈知主義者的人都必須承認，他們都屬於那些遵循悠久傳統的人物之列，亦即沒有屈服於人類認知的局限，而是敢深入於對純理性思考和實證科學來說仍是未知的領域。榮格和史坦納都密切關注所有古老的認知途徑，但靈知、煉金術、玫瑰十字會等對他們來說都只是用來參考的歷史事件，特別是靈知。作為靈性科學家的史坦納和作為心理學家的榮格，他們在發表自己的作品時，早已將老舊靈知的前提擱置一旁，取而代之的是對靈知主義進行比較和詮釋，試圖將其融入中世紀的靈性運動中。他們從未不加評判地接受靈知或靈知主義。史坦納未曾面臨過接受或復興靈知主義的危險，因為他所採用的方法是研究意識發展史。[20]

另一方面，不可否認的是，儘管史坦納和榮格在許多方面存在著差異，但兩者對待認知的態度將他們與馬丁‧布伯的個人－對話哲思和某些神學院派區分開來。後者的重點是強調「我－你」關係和「我－它」經驗，以及必須認真對待人類所承擔的需要理解這些現象的責任。在這個意義上，我們可以稱這兩位科學家為靈知論者。

　　將史坦納和榮格稱為靈知主義者在以下兩個方面是「安全的」：史坦納高度重視思考的作用，並且和榮格一樣，嚴格恪守科學所追求的精準度。這兩個特點保護了他們的研究方法不至於退行至主觀的神祕主義。人智學和分析心理學始終避免從事任何宗教活動，並且將靈性－科學研究與宗教啟示區分開來，由此兩者都擺脫了靈知主義所特有的個人膨脹傾向。

一些未竟之論

1・透過靈性修煉獲得心理健康

靈性教育具備重要的實用價值，因為它使人們注意到每日保持靈魂－靈性的純淨對心理健康的重要性。偶爾擔心這些練習會對一個人的健康造成不利影響，是情有可原的。產生這種疑慮很正常，因為選擇哪種方式非常重要。某人可能一開始就處在心理失衡狀態；不分青紅皂白就投入練習而沉迷其中，或者做一些看似「無害」的呼吸練習，但是她並不清楚這些練習的目的和功效。

事實上，踏入靈性世界的方式的確有對錯之分。史坦納給出的指示是有可能被錯誤執行的；除此之外還必須強調的是，踏上任何一條教育途徑時，必須保持極度清醒和謙卑的態度。需要清晰思考時卻耽溺於幻想和多愁善感，需要謙卑時卻表現出自我膨脹和傲慢，由此產生的都將是錯覺而非理想中的「高層世界」。史坦納在《如何認識高層世界》中的一句簡潔的陳述，為這個真理增加了特殊份量：「只有通過謙卑的大門才能達到屬靈的高度」。史坦納不僅警告了誤入歧途的危險，而且從一開始就規劃好了自己的教育之路：只要正確地遵循指示，就不會造成任何傷害。史坦納對奉獻的堅持——這意味著致力於追求真理和知識，不要與個人崇拜混為一談——完全不排除保持評判距離的必要性，同時也沒有要求全盤接受靈性研究的成果，因為這意味著對研究者會產生不健康的依賴心理。

經驗顯示，有許多人在靈性上是不成熟的，他們執著於某位老師或者缺乏批判性的辨識力。這類人經常出現在提出宏大主張的宗教和意識形態的團體中。人智學神經學家魯道夫・特雷希勒

（Rudolf Treichler）指出，在這種圈子裡經常會看見有歇斯底里傾向的人。對他們來說，靈性教育之路可能會造成毀滅性的後果。特雷希勒廣泛研究了精神分裂症（思覺失調）患者的症狀和治療方法，他所得出的結論是，適當的靈性教育可以預防精神疾病。[1] 事實上，他在通往啟蒙的道路上看見了治療現代文明心理疾病的良藥，但前提是要正確地遵循指引，並且關注個人心靈結構。在意志的領域，靈性練習可以協調從靈魂深處以混沌狀態進入意識的各種材料。因此，心靈的能量沒有被壓制，而是得到了轉化。思考也會產生類似的結果，既沒有被消除，也沒有被片面地與心智捆綁在一起。相反地，它在轉化後成為了一種超驗感知器官。即使最終沒有形成文獻中所描述的屬靈器官，意識、想像力、靈感和直覺的階段也未達成，這些練習仍會產生積極的影響。但精神病患者不該嘗試踏上人智學的教育之路。

總而言之，我們不該低估人智教育為心靈健康產生的有益影響以及協調統一的效果。

2・作為陰影和分身的惡魔

靈性研究和心理學獲得了一個相同的洞見：在人的一生中有個負面因素會如影隨形，此即他們的陰影面。榮格側重地指出，他所謂的「陰影」不是由「小毛病和小瑕疵所組成的，而是真的有魔鬼在動態地運作著……鮮活的生命形態是需要陰影的，如果沒有陰影的存在，生命就只是一種二維幻影，一個或多或少被精心撫養長大的孩子。」[1]

我們從民族學、神話、文學、宗教和靈性歷史中已經認識了陰影，它被稱為「另一個我」，「黑暗中的兄弟」，對手、誘惑者等等。榮格在陰影中看到一個原型人物，這個人物是以個人還是集體形態示現，取決於它出現在個人無意識還是集體無意識當中。它總是對應著人格中的低級面相，那些被隱藏、壓抑、排拒或被認為是沒有價值或充滿罪惡的部分。由於陰影是平衡和補充意識的部分，因此不必然一定是負面和消極的，因為它也有積極的一面。「陰影將一切個人所不願意承認的東西都加以人格化，但又總是將自身直接或間接地強加在個人身上。例如，性格中的低級特徵和其他無法相容的傾向。」[2] 根據這個描述，無意識將自己示現為意識的影子，也因此成為後者的對應面。榮格進一步表明，陰影往往通過投射呈現出來，而個人對此幾乎是一無所知的。這意味著一個人在另一個人身上尋找並且發現的某些負面特質——例如過錯、冒犯、不端行為——實際上都是他自己的陰影面。這個人沒有看到投射出來的真實本性，亦即這就是他自己的缺點。認識到這一點從而瓦解投射的力量，屬於榮格所宣導的自我實現的過程。

榮格非常清楚地指出，陰影是一種道德問題，它挑戰著自我－人格的整體性。「一個人如果沒有在道德層面付諸大量努力，是不可能意識到陰影面的。若想意識到這一點，就需要承認人格的陰暗面無時無刻都真實存在著。此舉乃是獲得任何自我認知的必要條件，因此通常會遇到相當大的阻力。」[3]

先前的論述概括了被分析療法稱為接受或實現陰影的過程。解決這個問題需要極大的勇氣。人智學在這方面做出了什麼貢獻呢？

起初，人智學似乎並不關注陰影議題，如果有的話也極少。

種印象通常是觀察所謂的「人智學者」得到的結論。（注意引號的使用！）對這些人來說，他們的世界觀和精神特質就是真理、完美和特殊知識的精髓。史坦納本人被視為絕對「沒有陰影」的個體。在他身上似乎沒有錯誤的存在空間，任何形式的評判都是禁忌。史坦納提出的忠告，「嘗試、檢驗，一次又一次！」幾乎已經被人們所遺忘。任何一位有深度的心理學家都不會對這種偽禁忌表示尊重。然而，人們是無法從這種印象中得出嚴肅結論的。史坦納發表過的一些可被採信的論述被記錄下來，其中他不僅非常謙虛地談到自己的靈性經驗（「嗯，這是一種恩典……」），並且還坦然承認：「當你審視自己的內心時會發現，有些事情你是根本不願談及的。」

　　毫無疑問，史坦納在此處所觸及的就是榮格所說的「自我認知必須具備的基礎」。史坦納在《奧祕科學大綱》中的這番話似乎是在直接回答深度心理學家的問題：「因此重要的是我們真實且徹底地瞭解自己，如此一來才能純粹地感知周邊的靈魂和靈性世界。」他接著描述了「在當今世界裡，『我』作為人類活動的核心凝聚力是如何運作的。我們所有的傾向、同情、反感、激情、看法等等都圍繞在『我』的周圍，而這個『我』也吸引著與個人業力相關的一切。」關於這一點，我們沒有在榮格體系中找到對應的理念，至少在超越個人範疇的因果律包括輪迴轉世上，沒有相似之處。然而，有許多可能的欺騙行為阻礙了嚴肅的自我認知。史坦納發現「在靈魂深處隱匿著一種羞恥感，這是我們在物質感官世界中沒有意識到的。然而，這種隱微的感覺和日常生活中普通的羞恥感有著類似的運作機制——阻止一個人的內在存有以可被感知的形象出現在另一

個人的面前⋯⋯這種感覺使我們將真實的自己隱藏起來，同時也掩蓋了整個靈魂和靈性世界。」[4]

這意味著只有已經感知到靈魂深處的黑暗面並且能夠承受其中可怕現實的人，才能獲得對靈性世界的洞見。顯然靈性科學家和心理學家在此處所描述的是同一種內在經驗，儘管他們的立場和採用的研究方法都存在著差別。史坦納是如何看待自卑感這個陰影面的？在他關於自我認知的冥想中，史坦納描述了踏入靈性世界時必須經歷的種種體驗。「你要學習⋯⋯從一個只有在擺脫感官覺受的情況下才可能獲得的角度來看待自己。」他所指的是想像力意識，當這種意識在運作時，感官覺受和記憶是不參與運作的。「隨之而來的壓倒性感覺成為了真正自我認知的開始。體驗你與外在世界的錯誤關係，有助於揭示靈魂存有的真實面貌。」[5]顯然，第一次看到靈魂中的負面因素時，只是抱有希望或下決心克服是不夠的。這種負面勢能就像「自然原力」，比人們想像的要強大的多。甚至連「我」都不足以與之抗衡。「要想進入超驗世界，你必須回頭看向你的整個靈魂，你的這個『我』是要被棄絕的。」[6]

只有考慮到人類將實際經驗到的「我」視為自然真實的自己時，我們才能真正理解這句話的深刻意涵。但這個階段的經驗顯示出在靈性－科學發展的道路上，我們得重新評估那些迄今為止一直在發揮作用、似乎可以滿足日常意識所需的價值觀。在榮格的個體化進程中，有意識的「我」必須轉化為將意識和無意識涵容在內的「自性」。而史坦納的教誨則認為，日常的「我」必須轉化為「真正的我」（true I），他有時將後者稱為「另一個我」（other self）。史坦納強調，這個「真實的我」即「另一個我」，是不需

要被創造出來的。「擁有靈性視野並不能創造出真正的『我』，因為『我』存在於每個人的靈魂深處。超感官意識只是有覺知地體驗到先前不為人的靈魂所知的東西，但這些東西實際上是其本性中的一部分。」[7]

　　毫無疑問，榮格的「自性」概念對應的就是史坦納所說的「真正的我」以及「另一個我」，但前提是我們不能忽視這樣一個事實：兩個名相所處的語境是不同的。將人智學與榮格的陰影理論進行類比時，也同樣如此。實際上，史坦納為此引入了兩個名相。他把人在靈界大門之前的門檻經驗稱做「Doppelgänger」，即分身。另一個名相是「門檻守護者」，採用這個詞語的目的是為了指出分身的某種功能。「它像守門人一樣站在入口，拒絕任何尚未具備資格的人進入那個世界。因此分身可以被稱為『通往靈魂和靈性世界的門檻守護者』。」[8]

　　門檻守護者的任務之一是警告人在道途上可能出現的自欺行為。為了能清晰客觀地洞見到屬靈世界的實相，與守護者相遇是不可或缺的，因為祂代表的正是迄今為止一直隱藏在意識底端的「真相」。「我們的真相包括所有的弱點、缺陷以及導致我們執著於感官世界一切習氣，全都會在門檻前表達出來。」[9]史坦納在靈性教育的框架中提出了一些預防措施，能夠有效地消除這個重要時刻出現的幻覺。例如，學生必須學習在和門檻守護者相遇時，如何不因為自己靈魂深處示現出的負面特質而感到氣餒。有些強化靈魂積極主動面向的預備練習，可以幫助學生們做到這一點。史坦納認為其中包括提高勇氣，以及自由、愛和積極思考的強烈感受的練習。[10]只有當一個人將靈性－科學教育道路上的阿爾法和歐米伽都考量在

內時，才能充分理解上述這番話的意涵。

由於榮格認為陰影具有劣等品質，因此值得注意的是，史坦納也將「分身」「描繪為「惡魔」。惡魔是在靈魂中示現出的超個人實體，在人智學中被認為具備雙重特徵，這使人聯想到古波斯時代光明與黑暗的兩極性。惡魔一方面表現為黑暗幽深、以物質形象出現的「阿里曼」，另一方面則是與其對應的另一極「路西弗」。因此，那些令身體固化的靈魂勢能被稱為「阿里曼」：靈魂中的唯物主義、乾涸的心智、迂腐和庸俗傾向。「路西弗」的意思則截然相反：它在靈魂中表現為幻覺式的想像力，有一種狂喜和神祕主義傾向。史坦納所關心的是如何克服這個雙重性。然而，克服並不意味毀滅阿里曼或路西弗，而是在這兩種極端傾向之間創造出一種平衡。一邊將我們「往下」拽，另一邊則拉著我們「向上」升。在取得平衡的過程中，還有基督原則同時在進行著事功。史坦納將這種每個人都必須獨自進行的鬥爭，呈現在一座巨大的木雕作品上。這個名為「群組」（Group）的雕塑，矗立在瑞士多爾納赫的歌德紀念館中，它是由路西弗和阿里曼的形象所組成的，「人類代表」則站在兩者中間。1923 年，史坦納在歌德紀念館為建築工人發表了一次演講，他說：「成為基督徒確實需要在阿里曼和路西弗的力量中找到平衡。」[11]

史坦納和榮格都認為我們不是要簡單地消滅存在於陰影當中的「惡魔」。在榮格看來，它在自我實現的道路上扮演著重要角色。當然，陰影必須被意識化，榮格在其分析實踐中始終貫徹了這個要求。但這還不是全部，因為通往個體化的道路上必須接受和整合陰影面。這意味著我們要做的不僅僅是承認陰影面的存在，「如果我

們能充分意識到一件事物的雙重性，對它的理解不只是停留在心智層面，而是在情感價值上有深刻體會時，才能將其整合進來。」[12]

我們不可能憑空只是消除掉被心智認為是不可取的低等特徵。這一點同樣適用於路西弗和阿里曼。它們是不會允許自己被簡單地消滅或被當成詭計而受到忽略的。這兩股勢能——它們永遠存在於靈魂當中——必須被看成現實來進行考量。「為了避免成為路西弗和阿里曼的犧牲品，就應該在自己身上根除它們的存在。這顯然是完全錯誤的想法……你只有達成了恰當的平衡狀態，才能使自己和這些元素形成一種適當的關係。」[13]

因此對榮格來說，「陰影」是有意識的「我」在無意識中的對應物，很有意思的是，它相當於史坦納所描繪的與「分身」或「門檻守護者」相遇的形象。在這兩種情況下，一個人能否找到力量來承載無意識的靈魂內容所呈現的真相，都具有決定性的意義，這標誌著個體化進程和啟蒙道路上的一個關鍵時刻。

3 · 兩性同體現象

對榮格來說至關重要的個體化，以及人類的自我認同和整全的演化，早在男人無意識中的阿尼瑪和女人無意識中的阿尼姆斯被發現之前，便存在於人類的意識當中了。某種程度上，人類仍然可以直接觸及靈魂－靈性的現實，因此，是可以就人類的奧祕——男性和女性的兩極對立與統一——發表一些看法的。我們不能從現代的角度來談論「知識」；獲得這些知識必須是循序漸進的。故事和訊息是否以圖象語言的形式出現，取決於特定時期的意識狀態。我們

在這裡所討論的是兩性人或雌雄同體的原型意象，這是一種神話人物的形象，不能與性別異常、「中性狀態」相混淆。性病理學對這些現象的區分是非常清晰的。

在靈性歷史中，兩性人的存在可以追溯至古早的神話傳統。在那些時代裡，人類尚未分化成為兩種獨立的性別，仍然處於無性別或超性別狀態。在亞洲宗教、希臘神話（參見柏拉圖的《會飲篇》）、古埃及和日耳曼文化等地區，都可以找到這種情況存在過的印記。聖經的創世故事也觸及了這個奧祕（創世紀 1：27），儘管神智學特別是神智的人智學極力否定這一點。然而事實是，猶太教重建派中的拉比、亞歷山大的斐洛、《塔木德經》、卡巴拉，當然還有靈知傳統都將這段經文（照著祂的形象造男造女）解釋為「雌雄同體」的意思。[1]

儘管存在著恩斯特・本茨（Ernst Benz）所說的「來自官方的激烈打壓」，但是在基督教圈子裡，雙性同體的觀念仍然收穫了眾多追隨者，許多信徒給出了自己的解釋。其中最重要的人物是著名的新教神祕主義者雅各・波姆。他發展出一整套「人智哲學」——人類的智慧。[2] 他的追隨者，即十七世紀的「波姆派」，影響了整個歐洲大陸。其中包括偉大的斯瓦比亞（Swabian）神學家弗里德里裡希・克里斯多夫・厄廷格（Friedrich Christoph Oetinger）和約翰・邁克爾・哈恩（Johann Michael Hahn）（後者成為以其名字命名的宗教派別的精神領袖）。透過十八世紀法國神祕主義者路易－克勞德・德・聖馬丁（Louis-Claude de Saint Martin），德國浪漫主義者再次發現了波姆，由此雙性同體的概念重新引起了人們的關注。弗朗茨・馮・巴德爾（Franz von Baader）是對此感興趣的許多

人之一。俄國思想家弗拉底摩‧索羅維耶夫（Vladimir Solovyov）和尼古拉‧別爾嘉耶夫（Nikolai Berdyaev）將這種古老的知識帶到了現代。[3] 玫瑰十字會和煉金術思想也不應該被遺忘。一個人如果不考慮人類完整的雙性同體現象背後的觀念，那麼這個人是無法理解這些思潮的。榮格在我們這個時代保留了這種古早智慧的活力，但他並不是簡單地延續著傳統，他採用這種理念來幫助人們理解自身的想法。榮格所關注的重點在格哈德‧多恩（Gerhard Dorn）醫生的語言中得到了最好的表達。格哈德‧多恩是帕拉塞爾蘇斯（Paracelsus）的學生，榮格經常引用後者的原話：「Transmutemini in vivos lapides philosophicos」（將自己變成一塊鮮活的哲人石），因為「ex alio numquam unum facies quod quaeris, nisi prius ex te ipso fias unum」（你永遠不會成為你所尋求的那個人，除非你先成為那樣的人。）

在魯道夫‧史坦納的人智學中，雙性同體現象被納入了人類起源的過程當中。史坦納曾多次對雙性同體發表過評論，但從未給出系統或完整的闡述。[4] 簡單回顧一下史坦納在該主題上的看法，會出現以下的畫面：正是人類的發展形成了演化的框架，人類在這個過程中逐步發生了各種變化。在某個特定階段裡——史坦納甚至談到了行星的化身——曾經是雌雄同體的人類被劃分成為兩種相反的性別。先前內建於一個人之內的東西，如今分裂成了兩個部分。這種「個體性」（individualization）是為了促進意識之光的覺醒以及人類「我」的發展而出現的。由於史坦納是在一個非常宏大的背景下進行思考的，因此性別分化只是其中的一個演化階段。他的目光不僅注視著人類的古早神話原型，而且還投向了最遙遠的未來。事

實上，「我」的出現標誌著超性別整全發展的開始，顯示了「完滿人性」的開端。「我」－意識進一步地發展，未來將再次出現雙性同體現象——這個過程需要相當長的一段時間。史坦納將這種發展帶來的結果作了描述：「無論是女性身體中的男性靈魂，還是男性身體中的女性靈魂，都將透過靈性發展結出的果實再次成為雌雄同體。因此，男人和女人在外部形態上是不同的；但是他們在靈性上的單極性將會在內部被完善，成為和諧圓滿的整體。」[5]

毫無疑問，正如史坦納演講中的其他相關評論一樣，此處有許多難以解決的問題，留待讀者自己去尋找答案。可以說，我們在這裡所看到的——如同榮格的作品一樣——乃是靈魂－靈性自我實現的過程。對史坦納而言，這不僅意味著一個人在一次輪迴中實現個體化——這個視野比較狹窄，相反地，他將目光投向了人類發展最遙遠的地平線。因此，人們很容易將他的觀點與聖經中的末日啟示聯繫起來。

4・作為信仰序章的魂和靈的研究

在討論榮格和史坦納作品中靈魂和靈性的議題時，我們提到了多瑪斯・阿奎那所說的「信仰序章」一詞 praeambulum fidei，並且將其應用於靈魂和靈性研究當中。我們這樣做的目的是為了反駁那些從事靈性研究的人經常發出的指責，他們不僅將「靈性」與「聖靈」或神性以及超驗現象混為一談，而且把人智學或心理療法變成了一種替代性的宗教。認為史坦納和榮格有所謂「自我－救贖」傾向的謠言似乎永遠不會消失，儘管兩個人對這種譴責都堅決表示反

對。我們已經討論過榮格明確分辨出假想的超個人原型與神的意象之間的差別，而這只能透過心理學的方法才能加以辨別。史坦納也畫出了清晰的分界線，例如，在區分他的靈性科學與基督教社區（一場從他那裡獲得方向的宗教復興運動）的差異時，這一點尤為重要。[1]

靈性視野與宗教啟示之間有著什麼關係呢？人智學確實採用了啟示的概念。漢斯・艾哈德・勞爾對這個主題進行了一項出色的研究，他闡明了魯道夫・史坦納的靈性科學多大程度上確實包括了獲得啟示性屬靈真理所需要的交流。[2]

史坦納本人也談到了宗教啟示與靈性研究之間的關係議題。他於 1916 年在瑞士發表的一次演講非常具有參考價值：「從靈性科學的角度看待人類生活」。講座結束後不久講稿就被印刷出來，此舉表明演講內容對他來說是至關重要的。[3] 在這次演講中，史坦納反駁了關於人智學研究破壞宗教信仰的指控。為了回應天主教神學家的攻擊，他引用阿奎那的觀點來澄清自己的立場。阿奎那區分了兩種認知模式。首先是透過神啟獲得的洞見，在教會教義、基督道成肉身、三位一體教義和教會聖事中都有體現。除了這些關乎信仰的教義，多瑪斯認為還存在著第二種洞見，亦即一個人透過自己的認知獲得的真知灼見。史坦納總結道，「對多瑪斯來說，這些真理就是信仰序章，世界上關於神存在的一切可知的東西都已包括在內。創造、掌理、支持和審判世界的聖靈之存在，不是一個純粹的信仰議題，這是可以透過人類付諸理性的努力來瞭解的。關於人類思維活動的靈性本質，我們所能知道的一切也都屬於信仰序章的範疇。」[4]

人智學到底屬於多瑪斯的兩種認知模式中的哪一種？史坦納在其靈性研究中發表了一些驚人的言論，這些論述即使是對熟知人智學的讀者來說，也會造成極大的困難。勞爾指出，人們可能會認為史坦納與靈界的交流，就是多瑪斯·阿奎那所說的啟示，其中有許多都不是基於傳統經文，例如《阿卡夏檔案》或《第五福音書》。令人驚訝的是事實並非如此。史坦納指出，經院派哲學家（編按：經院哲學在台灣也稱「士林哲學」）做出的區分同樣適用於人智學。史坦納這樣寫道，「多瑪斯·阿奎那關於信仰序章的觀點與靈性科學是完全一致的，因為人類獨立的認知能力所理解的一切，都必須被視為信仰序章。」

　　靈性研究者是在哪個界域裡遨遊呢？史坦納的回答非常明確：「人智學的確實現了意識的擴張；它對現實各個維度做出的陳述，遠遠超出未經訓練的普通意識所能及的範疇。然而，人智學的整體內容都在多瑪斯所說的信仰序章領域之內。」在這個問題上，牢記史坦納的觀點是至關重要的，因為某些演講稿中的一些說法可能會讓人產生不同的想法。[5] 史坦納補充說道，「靈性科學透過擴展認知也可以獲得對靈魂的洞見，而這是無法僅憑純粹理性思考獲得的，後者只能增加信仰序章所包含的知識量，所以是永遠走不出這個領域的。由此獲得的知識甚至比那些僅透過心智得到的見解更能支持啟示性的真理。」[6] 如此一來，意識的高級形態──在人智學術語中被稱為想像力意識、靈感意識和直覺意識──也明確地與至上神啟劃清界限，因為這些都是人類努力不懈的結果。或者，如果應用在靈性知識的人智學方法上：一個人是否選擇踏上靈性研究的道路是完全自由的，取決於這個人是否願意將自己徹底奉獻給這項

　　　　　　　　　　　　　　　榮格與史坦納：靈性心理學的曙光

工作。然而要想獲得「高等靈界知識」，最終僅靠人自身的努力是不夠的。史坦納本人將其稱為「恩典」。

與史坦納相反，榮格並沒有提及多瑪斯・阿奎那。不過，他在著作中的重要內容中表達了自己對基督教教義的高度重視。正如他曾經向馬丁・布伯所承認的那樣，他只是從實證的角度、「基本上是以醫生的身分」來看待教義的。他對神啟不感興趣，這清楚地表明他希望自己的作品被解讀的方式。他所感興趣的主要是教義在心理層面所產生的影響，「和科學理論相比，教義能夠更完整地代表靈魂，因為前者所表達和闡述的只是心智中有意識的部分。」[7]

出於這個原因，榮格對教義的重視程度遠遠超過理性思維的產物。他從不尋找教義信條的靈性源頭——至少不以心理學家的身分去尋找。他認為這種質疑超出了他的能力範圍，而且宗教啟示是人類認知所不能及的。按照多瑪斯的定義，神啟存在於信仰序章之外。經過上述討論之後我們完全可以相信，無論是榮格的心理學研究還是史坦納的靈性科學，都沒有像我們所期望的偉大宗教創始人、傳教士或宗教改革者那樣，做出了宗教性質的宣言，這並非他們的本意。但不能否認的是，他們的工作創造出的新脈動曾經豐富並且充實了宗教生活，現在依舊如此。

5・一元宇宙和宇宙基督

煉金術士的**一元宇宙**（編按：或稱「一元世界」、「世界一體」）概念在榮格的後期作品中扮演著重要角色。研究煉金術的科學家認為，一元宇宙是萬有存在的永恆不變、包羅萬象之基礎，一

個被稱為「上帝的智慧」（sapientia Dei）或「基督神靈」（anima Christi）的世界。這個世界被認為是所有創造力的根基，心靈和物質在這裡合而為一。榮格和衛禮賢一起探索中國密修文獻中的共時現象，並且與物理學家沃夫岡‧包立（Wolfgang Pauli）從物理學角度對共時性進行了探究。這些研究使得榮格確信將心靈和物質涵容在內的整體是存在的，他的超心理學觀察也證實了這些研究成果。

榮格創造了一個基礎，在此基礎上，物質和靈性這兩個獨立卻互補的領域可以被視為一個整體。他是透過共時性原則的概念做到這一點的。在同步發生的事件中，心靈活動與同時發生的外在事件所揭示的意涵是相同的。通常存在著一種當時可能並不知道的「對事實的**先驗**直覺」，就像一副沒有主題的圖片一樣。因此，共時性現象所指出的是超越意識而存在的統一體，此即榮格所說的**一元宇宙**。[1]

史坦納在二十世紀初所進行的靈性研究中也遇到了同樣的現象。顯然，當他在某次講座中將這個「極其重要的發現」分享給關係緊密的圈內人士時，事實上時機尚未成熟。在 1909 年於慕尼黑發表的題為「西方之光中的東方」演講中（該主題已經表明了他的意圖），史坦納提出了一個概念，亦即存在著兩種進入靈性世界的途徑，它們在人類發展中發揮著重要作用。[2] 他指出，外在感官世界如同幻相（**瑪雅**〔maya〕）一樣掩蓋了靈性世界的真實樣貌。他認為我們的任務是穿透這層面紗以瞥見超感官界域。然而，他表示這只是兩種可能性當中的一種。他解釋道，從另一方面來看，我們的思想、感受、情感以及靈魂生命中更複雜的諸如良知等現象，形成了另一層面紗，將靈性世界與我們隔離開來。當覺醒的意識穿

透這層面紗時，它將再次進入靈性世界。

這就是史坦納在其他方面所描述的兩種方式，即「煉金術路徑」——指向外在世界——和「神祕路徑」。「煉金術路徑」指的是玫瑰十字會煉金術士的道路，這也是歌德在其科學研究中所採用的方法。史坦納本人在他的知識理論以及對歌德自然科學的研究工作中，都是全心投入於這條道路的。史坦納還談到要將目光轉向內在的「神祕路徑」。這兩條道路各自的目標被稱為「煉金術婚禮」和「神祕聖婚」（unia mystica, hieros gamos）。此處不難看出這就是榮格在其作品中所描述的兩種心理類型，即「外傾型」和「內傾型」。

我們在這裡又得到了一些有趣的比較材料，可以用來說明榮格這位心理學家是如何成為內在靈魂代表的。即便如此，他始終關注的不僅是個人心靈，也包括全人類在內的集體心靈。另一方面，史坦納所關注的則是知識和對宇宙事實的描述。他在先前提到的講座中論述了「上界」和「下界」神靈的運作方式。前者由太陽－存有所代表，後者由月亮－存有代表，從這個角度來看，後者的力量更強大。史坦納強調，現代人類的使命並非單一地追求自然科學或神祕主義。顧此失彼都不會找到一個令人滿意的現實圖景。「但是，當穿透外在感官世界與穿透靈魂生命面紗這兩種能力合而為一時，人們將會得到一個非常重要的發現，亦即隱匿於靈魂生命面紗背後的與隱藏在外部感官世界之後的東西，其實是完全相同的。完整統一的靈性世界可以透過內在和外在揭示出來的。如果一個人透過這兩種途徑來認識靈性世界，那麼他就體證到了後者的完整性。無論是誰透過冥思默觀的方式進入屬靈世界，都會發現靈性世界是隱藏

在靈魂生命面紗背後的。當一個人發展出超驗能力可以穿透外在感官世界的面紗時，這個人會知道在內心深處所發現的與他在外界探尋中找到的是同一個東西。」[3] 毫無疑問地，這是榮格將自己與中世紀自然哲學聯繫起來的同一個真理，即一元宇宙。或許在此處可以提及的是，人智學致力於將這兩條通往靈性的道路結合起來。如果一個人將人智學與靈知主義或神祕主義混為一談，那麼此人一定沒有理解史坦納的意圖。榮格在過去——現在依然如此——受到類似誤解並非巧合。

此處我們需要指出，史坦納在他關於福音書特別是《馬太福音》和《路加福音》的演講中所提到的與基督論之間的關聯。史坦納認為，在基督示現於地球的歷史時刻，被我們稱為「煉金術的」和「神祕的」的兩種重要屬靈能流是融為一體的，此發現構成了人智學密修教學的基本核心內容。基督道成肉身可以被理解為既是一個煉金術事件，又是一個神祕事實。除此之外，史坦納還宣布了另一個重要事實：基督將在生命勢能界域（乙太層）再次降臨。[4] 1910 年後，史坦納在許多城市舉辦的諸多講座中曾努力讓聽眾瞭解這個事實。基督再臨甚至在他的神祕劇中扮演了角色。人智學旨在幫助人類為基督的第二次降臨做好準備，此乃二十世紀的基督事件。榮格在其關於個人心靈層面研究中所說的內傾和外傾類型，在史坦納的基督論中得到了進一步的延展和深化。

考慮到我們所選擇的主題，這無疑是一個時代的標誌，人類開始從許多不同的方面進行探索——對靈性現實、靈性降臨以及人類演化和更新提出質疑，這需要我們做出對觀福音式的解釋。多年來，德日進神父的宇宙基督論與印度聖賢室利·奧羅賓多的人類願

景之間，一直存在著溝通交流。漢斯‧哈索‧馮‧維爾辛‧奧斯特勞（Hans Hasso von Veltheim-Ostrau）在與印度啟蒙者的對話中，一直在探討東方神祕主義是否可以幫助西方的密修行者補充或證實即將到來的基督再臨概念。《亞洲日記》的作者從蒂魯瓦納馬萊（Tiruvannamalai）的拉瑪那‧馬哈希尊者那裡得到一個令人驚訝的答案：「是的，你說得對，我們的意思是一樣的；你所說的事件發生在 1909 年，以這種形式出現在地球的大氣層當中。這是一個前所未有的嶄新事件，其影響將持續幾代人，一切都會因此而產生改變；然後會再次消失，獨一無二、不可複製。」[5] 馮‧維爾辛斷言，他自己曾經預測這個發生在超感官界域的特殊事件，會在十九世紀七〇年代末或 1930 年左右出現。馬哈希的聲明和史坦納在上面提到的新基督事件開端的同一年所做出之論述完全一致。在 1917 年的柏林演講中，史坦納說，「儘管人類目前在物質層面的行為似乎遠遠未被基督－神靈所充滿，但只要靈魂願意向祂敞開，那麼即將二次降臨的乙太基督，就離它們很近了。玄祕家確實可以證明，大約從 1909 年開始，人類一直在準確無誤地為即將到來的事件做準備，而且從 1909 年起，我們就已經生活在一個非常特殊的時代了。」

　　史坦納關於基督二次降臨的觀點是非同凡響的，因為對這一事件的認知不應該依賴於任何特殊的靈視力——如同人智學教育之路所要求的那樣，而是可以自發示現出來的。重要的是，新的基督啟示發生在「乙太世界」，一個最接近物質維度的低層靈性界域。馮‧維爾辛評論道：「我們必須在此瞥見賦予生命能量的不可估量之境。生命脈動在這個世界中升起，以創造力的形式示現在感官

界域裡。有時我們是可以感受到這股勢能的，它也許被稱為『天意』、『時代思潮』，一個時代、種族或國家的『精神態度』。」[6]

這個領域指的正是從心理學角度描述的集體無意識，在那裡可以找到初始的原型意象，如同發現鏡中之物一樣。上述說法是如何打動榮格這種深度心理學家的？他的現代科學思維方式似乎已經根深蒂固，那麼他是否還有資格對此進行論述呢？毫無疑問，榮格感覺自己所面對的是一種只能以試探性方式暗示和描述的奧祕現象。可以理解的是，他不太願意透過心理學觀察來證明形上議題，因為在他看來這種方法是不合理的。但是在與朋友的親密交談中，他並不回避自己所持有的某些個人信念。此處有兩個例子可以加以說明。他在 1948 年 1 月 13 日的一封信中寫道：「我每天都感謝上帝允許我在自己身上經驗到**上帝形象**（*Imago Dei*）的真實性……感謝上主的恩賜，我的生命才有了意義。」 五年後，榮格揭示了他的深度心理學與基督之間的直接關係：「正如俄利根（Origen）認為聖經是邏各斯的載體，無意識心理學也必須被理解為一種『呈現接受性的方式』。然而，基督的**先驗**形象並不是由人類創造的。超驗（完整的）基督為自己創造了一個更獨特的全新軀體。」[7]

人們怎麼強調這段話的廣泛意義都不過分。榮格似乎暫時忘記了自己只想成為一名醫師和心理學家，他將那些支撐其懷疑態度的哲學原則拋諸腦後。此處以及在他作品中的其他幾個段落中，其心理學進一步發展的前景正在徐徐展開。奧地利人愛麗絲‧莫拉維茲－卡迪奧（Alice Morawitz- Cadio）是史坦納和榮格的學生，她發展出「靈性心理學」，其分析和治療原則是朝向靈性層面的。如此一來，我們將先前引用的榮格信件中的段落與早期神學思想即基

督-邏各斯的**連續化身**進行了對比。不僅如此,我們還必須認同威廉‧比特的觀點,他寫道,「按照基督連續化身的傳統,祂一次又一次地為自己創造出適合且能轉化當時歷史環境的全新身體。榮格將無意識心理學解釋為呈現接受性的一種方式,適用於**邏各斯**在我們這個時代的化身。」[8] 比特將榮格關於共時性和作為經驗世界永恆起源的一元宇宙的研究,與《新約》中所說的「聖靈溢出」事件緊密聯繫起來。(令人費解的是,與史坦納不同,榮格沒有與《約翰福音》建立連結。在《約翰福音》中, 基督離開門徒時向他們強調了祂的預言,即將要到來的聖靈將「指引他們走向完美真理」。)儘管如此,榮格暗指世界被屬靈(「氣態」)基督所滲透的論述,似乎與史坦納宣佈的二十世紀之基督事件是一致的。此外,在氾濫猖獗的神死神學中,依然存在著大量將靈界現實、屬靈存有降臨和宇宙基督進行事功考量在內的參考資料。

寫在最後

在此番探究結束之際,出現了一個關於結論的問題。起初我給自己設定的任務是,將魯道夫‧史坦納和卡爾‧榮格的生活及工作並排放在一起,探索概要法研究的可能性。

一方面我得出的結論是,這兩位偉大人物是無法相提並論的,因為他們無法被歸入任何一種類別。他們遵循著自己的規則,各自都有不可逃避的命運。兩人必須完成自己獨特的艱巨任務,盡可能取得最圓滿的結果。這就排除了關注或將對方考量在內的可能性,儘管他們處在同一時代長達半個世紀之久,並且住的地方距離很

近。他們的道路向來是不同的，而且也不可能相同。這並非是由外在環境所導致的，而是因為他們的目標迥異，並且對如何獲得知識的看法也不盡相同。

　　儘管在原則和方法上存在著這些差異，我還是遇到了大量的可供概要法研究的觀點。史坦納和榮格在建立人類的新意象以及拓寬對現實的理解方面，都做出了重大貢獻。這並非是一個從數量上增加我們對世界和人類認知的問題，而是真正突破性地獲得了嶄新的視野。

　　榮格的貢獻在於發現了集體無意識，這不僅讓我們得以瞥見人類心靈深處，也讓我們看見一元宇宙的奧祕，即靈魂和物質合而為一。史坦納所取得的決定性成就則是創立一門新的靈性科學、一條現代啟蒙之路。他在自然科學的基礎上創造出獲得真正靈性知識的方法。

　　鑑於這些成就所覆蓋的範圍和重要性，僅僅停留在口頭上的空談是不能恰當地體現出其價值的。只是簡單地借用他們認真工作的成果——某個評論或洞見，或受到觸動時偶爾引用他們的原話，也是不夠的。史坦納和榮格給予我們的不僅僅是如某些技術公式一樣可以隨意使用的新知識，他們要求我們在自己身上下功夫，在其提供的建議和指引的幫助下，踏上個體發展的道路。

　　出於這個原因，只有那些於內在為榮格和史坦納所描述之經歷創造必要條件的人，才有資格評價人智學或深度心理學。以通常的理性方式獲取數據是不夠的。因此，精神分析學家們堅持認為，那些想從事深度心理學研究的人，自己必須首先接受分析。人智學科學家在探尋知識之道上進行的所有交流，都必須以冥想的形式深入

其中。僅透過積累事實性的知識是無法獲得啟蒙或實現個體化的。

新的標準乃是透過個人嘗試體驗新的維度而設定的。史坦納和榮格都鼓勵學生突破老師的特質所帶來的限制，自由地尋找適合自己的教育和自我實現的方式。沒有什麼比在此出言必稱「大師」更不合時宜的了。重點是我們要獲得自己的見解，無論這些看法是多麼地微不足道。以下這番話則再貼切不過了：「如果你始終只是老師的學生、總是重複他或她所說的話，認為這些話語就代表著終極智慧，那麼你對你的老師是沒什麼信心的。」我們需要做的是親自踏上那條通往高等或深奧知識的艱辛之路。

最後，一個人不能將透過這種方式所獲得的經驗，僅僅用來自我提升，因為個體化和啟蒙都有其社會功能。我們不能將獲得洞見本身當做目標，而是要將其視為採取行動的基礎。自我實現必須在社會領域結出果實。如果對這種情況是否正在發生存有疑問，那麼我們完全可以提出這樣一個問題：想要達成的「自我實現」是否真的實現了呢？

此處我將引用一段馬丁・布伯的話：「自我體驗、靈性經驗、與『高層我』相遇，它們的發生並不是為了讓我們像揣摩世上的其他現象那樣，去猜測這些經驗的意涵，而是為了賦予塵世生命以意義。」所有的啟示，包括這個在內，都是一種召喚和使命。

最後一個個人看法：讀者可能已經注意到，在整個探究的過程中，我所談論的內容有時針對的是那些從魯道夫・史坦納身上獲得關鍵教誨的人，有時是那些從榮格那裡得到靈感的人。他們對聖奧古斯丁以下的這番陳述有著自己的主張。在《駁摩尼教基礎書信》中，他對被教會指控為異端的昔日兄弟們這樣寫道：「我發現我是

不可能對你們感到憤怒的，不僅如此，我還要懇請你們——我們雙方——都放下所有的傲慢和自以為是態度。任何人都不要以為自己已經發現了實相，讓我們一道尋求那不為人知的東西。因為只有放下大膽的假設，不再認為只有我們才能發現並且擁有它，我們才能在愛與平靜中覓得實相。然而，我如果不能對你們抱有這麼大的期待，請至少允許我聆聽你們、與你們說話，就像和我不認識的人交談一樣。」

靈魂的謎題：
深度心理學和人智學

漢斯・艾哈德・勞爾（Hans Erhard Lauer）

哲學家、人智學家，榮格

與史坦納思想比較的先驅人物

前言

為了回應讀者提出的諸多要求,特別出版了原先在各個場合發表的不同版本的演講錄。前兩個講座文本是由錄音編輯而成,因此保留了口語表達的流暢風格,幾乎沒做任何更改。第三篇演講文稿則是在我的筆記基礎上精簡編匯成的。

第一個演講中提到了不同類型的深度心理學,目的只是給出一個粗略的概要。此領域的文獻 —— 無論是表示支持還是提出質疑——已經數不勝數,無需在此贅述。我之所以談到這一點,完全是因為深度心理學將我想要在這些演講中探討的主題變得一目了然:當一個人在靈魂的意識與無意識界域之間做出區分時,謎題就會出現。

當然,我很清楚有些人會認為將人智學和深度心理學進行比較是不可能的。這種反對意見或許有著充足的理由;但是在第三個演講中,我給出了嘗試進行這種對比的令人信服的理由。畢竟這兩種重要的研究方式同時出現並非巧合,因為都是源自於我們這個時代的同一股深層脈動,儘管它們的意識水準存在著差異,所採取的方向往往也有所不同。

漢斯・艾哈德・勞爾

巴塞爾,1959 年春

1・從深度心理學的角度看待人類靈魂的謎題

下面這句話出自被稱為「晦澀者」的古希臘哲學家赫拉克利特

之口：「即使探尋了世上所有的途徑，也永遠無法揭示人類靈魂的深度；因為靈魂－存有是包羅萬象的。」此番言論表明，我們是不可能徹底瞭解人類靈魂的，但德爾菲神廟入口處還寫著另一句話：「認識你自己」。後者告誡我們，即使知道自己永遠無法完全理解靈魂，但我們還是要在人生的不同時期盡已所能地洞見靈魂的奧祕，這是身為人類被賦予的責任。事實上，縱觀一下歷史，對於人類的奮鬥和思考來說，沒有什麼比靈魂謎題更重要的了。隨著時間的推移，人類找到許多方法，也探索了很多條道路，一次又一次地在無限的靈魂領域中取得新的發現。

我發表這些演講的目的，旨在探討人類於二十世紀在「了悟靈魂」（Seelenerkenntnis）的領域中所取得的一些成就。一方面，與過去三、四個世紀相比，「靈魂科學」（心理學）在本世紀實現了巨大飛躍，並且探究到相當重要的深度，這在很大程度上主要是透過深度心理學達成的。創立於二十世紀初的深度心理學得到科學界的廣泛認可，對當今人類的心智活動產生了重要的影響。另一方面，在同一時期，魯道夫・史坦納的人智學也開始出現。

儘管人智學採取的方式和路徑與深度心理學有所不同，但它對靈魂的認知卻是非同凡響的，其深度甚至超過了深度心理學所做出的貢獻。

今晚我想首先概述一下深度心理學最重要的研究成果，明天將介紹魯道夫・史坦納的人智學對靈魂圖景的描述。由於這些只能是相當粗略的簡要概括，因此，我會在第三場也是最後一場演講中，對兩種概念中的某些細微之處進行對比論述。

眾所周知，深度心理學是西格蒙德・佛洛伊德以精神分析學

說為名創立的，阿爾弗雷德‧阿德勒（Alfred Adler）發揚了此一理念，卡爾‧古斯塔夫‧榮格則進一步提出了「情結心理學」。整個研究領域的起點乃是發現了人類靈魂中存在著無意識，但我們不能認為在此之前無意識是完全不為人所知的。事實並非如此，此處只消提醒你們這一點就夠了：愛德華‧馮‧哈特曼的著作《無意識的哲學》是在十九世紀七〇年代出版的。上個世紀著名的心理學家並不認為無意識是人類靈魂非常重要的組成部分，因此，他們沒有發展出任何方法做進一步的探究。所謂「發現無意識的存在」只是意味著，到了某個時刻，無意識對人類靈魂的極度重要性得到了認可。這種認知使得具體的研究方法成為當務之急。無意識的發現以及對其進一步探索的需要，都來自於深度心理學的形成過程。

　　深度心理學的概念源自於實用精神病學的需要，並不是因為對知識感興趣而產生的。所有創始人和踐行者曾經是——現在依然是——精神病學家。直到今天，這個領域中的大部分研究都是為精神病學和心理治療服務的。然而，心理學基本原理已經得到廣泛認可，並且在很大程度上影響了當代社會的思維模式。最初的研究物件不是正常而是患病的心靈狀態。由此提出的問題是：「精神疾病是如何產生的？可以做些什麼來治療這些疾病？」對精神官能症、歇斯底里等其他精神疾病的研究，並沒有在身體層面發現可能與這些症狀相關的情況，所謂的無意識就是在此時被發現的。這意味著與十九世紀的信念相反，疾病不再只是由於身體失調特別是神經系統紊亂造成的，必須在心靈當中尋找原因。在更早的時期——中世紀到十八世紀——人們認為精神病患者是被惡魔附身了。某種程度上，這是一種「從靈性層面給出的解釋」。因此，人們試圖透過驅

魔儀式將魔鬼趕走，或者只是將那些備受折磨的人關起來，或是用鐵鍊拴住草草了之。

到了二十世紀，精神疾病產生的生理原因被人們打了折扣。揭開精神疾病謎題的唯一方法，是在心靈深處特別是無意識當中尋找病因。因為很明顯地，不僅病人對自己的病因沒有清晰的認知，而且對觀察的醫生來說，這些症狀——例如抑鬱、幻覺或強迫性的非理性行為——也似乎都是從神祕的心靈深處產生的，並且以壓倒性的力量將病人吞噬。

無意識的謎題

因此問題出現了：「如何獲得有關無意識的知識？因為它的特質就是無法被意識到。」只有當人們能夠在正常意識中發現與無意識有著特殊關係的現象時，才可能瞭解後者。

這些現象一旦被發現，我們便可就心靈無意識界域的本質得出結論。它們的確是發生在精神病患者身上的，但不足以成為與無意識相關的證據。當前的任務是在「正常」人的意識中找到其他跡象，相比之下，後者可以為有關無意識的結論提供更大的確定性。佛洛伊德所取得的基本科學成就，乃是發現了正常意識中的一些相關現象。第一種是在日常生活中存在的「佛洛伊德式的無意識錯誤」：遺忘、口誤、聽錯、做錯等等。例如提到某個人時我本想說「他是我最好的朋友」，結果卻說出「他是我最好的敵人」；或者已經安排好在某個時間和地點與某人會面，但我卻忘記了這個約會。這類事情表明，在我的無意識當中似乎有什麼東西在捉弄我。但這不能被稱為「疾病」；日常生活中的每個人都會遇到這種情

況。即便如此，它也會造成不幸的後果。

第二種現象是夢的體驗。夢境不是源於正常的清醒意識，而是從更晦暗的意識狀態中產生的。一方面，我們可以理所當然地宣稱，我們做的許多夢只是反映並且幫助我們「消化」一天的經歷。另一方面，夢中的景象往往穿插著「日常」畫面，對我們來說似乎有著象徵意義，所以不能簡單地用過去幾天發生的事件進行解釋。相反地，它們似乎是心靈深處活動的象徵性表達。

第三種是當治療師向病人提出某些引導性問題時，人為地導致的現象，通常會得到不是從無意識中自發產生的答案。

第四種現象指的是榮格在治療病人時經常採用的方法：所謂的自由聯想。在醫生的鼓勵之下，病人透過訴說、書寫、繪畫或雕刻的形式，吐露出他或她基於內在需要而表達出來的內容。此時會出現第四種現象。

深度心理學的不同流派通過對健康和不健康心靈中所有的這些不同現象，進行了概要性的比較，得出了對無意識的各種詮釋。他們用來揭示無意識所採用的方法，與現代自然科學家用來解釋感官世界及其與人類意識關係之途徑，基本上是相同的。我用一個簡單的草圖來說明這一點（圖1）。

上面的小圓圈代表我們的意識，該場域的一側直接觸及外部感官世界，我們在這裡經驗到各種感官覺受——看到的顏色、聽到的聲音、聞到的氣味等等。毫無疑問，產生這些感受是因為感官世界中的一些東西，以某種方式影響了我們的感知器官。現代自然科學認為，意識中所產生的溫暖、音調、顏色等品質，是無法於外部世界中找到的。根據這種觀點，外在世界只包含根據自身內建力量以

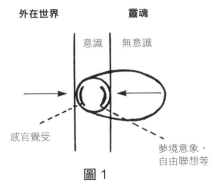

圖 1

不同方式運動和振動的「物質」。當物質的各種振動與我們的感官發生互動時，引發了視覺、聽覺等反應。科學研究的任務就是找出在這些振動和運動中，哪一種會導致這樣或那樣的覺受體驗。此類研究的成果，構成了物質界的特徵及其與人類意識的關係之科學理論。這些理論不可避免地具有純假設和推測的性質，因為現代科學認為我們無法直接觸及物質世界，而且是受困於意識、無法超越意識局限的。

　　深度心理學以完全相同的方式看待心靈無意識，儘管後者不像物質界那樣與普通意識是脫離的，因為無意識顯然與意識一同構成了人類心靈的整體。然而，在正常意識之內與無意識交接的部分，顯然就是先前提到的所有現象發生的界域，包括錯誤的行為、夢境意象，日常生活中的自由聯想，以及精神疾病症狀。深度心理學認為，所有這些現象都是從無意識傳遞到意識領域的某種刺激所引起的。但深度心理學也相信，出現在意識中的現象是無法在無意識中找到蹤跡的，理由是那是無意識的界域，而現象本身已經進入了意識層面。

深度心理學的任務是去發現，無意識活動是在什麼情況下產生夢境意象的，在何種情況下導致了失誤，又在什麼情況下引發了幻覺。研究結果形成了關於無意識的理論。這種理論與自然科學對物質界及其與人類意識的關係之理論一樣，也是一種假設性的學說。

當無意識理論被首次發表時，公眾和科學界都感到震驚，因為該理論與人們在此之前所持有的理念是背道而馳的。這些理論起初遭到了強烈反對，後來才逐漸被科學家們所接受。

精神分析和個體心理學

我們現在要描述深度心理學的不同類型，首先集中在佛洛伊德的精神分析上。由於時間有限，我只談論由佛洛伊德創立的第一種精神分析形式；在後來的幾年中，他對此做出了一定程度的修改和拓展。你們可能已經知道，佛洛伊德是受到影響而認為我們能夠意識到的所有經驗和心靈活動，都可以追溯至一個共同的、代表著原型和基本驅力的根源。佛洛伊德相信這就是原欲或情欲，特別是性欲。因此，在佛洛伊德看來，這種衝動的存在是非常普遍的，甚至在年幼的孩子身上也是如此。他認為這股驅力在兒童身上表現為一種無意識的願望，呈現出希臘神話中伊底帕斯的特質：伊底帕斯殺死父親，娶了自己的母親。在男孩身上這些願望應該是以上述的形式存在的；女孩也會根據性別的不同，有著對應的表現形式。

不過現在我們已經知道，人類靈魂的發展並非完全被滿足性欲的驅力所佔據。原因是，在人們發展到成年的過程中——此處指的既是個人也包括整體人類——我們是從無意識進入到一種更有覺知的狀態。伴隨意識之光的增強而來的，是一種提升或靈性層面的成

長——以佛洛伊德的話來說，就是本能欲望的昇華。在這個發展的過程中，我們的意識產生了某種理想和某些道德價值判斷，認為滿足原始的性衝動是粗俗的、低級的，甚至是罪惡的。

因滿足人類繁衍的需要而發生性行為乃例外情況，這是被允許的。如今，在某些情況下會出現以下的現象：心靈層面並沒有徹底完成這種昇華，但由於社會禁忌甚至個人的道德信念，這些強烈的性衝動無法得到滿足。

一個人遇到了某個人，後者對他有著強烈的性吸引力，但由於上述的禁忌，他是不敢承認有這些感覺的。相反地，這些感受被推入——用佛洛伊德的話來說就是被「壓抑」到——無意識之中。如此一來，無意識中就出現了「充血」現象。當充血過度時，就會在意識中以疾病的形式表現出來。固化的想法、執迷不悟、強迫性行為，可能會讓病人以反常的方式滿足自己被隱藏起來的欲望。

曾經是佛洛伊德的學生阿爾弗雷德·阿德勒，對人類心靈的本質做出了不同的解釋。他認為有必要將注意力集中在這樣一個事實上：人類靈魂發展最重要的結果是獲得意識的發展，儘管意識是根植於無意識的。此外，他還必須看到人類意識的基本特徵——也就是有別於動物意識的特質——就是自我／小我，即「我」（"I"）。我們所有的經歷和所作所為都是和「我」相關的。我們常說，「我認為，我看到，我感覺，我記得」等等。

阿德勒說，「如果人類靈魂的發展確實是以實現『我』－意識為最終結果，那麼這一定是其原始目標。我看到植物是如何先萌發嫩芽，然後長出莖和葉子，最後才開花結果的。我必須假設這一切都是被預先設定好的，從一開始就是為了達到這個最終結果。我

必須得出結論，人類心靈發展也是如此。由此可見，人類靈魂中基本的強迫性力量並非性欲，而是『我』，即自我的驅力。」此外，阿德勒還認為，一個人只是發展「我」是不夠的，還需要找到方法讓「我」的重要性在世界上得到認可，從而為自己帶來力量和影響力。阿德勒隨後得出結論，心靈中的強迫性驅力是一種自我中心主義，即尼采所說的「權力意志」。當阿德勒將動物與人類的發展過程進行比較時，他的這份信念得到加強。動物出生後幾乎就已經能自主地行動，並且在很短的時間內可以習得生存所需的一切技能。與此相反，人類在剛出生時是脆弱無助的，不具備任何能力，需要父母長期精心照顧。而一切人類特有的屬性，例如直立行走、說話和思考，都必須經過長期努力才能獲得。阿德勒認為，這種漫長而乏味的過程造成了人類對周圍環境的自卑感。他們透過發展出強烈的自我中心主義來彌補這種自卑感，從而贏得他人的尊重和認可。阿德勒還觀察到，在正常的發展歷程中，這種強烈的利己主義在某種程度上得到了改善和抑制。因此，理想主義和團體意識在靈魂中得以出現，使得共同生活成為可能。縱觀整個歷史，共同生活有著許多不同的形式。若非如此，生命將是一場持續的，所有人對所有人的戰爭。

有些人並沒有充分完成對強烈利己主義的改善和馴服，這種情況時有發生。阿德勒認為，這可能是由於錯誤的教育方式所導致的——鼓勵孩子發展野心、追名逐利、以自我為中心；或者源於身體的異常狀況，主要是遺傳所導致的器官缺陷。這種缺陷可能會增加年輕人的自卑感，需要透過特別強烈的掌控欲進行補償。

這類人通常認為自己非常軟弱，無法實現想要支配他人的願

望，或者覺得這種行為是不恰當的。他們壓抑欲望並且將其推入無意識。無意識再次發生「充血」，當壓力過大時，這些衝動便以精神官能症或歇斯底里症的形式爆發出來。事實上，任何人與神經質的人一起生活，都有過這樣的經歷：這種人是有能力掌控周圍環境的。每個人都被迫退讓，屈服於他或她的突發奇想，並且不斷為其擔心。透過這種方式，病人就病態地實現了自己想要欺壓他人的祕密願望。

從這兩段簡短的描述中我們可以看出，佛洛伊德和阿德勒以頗為相似的方式解釋了精神疾病的起源，至少他們的表述方式是類似的。然而，由於他們對疾病的根源——即強迫性驅力——有著各自迥異的假設，因此兩者採取的方法是截然不同的。

佛洛伊德在性欲中看到了心理驅力，他認為精神疾病幾乎是一種自然的力量，並透過自然科學家的方式進行探索，將其描述為是由壓抑性欲引起的症狀。因此，他發展出的治療方法主要是為了消除疾病產生的原因。另一方面，阿德勒認為疾病之所以存在，是因為主張自我的需求受到挫敗，所以他關注的是心靈想要達成的目標。在阿德勒看來，自我始終在努力實現特定的生命目標，因此他扮演的更多是教育者的角色。阿德勒說明，病人要認識到願望中所包含的幻想和矛盾，並且進行協調使之滿足現實生活的需要。

榮格心理學

榮格則被引領至另一種基本的理解人類心靈的方式。當然，他對佛洛伊德的精神分析和阿德勒的「個體心理學」都很熟悉。他毫不懷疑這兩種解釋心理疾病肇因的理論，都包含著一定程度的真

理。某些精神疾病需要佛洛伊德的理論進行詮釋，其他的則似乎更符合阿德勒的學說。正因為這兩種理論都包含著一定程度的真理，因此並不完全是半真半假，而是只有一部分是真實可靠的。它們各自關注不同的心靈面向，因此最多只能對心理疾病的某些特定面向做出解釋。榮格有志於發展出一種將人類整體心靈考量在內的具有普遍意義的全面性理論，並且這個理論能夠讓他理解心理疾病的所有形式。為了實現這個目標，需要回答以下兩個問題：佛洛伊德和阿德勒理論的共同點是什麼？造成他們之間差異的深層原因是什麼？正如我所指出的那樣，這兩種理論的相同之處是兩者都認為疾病之所以產生，是因為某種強烈的衝動被壓抑到無意識所引發的危機。然而，它們對這些衝動性質的理解是截然不同的。究竟是什麼原因導致了兩者的差異和矛盾呢？

讓我們再來看看阿德勒的理論。正如我所提到的，他的理論是從觀察中得出的，亦即人類心靈發展產生了個人意識，而個人意識是以自我為中心的。榮格從上述事實（這當然是無可否認的）中得出結論：人類心靈中產生意識的力量與那些在我們身上創造個體性——獨特、與眾不同的感覺——的力量是相同的。他沒有說明這些創造意識的力量是不是心靈中唯一活躍的勢能，或者是否存在著其他需要被發現的力量。阿德勒將他的理論稱為「個體心理學」，因為他認為發展個體性是心靈的首要特徵。

現在讓我們再看看佛洛伊德的理論。他宣稱性欲是心靈發展的主要驅動力，沒有對是否還存在著其他驅力的可能性進行猜測。這意味著佛洛伊德是從物種的角度來看待人類的，因為性驅力本質上是為了滿足繁衍後代的需要。每當我們被性欲驅使時，就是在繁殖

人口而非個人行為了。現在讓我們思考一下，雖然那些發展意識的力量與帶來個體性的力量是相同的，但相反地，那些讓我們僅僅成為物種一部分的力量，從本質上來說與意識是沒有關係的。用來描述性行為的這個詞——上床睡覺——是蘊含著智慧的，它指出這樣一個事實：與生命相關、特別是關乎生育的過程，本身是和無意識而非意識聯繫在一起的，類似於睡眠而非清醒狀態。

榮格從上述內容中得出結論，意識和無意識之間的兩極性特質可以表述如下：我們在這裡所面對的是兩種不同的能流，一種產生個人意識，另一種則讓我們停留在物種的集體狀態中。

佛洛伊德和阿德勒都認為，所有的精神疾病都是由意識和無意識之間的巨大差異引起的，但榮格得出的結論都是：當一個人被身為整體中的一員和身為個體之間的衝突所吞噬時，疾病便會顯化出來。

榮格想搞清楚一個人的生命中發生了什麼樣的事件，才會在靈魂中引發導致精神疾病的衝突和差異。他經常使用「自由聯想」的方法作為研究工具，由此試圖獲得對無意識的理解。他發現我們成為集體中的一員不僅是透過自己的物質身體實現的，同時也體現在靈魂生命以及想成為個體的驅力中。榮格清楚地認識到，人類的心靈並不像佛洛伊德和阿德勒所認為的那樣，只是一個簡單的實體。對榮格來說心靈結構非常複雜，包含著大量的衝動。因此，他將自己的理論命名為「情結心理學」。這究竟是什麼意思呢？

這意味著心靈之所以產生各種活動和經歷，是因為此即人類心靈的特質，是獨立於任何個人而存在的，並且以類似的方式發生在所有人身上。榮格稱之為集體經驗，而且通常都是完全無意識的。

但整個物種共有的無意識經驗會有一部分滲透到意識當中,這種情況經常發生,健康和不健康的人都會遇到。滲透的形式是非常有特點的想法,清晰地表明此處我們必須要處理的是來自無意識的「暗示」——經驗以符號的形式呈現出來。符號一旦出現在我們的意識當中,它就具備了個人的特質;這是因為在意識領域中,我們的確是不同的個體。但這種個人表現方式的差異和同一音樂主題的變奏曲是一樣的。榮格說,作曲家在寫變奏曲時,即使寫了二、三十首,心裡想的仍然是同一個主題。那麼,我們在哪裡能找到這些符號,即榮格所說的全人類共有的「原型」呢?

它們存在於世界各大宗教的基本內容、神祕主義教誨,以及融入人類歷史的祕密教義當中。例如天父的象徵在希臘宙斯、希伯來人的耶和華和印度人的梵天中都能找到。另一個象徵是大母神瑪格那‧瑪特(Magna Mater),出現在希臘神話的狄密特、埃及的伊西斯、基督教的聖母瑪利亞以及中國的觀音形象中。想想三位一體,不僅基督教裡有,印度教的三相神裡也有,相似的概念還存在於希臘和埃及神話中。另外,很多宗教都有神-人的象徵。最後還有撒旦,這個魔鬼的形象以最多樣的形式出現在每個宗教裡。正如榮格所指出的,這些象徵不屬於個人;其源頭是不可知的,它們有能力吸引千百萬人將它們內化成為屬於自己的版本。

這就是無意識的界域。我們如何將其與意識領域進行對比呢?意識的特點是,它所產生的並非象徵性的圖像,而是我們在哲學和自然科學中發現的抽象概念。與象徵符號不同,它們是由第一次產生這些想法的個人所形成的,因此總是與某個創始人聯繫在一起,儘管這些想法已經得到普遍認可。我們是在這個意義上談論柏拉

圖、笛卡爾、康德、萊布尼茲或黑格爾的哲學，以及達爾文的物種起源理論、愛因斯坦的相對論或普朗克的量子理論的。意識和無意識這兩個世界在我們的心靈中是以對立的狀態存在著的。

現在問題來了：精神疾病是如何產生的？作為答案的一部分，榮格指出，儘管精神疾病在某種程度上是一直存在的，但這類疾病的發病率在二十世紀卻急劇上升。佛洛伊德和阿德勒也認識到了這一點，但榮格對此尤為堅持，他認為精神疾病是我們這個時代的典型症狀。

雖然這類疾病先前確實存在，但現在已經達到雪崩式爆發的程度，所以無論我們建造多少精神病院，都無法容納所有的病人。事實上，如果沒有想要幫助數量眾多患者的巨大需求，深度心理學是不會產生的。如今，精神官能症和精神病不僅發生在特定人群身上，而且正如我們在本世紀充分看見的那樣，已經變成了大規模的流行病和集體精神疾病。事實上，它們給人留下一種集體瘋狂的印象。

這一切的原因是什麼呢？縱觀整個歷史，無意識和意識一直處在一種合理和諧的平衡當中。但從現代開始，這兩個界域之間的張力開始增大，可以說這是信仰與知識，或宗教與科學之間的衝突。對此我不需要進行詳盡描述，因為每個哪怕只是接受過少量現代教育的人都是在這種衝突中成長起來的，都必須以這種或那種方式面對衝突。然而我必須指出，自十九世紀中葉以來，現代社會一直試圖找到解決這個問題的方法。眾所周知，在過去的一百年裡，個別哲學家和科學家的發現已經成為公認的真理。同時，作為宗教和神話本質的不具名集體象徵意象，卻被貼上了迷信或老婦人講故事的

標籤。任何希望被認為是開明的現代人都傾向於拋棄「老舊的迷信思想」。尼采在十九世紀七〇年代宣稱「上帝已死」，還會有人相信魔鬼的存在嗎？

宗教和象徵意象越來越受到現代社會的壓抑，幾乎已經從這個時代的意識當中消失了。因此，有種現象開始大規模出現：無意識渴望成為意識的一部分，通常會透過「滲透」進入健康的心靈，但現在卻無法以慣常的方式做到這一點。由此帶來的危險是，人類靈魂將會分裂，導致意識和無意識之間失去連結。

最後，除了被壓抑的集體無意識以巨大的力量爆發之外，再沒有其他方法可以避開這種危險了。這種情況會以個人心理疾病的形式呈現，亦即一個人經驗到往往是宗教性質的幻覺，但也會表現為集體精神疾病，也就是我們所看到的反常的宗教體驗或偽宗教的狂熱行為。在這些集體狂熱現象中，數以百萬計的人聚集在一個強大的象徵符號的周圍。其中一個就是國家社會主義納粹黨所採用的十字，這是一個古老的宗教－宇宙符號；其他的還有義大利法西斯的束棒和蘇聯的星星。在本世紀獲得大量追隨者的天主教聖母運動，其象徵是肉體復活的瑪利亞。所有這些運動都是建立在集體經驗基礎之上的，力量強大到足以掃除現代哲學和科學概念，並且剝奪受其影響的個人的獨立性和自主性。集體意識佔據主導地位，每一個成員都擁有透過心有所屬的象徵符號所表達出來的相同體驗。

這代表著榮格對此類現象的看法。他問自己，「我怎樣才能找到一種方法，不僅可以治癒患者的疾病，而且能夠治療完全可以說是我們這個時代的重大文化病症呢？」正如榮格在其情結心理學中所描述的那樣，他認為只有徹底理解心靈的真實本質才能取得療

癒效果。這個心理學說主張我們有兩股心靈能流，儘管它們同宗同源，卻是朝著不同方向發展的。隨著靈魂的成熟，兩股能流的走向截然相反，因此人們可以將靈魂的這兩個面向稱為白天和黑夜。人類靈魂的性質決定了這兩極——個人意識和集體無意識——必須得到發展。也許我們可以打個比方，將這個過程比作男性和女性特質在青春期變得清晰可辨。兩個極性的發展各自攜帶著罹患精神疾病的種子。這不是外界強加給靈魂的東西；它是內建於靈魂當中的，當兩極相距太遠而產生過度壓力時，就會發生危險。那麼，是什麼造成這種不健康的壓力呢？

　　個人的白晝意識變得越來越明亮和清醒，而黑暗面，即集體意識卻從半夢半醒的狀態下沉至愈發幽黑的界域。此時就會造成不健康的壓力。由此導致的結果是，我們最終開始相信白天的清醒意識——感到自己是獨立個體的意識——乃是我們唯一擁有的意識。無意識註定會被人遺忘，甚至被認為是不存在的，這是近代歷史上真實發生過的。自現代哲學和心理學之父笛卡爾以來，靈魂就被宣稱與意識是等同的，並且一直到十九世紀，還沒有人特別重視無意識的議題。笛卡爾的著名論斷「我思故我在」試圖證明人類心靈存在於個人進行抽象思考的能力中。因此，心靈的另一面，即集體的面向被拋棄了，這為主導並且型塑西方文化中強烈個人主義的發展鋪平了道路。在本次講座中已經提到由此引發的反彈現象。

　　榮格深信當今時代必須創建一種嶄新的、無所不包的心理學。如同歌德在《浮士德》中所說的那樣，這種心理學將為理解「人類心中的兩個靈魂」指明方向。這種說法並不完全正確，其實並非存在著兩個靈魂，而是一個靈魂擁有兩個面向。一面是意識，在這個

界域中我們進行抽象思考，試圖用思維理解世界，以此體驗到自己的獨特性。我們對自己的另一面則是無意識的，透過這個領域我們與所有其他人以及宇宙智慧連結在一起。當這個面向進入意識時，是透過象徵意象表現出來的。人類必須承認，就靈魂而言，我們不僅僅是能夠思考和推理的個人；我們也屬於全人類，在自身之內攜帶著人類的古早智慧。我們必須明白我們是無法在抽象思維和哲學中找到圓滿實相的，後者只能在古老符號中覓得。如果理解了這一點，我們不僅可以實現信仰和知識、宗教和科學之間的統一，而且還能調和個人主義與共同人性之間的關係。

當我們將這些洞見應用於生活中時，我們將體驗到心靈中兩極的和諧。曾經被撕裂的將重新結合，或者如榮格所說的，被區分的東西將會被重新整合，再次成為一個整體。這種重新融合的一個重要結果是，在心靈中形成一個嶄新的核心。在目前的意識狀態中，我們只能意識到自我。

但是，如果以一種和諧的方式將心靈中的兩部分結合起來，我們就會意識到「自性」。只有在自性誕生之後，人才能成為一個完整的人。榮格將尋找自性的過程稱為「個體化」。他認為個體化是人類在靈魂發展中所能取得的最高成就。人類偉大的靈性領袖在許多不同的表述和圖景中都指出了這一點。榮格將自性稱為新的平衡中心，可以為人類提供一個安全的支點。他說，「我承認，觀想出的意象只是心智做出的笨拙嘗試，試圖描述無法表達和難以形容的心靈事實。也許我可以用聖保羅的話來表達同一個概念：現在活著的不再是我，乃是基督在我裡面活著。或者我可以引用老子，將他的道變成我自己的，即中道。在每種情況下，意思都是一樣的。」

我們看到榮格的深度心理學，不僅僅是要對個人精神疾病進行診斷和治療。他著眼於整個西方世界目前的歷史和文化困境，他想要指出擺脫這種危險局面的方法。

這就是我今天想帶給大家的關於深度心理學不同流派的內容。明天我會談到人智學看待人類靈魂的方式，你們將看到它是完全接受深度心理學所包含的重要真理的。此外，人智學可以大大加深我們對靈魂的理解。人智學獨特的研究方法開闢了一個連深度心理學都尚未觸及的、經驗靈魂的嶄新維度。這個新維度打開了通往人類靈魂深處界域的大門。明天講座會詳細介紹這些內容。

2・從人智學的角度看待人類靈魂的謎題

在上一個講座中，我試著描述了深度心理學不同流派最重要的研究成果。我們已經看到，深度心理學研究的是靈魂的無意識及其與人類意識的關係。我們還看到它的研究方式，類似於現代自然科學研究外在物理世界與人類意識的關係所採用的方法。

今天，我將介紹人智學在靈魂領域中所取得的研究成果。首先，我必須說明深度心理學和人智學產生的根源是不同的。昨天我提到深度心理學的誕生是為了滿足精神病學的實際需求，但人智學的形成則是純粹源自於對知識的追求，也就是一種獲得關於人性真實又全面性的知識的需要。雙方都認識到，我們的日常意識只能經驗到心靈的一部分，而大部分靈魂生活則被籠罩在無意識的黑暗當中，所以獲得真實的自我認知才會如此困難。

然而，我們發現深度心理學和人智學的研究方法從一開始就是

不同的。前者直接探索無意識，後者則是在一開始便停留於意識領域。下面這段話可以說明為何出現差異的原因。我們也許可以將意識和無意識想像成兩個房間，以此來描述兩者之間的區別：一個房間非常明亮，裡面的一切都清晰可辨，另一個房間則黑暗無光，什麼都看不見（請暫時忽略它們中間的過渡地帶）。如果用這種方式進行思考的話，那麼你很自然地會認為自己的目標是為第二個黑暗的房間帶入一些光明。

人智學採用的方法有所不同，它指出兩個不同房間的靈魂意象並不是完全準確的。昨天我們看到從自己內在意識中形成的概念，除非是由感官印象所引發的，否則就是抽象而沒有任何畫面的思想。與此相反，從無意識中「涓涓細流」而出的概念，始終是以圖像或符號的形式呈現的。我們的思想在處理數學或邏輯問題時達到了最清晰的程度，因為那時的意識是最清醒的。人智學研究了一些尚未被大多數哲學或心理學考量在內的事實：例如，當我們在進行數學運算時，清晰思維所針對的是思考的物件和內容，而非思考活動本身。乍看上去可能很奇怪，但我接下來的對比會讓這一點變得易於理解。

我可以決定要彎曲手臂。這是我自己的決定。那麼，接下來會發生什麼呢？一旦我做出這個決定，它就會以某種方式傳遞給我的肌肉，然後我就可以彎曲手臂了。我可以看到整個過程，所以對此是有意識的。但我無法觀察也不知道在做出決定和彎曲手臂這兩個行為之間，到底發生了什麼。現代生理學在這個方面談到運動神經的功能，但這只是一種推測和理論，並不是源自於直接的經驗。現在如同參加考試的學生一樣，我遇到了一個數學或物理問題，我

發現自己處於與上述情況完全相同的情形。我做了什麼呢？我開始思考，幸運的是，我找到了解決問題的方法。不知怎地，答案在心中亮了起來。然後我可以像阿基米德那樣驚呼道，「尤里卡，我找到了！」但我不知道靈魂中究竟發生了什麼「點燃」了正確的思想，就好像我不清楚在決定彎曲手臂後，手臂是如何彎曲的。在這種情況下，一個人說他已經「找到了」答案——所以說，如果我能找到答案，那麼它就一定存在於我的意識中的某個地方。然而，這個地方卻被我的經驗遮蔽住了。因此，人智學認為，在我們意識當中一定存在著一個類似於「黑暗區域」的地方，如果將這個黑暗區域視為一種活動，那麼它本身就處在思考狀態中。基於這種認識，我們有必要在進入無意識領域之前，首先探索並且闡明這個黑暗地帶，亦即思考行為本身。

人智學的研究方法

　　人智學所採取的發現靈魂祕密的方法與深度心理學有著本質上的不同。它沒有形成理論和假設，而是試圖獲得直接的經驗。既然我們不能直接體驗到自己的思考活動，那麼就試著重新訓練自己的思維的方式，讓內在的感知領域得到加強和拓展，從而看見先前看不到的東西。訓練這種內在感知可以透過自願踏上一條內在的教育之路來實現，其中包括專注思考和某些冥想練習。這些內容在魯道夫‧史坦納的基本著作《如何認識高等靈界》和《奧祕科學大綱》以及其他作品中都有闡述。此處我只能提示一下這些練習的原理，感興趣的話可以在上述作品中找到詳盡論述。

　　如同在一段時間內有規律地重複某些練習能增強手臂和腿部力

量一樣，一個人是可以勤奮地透過定期和耐心的思考練習，來拓寬思考範圍並且提高其強度的。我必須承認，我們在此處所談論的並不是幾個星期，而是幾個月甚至長達數年的時間。此類練習可能與數學定理推演有關，或者曾經給到你特殊洞見的某個哲學思想。重要的是不僅要記住這些概念，而且要跟隨概念產生的推理過程——從一開始直到可以再次經驗到最初獲得理解時的靈光乍現。如果在很長的一段時間裡定期重複這種練習，那麼一個人的思考能力就會得到增強，屆時這個人不僅可以經驗到思考的物件，而且可以體驗到思考活動本身。可以這麼說，人是可以觀察到自己的思考過程的。

擁有這種經驗可謂是靈魂生命中名副其實的突破、一種深刻的轉變。經驗包含著幾個不同的方面，我在此只列出其中三點。

當一個人透過訓練心智能夠以剛才描述的方式觀察自己的思想時，那麼此人的靈魂這時就不再依賴物質身，而能獨立於大腦和神經系統之外了。我們在此處所面對的是純粹的靈魂活動。因此，人智學認為靈魂是一個獨立的實體，有著脫離物質體、屬於其本身的現實。

當我們獲得觀察自己思考過程的能力時，才真正有可能發現自己的「我」。對自己說出「我」肯定是一種內在對個人靈魂的認同與表達。這個過程可以象徵性地用自吃蛇或完整圓圈的意象呈現出來。在普通的意識狀態下，我們經常也會說出「我」這個字，但是發現了此處所提及的關鍵點之後，我們會意識到迄今為止，我們從未深入滲透到真正的「我」當下，這個象徵性的圓圈符號從未完全閉合過。在普通的意識狀態下，從某種意義上來說，我們總是走

在通往自我－發現的道路上；但從未完全達到目標。因此，當我們對自己說「我」的時候，並不像我們為外部事物命名那樣，設想出一個明確定義的概念。我們的「我」對自己來說始終是黑暗的，更像是一種模糊的感覺。只有當我們能夠觀察自己的思考活動時，自我－認知的圓圈才會閉合。

在我們之內思考的顯然是我們的「我」；它就是我們自己。因此，當我們能夠觀察到自己的思考過程時，也會發現我們的「我」的完整現實。人智學由此得出了一個非凡的結論：在我們之內圍繞在思考周圍的這個「黑色區域」，確實是我們的內在核心，即我們的「我」，普通的意識狀態的所有活動都與此相關。奇怪的是，儘管所有的思考和努力都與內在核心有關，但是在我們的一生中，這個核心本身卻或多或少地被隱藏在意識之外。我們只有在完成內在教育、具備觀察自己思考的能力之後，才能在意識之光中看到它。因此，當人智學學子第一次領悟到自己的「我」時，那種感覺就像是從普通意識中醒來一樣。她覺察到一個嶄新的現實，一種更高維度的意識。人智學稱之為想像力意識，我將對此做出解釋。

當我們獲得想像力意識時，第三個事實就出現了：日常意識之謎是有可能被解決的。例如，在以下問題中出現了這個謎題：昨天我的草圖展示出正常意識是如何與我們接受感官印象的外在世界接壤的。但我們所做的不僅是接受感官印象，而且還會將自己的想法和概念延伸到這些印象上。我們將自己的概念與覺受聯繫起來。現在我們可以問：這一點為什麼很重要？感官覺受和概念之間有著什麼關聯？

縱觀人類歷史，從古希臘一直到今天，哲學家們一直在問這

個基本問題。只要我們還停留在日常意識和經驗的範圍內，這個問題就無法得到回答，但這並不意味沒有人給出過各式各樣的答案。然而所有這些答案都只是理論或假設，並非源於真正的經驗。此處我只想列舉出兩個曾經在中世紀引發激烈爭論的著名理論。一種理論的支持者自稱為現實主義者，他們認為思想不僅存在於人類的心智中，而且也是世界外在現實的一部分。對於現實主義者來說，外在現實既包括物理物質也包括「思想物質」。正如人類透過眼睛看到顏色、透過耳朵聽見聲音一樣，我們可以把思考當做「靈性之眼」，從而「感知」存在於世界上的各種思想。當我們在靈魂中連結思想和感官覺受時，我們只是將自己的經驗與不同的感知器官重新結合起來。

與現實主義者對立的是唯名論者。他們認為思想本身與我們周圍的世界是沒有關係的，他們相信人類的心智和靈魂會產生思想，而這些思想只存在於頭腦當中。概念只是我們賦予世界上不同現象的名稱和描述。我們為事物命名是為了對它們進行分組和排序，使它們更容易被理解。正如我們所知，這種唯名論的態度占了上風，成為現代自然科學的判斷基礎。

想像力意識

事情的真實面貌只能從想像力意識的超拔高度才能經驗到。起初，這種意識的唯一內容似乎是可以被內視之眼看見的「我」－核心，然而情況並非如此；這只是其中的一個面向。當人智學者覺醒於高層意識時，會發現後者涉及的範圍要比普通意識大得多。換句話說，他能夠立即沉浸於自然的內在運作當中，而這是不能透過其

榮格與史坦納：靈性心理學的曙光

他方式表達的──當然不是物理意義上的，而是在靈性的層面。因此，人智學者承認，中世紀現實主義者的論斷在某種程度上是正確的。我們在自然界中遇到的一切──礦物、植物和動物──不僅是由物質所構成，而且是由靈性實體組成的，而且都包含著客觀的宇宙思想。可以說，隱藏在所有自然現象中的宇宙思想成為了靈性認知的物件，因為思考者已經透過上述練習提高了自己的接受能力。他在自身之內發展出新的感知器官，正如植物經過一段時間的成長開出花朵一樣。人智學將這個高層意識稱為想像力意識，因為它帶來的是意象的經驗、一種超感官的「看見」。顯而易見的是，自然界所包含的客觀思想與中世紀現實主義者的想像有所不同。它們不是純粹的抽象概念，而是鮮活的、富創造力的、能夠塑形並且有轉化力的勢能，一切有生命的事物──動物、植物，甚至礦物──都被賦予了特定的形式。例如，當你看到一棵長著成千上萬片葉子的橡樹，每一片葉子都有著相同特徵的形狀和顏色，或者想想一群羊，每一隻都是羊的典型模樣。你可能會問，是什麼力量在指引這棵樹的樹液流向和化學成分配比，讓所有的葉子都呈現出了相同的形狀和顏色？或者，在另一個例子中，是什麼令羊群中的每一隻都具有羊的體型特徵和典型行為？這些確實是超感官的力量──靈性的、思想的原型，能夠被物質實體填充的自然形式的原型。這些都是想像力意識能夠看見的勢能，從而向人智學研究揭示出這樣一個事實：人類靈魂的範圍要比普通的清晰意識所能認識到的要廣泛的多。靈魂以一種非常真實的方式，進入到自然的內在領域裡。

　　當然，我們的普通清醒意識對此一無所知，而這是有充足理由的。如果每天都能直接經驗到這些事實，我們就無法將自己的靈魂

與周圍世界區分開來，我們會與自然融合到無法意識自己是「我」的程度。我們之所以能夠發展出個人的「我」，是因為在發展的過程中，我們有能力抑制這些互相連結的經驗，讓它們處在無意識狀態，這樣我們就對其一無所知了。對這些靈性現實的壓抑也可以用另一種方式進行描述；這是同一個過程，只是表達方式有所不同。當我們發展普通意識時，我們會將自己的經驗限制在一定範圍內，只是停留在大自然的邊界，而不再繼續深入於其內部。當我們觸及到這個邊界時，我們會意識到它與我們是不同的，由此我們經驗到自己的「我」。同樣的情況也可以用另一種方式解讀：我們的靈魂在發展普通意識的過程中，完全與物質身體結合，並且徹底認同後者，所以只能識別出感覺器官所能理解的東西。身體感覺器官的功能是，我們能夠從外部感知自然，卻無法進入她的內在界域。

現在我們可以看到，感官覺受只反映出部分的事實。靈魂也會用它的思想給予回答。那麼在這個活動中發生了什麼呢？同樣地，此處發生的一切只能從想像力意識的角度進行觀察。當靈魂面對一個特定的感官印象時，會將一個超驗器官 —— 也許就像探照燈一樣——延伸至自身內部，去尋找屬於這個感官覺受的思想。這些思想既存在於自然界，也存在於我們的靈魂當中，因為正如我們所看到的那樣，靈魂將自身投射到自然界中，儘管我們並沒有意識到這一點。靈魂在找到恰當的思想之後，會將它們提升為意識。為了做到這一點，它會運用大腦和神經系統，正如它運用感覺器官來感知外部自然一樣。

然而，這個神奇的過程還是有點複雜的。存在於自然界以及人類靈魂中鮮活的、有創造力的、賦予形式的力量，不能立即進入

我們的清醒意識；進入我們意識的只是活生生現實的一個複製品、一種鏡像，而產生這種意象的鏡子便是我們的大腦。我們將鮮活的宇宙思想帶入頭腦，在雙方的互動中，頭腦產生了普通意識可以認知的宇宙思想的副本。因此，人智學假設思考本身——一種融入於世界和靈魂對鮮活思想活動的掌握力——本是完全獨立於大腦的靈魂活動。我們的頭腦只需要產生現實的鮮活的鏡像，這樣我們就可以透過日常意識看到它。如果從人智學研究的角度來看，認知的過程確實是複雜的。在這當中隱藏著日常意識的奧祕。正如我先前提到的，日常意識的結構讓我們有能力將自己與周邊自然環境區分開來，這樣我們就能體驗到自己的「我」。在這層意義上，人智學與阿德勒及榮格的主張是完全一致的，亦即那些創造我們日常意識的力量與那些促使我們發展、稱自己為「我」的勢能是一樣的。我們甚至可以更進一步，同意阿德勒重點強調的觀點：「我」－意識始終與強烈的自我中心主義攜手同行。這當然是事實。然而，人智學發現的造成該現象的原因與阿德勒心理學不同，後者認為自我中心主義是為了補償某種內建的自卑感。

對人智學者來說，自我中心主義似乎源自以下兩種情況。首先，隨著我們長大成人，我們越來越認同自己的身體，感覺我們與周圍環境是隔絕的，這使得我們想要強烈地維護自我。第二個原因是，我們在日常意識中從未真正找到這個問題的答案：「我是誰？」我們變得以自我為中心，不斷「尋找自我」——此即這個詞語的真正含義。只有當我們的確感受到「我即是」的內在經驗時，這種自我尋找才會停下腳步並且感到滿足，因為那個時候無休止的努力來到了終點。只有當意識被提升至想像力層次時，這種情況才

會發生。

　　經驗顯示一旦達到更高的意識維度，一些看似自然的傾向就會發生逆轉。一部分的新意識會認識到，迄今為止形成我們日常意識的力量，有一種使人類與宇宙疏遠的、受限而緊縮的作用力。我也可以說，它們是抵觸的力量，或者說是仇恨的力量。一旦獲得了新的高維意識，內在發展就會採取新的方向。抵觸、仇恨和收縮的勢能已經達到目的，現在可以轉變成同情、愛和擴張的力量。想像力意識之所以能夠拓展，是因為它發現「我」是獨立於物質體而存在的。

　　然而在這個階段裡，追求高等知識的行者還會遇到另一個現象：人類成年後清醒意識得到長足發展，但並不總是處在清醒狀態，而是每隔一段時間就會進入其他的意識形態，其中之一就是夢境。我們晚上睡著做夢的時候，究竟發生了什麼？ 對於想像力意識來說，清醒時完全認同身體的靈魂此時似乎一定程度上離開了身體，這與獲得想像力意識的人的狀態完全相同。因此，夢者的意識得到了一定程度的拓展，就像靈性科學家被賦予的意識擴張一樣。然而，在沒有接受過必要訓練的人身上，意識擴張的同時也會變得模糊不清。讓我用一幅草圖再次說明這一點（圖 2）。

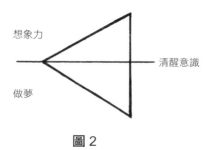

圖 2

　　　　　　　　　　　　　　　榮格與史坦納：靈性心理學的曙光

讓我們假設中間那條線代表我們清醒時意識的清晰程度，夢中的清晰程度則有些暗淡。隨著意識的模糊化，對「我」，即我們的核心的體驗，也在減弱。

　　當我們在做夢時，實際上就像靈性研究者處於想像性意識中那樣脫離了身體，我們的意識同樣得到了拓展。我們可以反過來說：靈性研究者與做夢者處在同一個界域。但靈性研究者在這個界域上的意識清晰度遠遠高於正常意識水準，而做夢者的意識清晰度是遠遠低於正常水準的。與此同時，研究者身上的「我」－意識是明亮發光的，而做夢者的「我」確是昏暗模糊的。正因為如此，靈性研究者才能夠在超驗觀察的幫助下解釋夢境的本質。那麼它到底是什麼呢？

　　當我們在做夢的時候，靈魂很大程度上真的是超越肉體而四散開來的。靈魂與滲透在整個世界中鮮活且客觀的思想領域交織在一起。屬於這個領域的還有活生生的、能夠賦予形態的原型，它們就是我們物質體的基礎，正如每個活著的動物或植物的背後都有一個原型一樣。史坦納將這些思想存有稱為「乙太形成力」，用以強調其非物質卻極易型塑的特質。事實上，人體的確得到這種乙太形成力的支持。這種形成力不僅幫助人在出生前後形成身體，而且在整個生命過程中透過一直支持著呼吸、迴圈、消化和新陳代謝等重要功能，來保護身體免於受到衰退和消解的影響。有時這些力量會出現異常情況，根據程度的不同，表現為身體不適或者罹患疾病。在夢境狀態中，人是可以直接意識到乙太形成力是如何運作的。做夢的人對這些活動非常敏感，生病的時候尤其如此。但它們是透過象徵性畫面呈現出來，而不是其真正的形態。因此，人智學不認同深

度心理學的假設，亦即所有的夢境意象都直接來自靈魂，因為有些畫面是由健康或生病的身體的生理功能所引起的。當然還有其他類型的夢，我也會談到的。但你們可以從這裡的描述中看到，靈性研究者在獲得想像力意識之後，不僅可以深入於自然的內部運作，而且能夠進入清醒和睡眠之間的區域——做夢狀態。

靈感意識

靈性科學研究的道路並沒有隨著獲得想像力意識而終結。這只是第一個階段，接下來我要對剩下的兩個階段進行簡略概述。

在通向第一階段的思考練習之外，還可以加上情感和心的練習，這能顯著增強關懷、奉獻以及對外部世界敞開的力量。在獲得想像力意識並且達到預期目標之後，如果接受情感生活方面的訓練，那麼行者就有能力將自己從物質體中解脫出來，脫離的程度甚至比第一個階段還要高。他們覺醒到更深層次的內在存有，即自性，並且由此獲得比先前更明亮和清晰的意識——他們更深入到「我」當中。但這只是問題的一個方面。另一個面向是，意識再次得到拓展，使人可以直接經驗到世界思想背後的東西，即原型，以及促使它們形成的原因。這是一種什麼樣的體驗呢？對現代人來說聽上去有些難以置信或不切實際，但卻是一種真實的經驗：可以看到按各個等級示現的不同靈性存有。我們也可以把祂們稱為神性存有，因為祂們就是古人所說的神靈，基督教密修傳統中的天使層級：大天使、權天使、座天使等等。人智學研究者直接與這些存有連結，與祂們進行屬靈的交流。在這個層面上的經驗不僅是用內視之眼去觀察，還有專注的傾聽，所聽到的是被稱為「天籟之音」

的宇宙旋律。此即那些神聖存有與行者靈魂對話的方式，這種聽覺也被認為是一種靈性上的「吸氣」。因此人智學將這種經驗稱為靈感。

這種經驗的內容非常豐富，我只想提出其中的一個面向。在這個階段裡，行者會發現他或她不是唯一能夠與這些屬靈存有建立連結的人，每一個人都做得到。在我們的一生之中，每當我們進入無夢的深度睡眠時，這種情況就會定期發生。當我們進入深睡後會失去白天的意識，此時靈魂與肉體的分離程度甚至比在夢境中還要明顯。由此我們的意識得到了拓展，變得更加模糊，幾乎可以稱之為無意識了。但其實並非完全無意識，而是一種非常模糊的意識狀態。我們的「我」－意識在那一刻完全消失了。我們發現自己處在靈性研究者獲得靈感意識時進入的狀態。或者我可以反過來說：靈性研究者處在靈感意識狀態時，與做夢者是處於同一個界域，只是研究者的意識比白天的意識更明亮，而做夢者的意識卻更為暗淡。

通常我們認為與我們的清醒意識相比，睡眠狀態是無意識的，而兩者之間存在著夢境。靈感意識的明亮程度非常明顯，以至於對於一個獲得這種意識的行者來說，普通意識似乎是處在睡眠狀態——靈性上入睡了，因此對屬靈世界沒有覺知。這樣的人將想像力意識視為更高層次的夢境。魯道夫・史坦納不是第一個獲得靈感意識的人，在他之前站著長長一排的已啟蒙者，他們為這種靈感意識起了個名字：「開悟狀態」。只消提醒你們佛陀在菩提樹下的經歷就夠了。

人智學研究者能夠觀察到睡眠狀態中實際發生的活動，因為他們和睡眠者處在相同的意識狀態，只是前者是在完全有意識的的

情況下經驗夢境的。關於這一點有很多可以展開討論的，在此我只選擇一個現象來討論。我已經提到過，每個人在睡覺的時候都會遇見自己意識不到的某些高層屬靈存有。當這個人從睡夢中醒來時，他對這些遭遇是一無所知的。但我們確實會將某種東西帶入清醒生活中，就像是睡眠中的經歷所遺留下來的「餘輝」，也就是擁有了宗教感受和想法。一個顯著的事實是，即使大多數人對這種睡眠經歷一無所知，但也會有某種深刻的感覺，亦即在普通生活之外還隱藏著某種超越感官和人類、富有創造性的神聖的東西。他們心中深切的渴望透過「宗教」這個詞表達了出來：渴望以某種方式重新連結物質世界背後的神聖屬靈國度。這種熱望確實在每晚的睡眠中得到了滿足，但我們為此付出的代價是失去了清醒意識，深深地浸淫於無意識當中。每天早晨醒來時，我們或多或少地帶回一些宗教感受。這是我們從睡眠經驗中收到的偉大饋贈。如果有可能讓一個人長時間不睡覺，除了會引發其他的不良後果之外，這個人擁有宗教感受的能力將會徹底消失，成為一個堅定的無神論者。我們能擁有宗教想法要歸功於每晚的睡眠。儘管這對你們當中的許多人來說可能聽起來很奇怪，但睡眠是宗教感受產生的根源。在古早的時期裡，人是非常清楚睡眠的神聖性的。近代詩人諾瓦利斯（Novalis）在其詩作〈夜之讚歌〉中表達了這種理念。

　　人智學研究還揭示出另一個現象：當我們從睡眠中醒來時，我們帶回來的不僅是睡眠經歷的一般後效，還有更明確具體的影響。根據靈魂在地球上的不同命運，它遇到的是與自己有著特殊關係的靈性存有。當靈魂穿越夢境世界和乙太形成力的界域回到清醒意識時，這些靈性存有會把自己隱藏在象徵畫面中，正如我們已經指出

的，從無意識慢慢滲透進入意識當中。這些就是榮格所發現的「集體無意識的原型」，按照榮格的說法，它們構成了世上偉大宗教的基本內容。

在這個發現上人智學完全同意榮格的觀點。這些原型確實是存在的，但是在我們這個時代，汽車、飛機、廣播、電視等所引發的對外在世界的印象，鋪天蓋地以壓倒性的優勢席捲而來，將無意識帶來的精微感受排擠於外，我們幾乎再也覺知不到這些原型了。它們似乎只有在病理狀態下才會出現，而且形式通常是扭曲的。在日常生活簡單、安靜、有規律的舊時代，原型對人的意識有著更強烈的影響，這是因為他們的意識更接近夢境狀態。在這點上，人智學可以更進一步認同榮格的立場：這些原型經驗是屬於集體的，但適用於每一個人。無論是鐘斯先生還是米勒夫人，都會獲得這些經驗，只是根據文化、種族條件或示現的時代不同而有所區別。

人智學再一次地，在這一點上可以擴充甚至闡明深度心理學的發現。榮格只能宣稱原型是存在的，它們來自於集體無意識，以象徵符號的形式將自己呈現出來。人只能在無意識中經驗原型，它們的真實存在是無法從無意識中去除的。因此，對榮格來說，原型的來源仍然處在黑暗中，他所能做的只是提出關於其本質的假設。在他的早期著作中，榮格認為原型是數千年來人類經驗的結果，已經進入到遺傳能流中了。後來他將這些原型設想為內建於人類的認知、經驗和行為的先天傾向。

因此，他只是賦予了原型心理學上的意義，並且將其內涵解讀為超人類的意象和符號。他認為個人與這些存有之間的關係只是心靈對形上超驗領域的投射。相比之下，人智學所指的則是實際經

驗，因為高層意識狀態為研究者照亮了所謂的無意識領域。我們發現諸如天父、地球母親、三位一體、神－人以及魔鬼等原型，都起源於靈界的某些現實及其與人類的關係。人智學能夠以具體方式追溯到每個原型的源頭。我在本次講座中無法詳盡描述；關於這些內容，我建議你們參考史坦納的著作和演講內容。在下一次的講座中，我將詳細討論其中的一個原型。

直覺意識

我們仍然尚未到達靈性科學研究路數的終點。除了先前提到的思考和情感練習之外，這條道路還存在著第三個階段：意志的訓練。這首先包括賦予一個人的意志以最高意義上的「道德教育」。同樣地，你也可以在史坦納的基本著作中找到相關練習。在經過充分訓練並且達到預期目標時，行者就可以擺脫物質體的限制，獲得比處在想像力和靈感意識狀態下，更多地經驗自己靈魂－靈性存有的能力。行者於內在核心真正地覺醒了，這意味著此人揚升至在目前的發展狀態下所能達到的最高層級啟蒙狀態。人智學稱這個階段為直覺意識。同樣地，我到目前為止的描述只涵蓋了問題的一個面向。在另一個面向上，直覺意識涉及的範圍要比靈感意識廣泛的多；它提供了更直接地經驗高層屬靈存有的機會，就好像人是完全浸潤在後者的存在中一樣。在此之前，祂們是透過意象、「宇宙天籟」和「宇宙語言」呈現自己的，現在則與處在這個意識狀態中的行者完全融合在一起（圖3）。

一旦到達人智學的超驗意識最高階段，另一個重要的真相就會被揭示出來：在人類的核心深處，他們和那些於世上編織及創造的

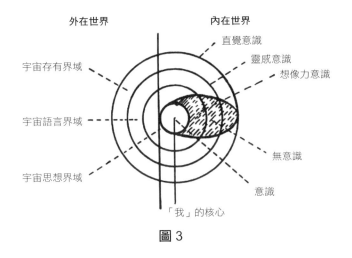

外在世界　　　　　內在世界

直覺意識
靈感意識
宇宙存有界域　　　　想像力意識

宇宙語言界域

宇宙思想界域　　　　無意識

意識

「我」的核心

圖3

高等屬靈存有，在本質上是相同的。如果我可以用畫面來呈現，那麼屬靈海洋中的一滴水正在世界各地每個人的心中流淌著。行者現在可以看到，與植物、動物和石頭不同的是，人類不但是神聖存有的受造物，而且還是其繼承人、祂們的後代。正如人類父母的孩子是人類一樣，人也可以將自己稱為這些高等存有的神聖孩子。從宇宙發展的角度來說，這些存有就是我們的父母和祖先。

　　然而，處在這個高等意識階段，還有更多的內容會被揭示出來。人類存在於地球的演化過程中，我們一次又一次地直接觸及到屬靈存有，如同經歷艱苦訓練的啟蒙者一樣。當靈魂與身體的距離比在夢中甚至睡眠狀態更遙遠的時候，這種情況會發生在每個人身上，亦即在死亡來臨之際。自古以來死亡就被稱為「入睡的兄弟」。人在死後靈魂與身體會徹底分離，後者會分崩離析「歸於塵土」。但分解的不僅是身體，日常清醒意識中「我」的經驗也消散殆盡，不像在睡眠中那樣暫時熄滅，而是永久徹底地消失了。這意

味著我們在世俗生活中所瞭解和認同的人格在死亡中消亡,所以是不會在我們死後繼續存在的。但有些東西確實被保留下來並且一直延續著,那就是「我」。我們一生都無法找到「我」,除非我們受到啟蒙進入此處所描述的高等意識狀態。這個「我」會繼續存在,並且最終被提煉成為我們存在的核心部分。然後這個核心部分會直接與屬靈存有互動,可以說就像和哥哥姐姐交流一樣。

現在我要反過來再說一次:靈性研究者進入直覺意識時,與亡者所處的狀態是相同的,只是靈性研究者是在身體中、完全有意識的情況下經驗這個過程的(圖4)。

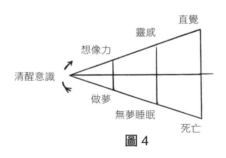

圖4

因此,靈性科學是有能力解決死亡之謎的,這個謎題的答案就是永恆不朽。當然,不朽的並不是一般的人格,而是人類內在的屬靈核心,這個核心在世俗生活中只能透過直覺意識得到示現。人類內在核心處的不朽,成為直覺意識狀態下的經驗。因此,人智學也能夠具體描述死後的生命狀況。靈性科學家們發現,人類的核心部分並不會永遠停留在靈界中,而是在那裡度過一段時間後,再次回到地球轉世為人展開新的生活。換句話說,靈性科學得出結論即輪迴是存在的,同時也解釋了輪迴的意義:每個人都擁有豐富的才

能和潛力，在地球上只活一輩子永遠不足以將這些能力完全發展出來。另一方面，物質地球在我們的一生中所提供的各種可能性，幫助我們發展出力量和勇氣的障礙和困境，是不可能在一次的生命經驗中完全耗盡的。因此，靈魂必須降生於地球，不是永久性的一次轉世就夠了，而是要在許多不同的條件下多次轉世——在這裡能夠學習和經驗到的一切，需要多少次就要來多少次。當一個靈魂完成這個旅程後，它將以不同的形式繼續存在。這已經超出本次講座的範圍，不是我現在能夠探討的內容了。

以上所說的都是什麼呢？我們不僅能理解死亡的本質，而且可以知道人類誕生的祕密。正如我們瞭解到死亡的祕密在於靈魂脫離肉身這個事實，同樣地，我們看到當靈魂進入一副新的身體時，人類誕生的奧祕就被解開了；這副身體帶著精準的遺傳特徵和天賦為靈魂的到來做好了準備。這些知識讓我們再次理解人類誕生的榮耀。人類真正的尊嚴在於，人的存在不是像動物那樣只是為了繁衍物種，精微層鞘一次又一次地為人類個體的降生做好準備，以便後者在地球上充分發揮全部潛力。人類誕生的深層意涵就是，這個物種的演化被賦予了一個崇高的目標；服務於個體一世又一世的演化發展。

人類誕生的榮耀

現在我要說的是，人智學必須要做的不僅僅是擴展和糾正深度心理學的某些觀點，就像我先前已經指出的那樣。佛洛伊德堅持認為性欲和繁殖後代是人類心靈的全部驅動力，在談到這個觀點時我們不得不宣稱，我們對這種理論表示強烈反對。

從今日的狀態回顧早期，當白晝意識尚未發展到當今的程度時，我們發現人類與夢的界域、睡眠以及那些超越出生和死亡的意識狀態，有著更緊密的連結。那些時代的神話、宗教和儀式活動，都為這個事實提供了令人印象深刻的證據。當時的人非常重視與傳宗接代、婚姻及繁衍後代相關的一切，這一切在大量的儀式、祭祀和禮節中都有所體現，從年輕男女參與的成人禮到種類繁多的婚禮，其中有些儀式一直延續至今日。

　　聽到精神分析聲稱人類原型的基本驅力是性欲時，我們只能說這是一種荒誕可笑的誤解。

　　生育後代一事的周邊，存在著眾多的儀式和習俗，原因是：那些時代的人仍舊能夠以超越純實體層面的角度，去理解人類誕生的奧祕。古印度和其他古早文化裡，也都包含著輪迴的知識。我們發現所有的古代文化至少都傳遞出一種暗示或感覺，亦即人類的靈魂在身體出生前就已經存在，而且出生基本上是一個不斷輪迴的過程。所有的這些習俗和儀式，都是為年輕一代結婚和生育做準備的，由此他們就能理解生命和生育之間的深層聯繫，並且採取正確的態度對待這些經驗。古代的成人禮和婚禮儀式絕對可以證實這一點。

　　隨著時間的推移，人類開始更多地發展出我們今天所擁有的清晰白晝意識。隨之而來的危險是，我們將完全失去對人類誕生奧祕的理解。我們的態度會發生變化，不再認為生育過程是一份榮耀，而僅僅是一種生理功能。為了避免這種危險，一個偉大的事件（包括產生的所有其他影響）發生了。該事件使得人類能夠再次理解出生的奧祕，保留我們身而為人的尊嚴。我在此所說的就是基督

事件。我們透過天使加百利對瑪利亞說的話得知基督的誕生，「萬福瑪利亞，妳充滿聖寵，主與妳同在。妳在婦女中受讚頌，妳的親生子耶穌同受讚頌。」瑪利亞回答道，「看哪，我是主的使女，願照你的話成就在我身上。」瑪利亞的形象讓我們看到一位女性、母親，在任何時候她都可以成為人類生育正確態度的典範。然後我們得知瑪利亞將從聖靈當中孕育出自己的兒子，由此揭示出每個人誕生時最深的祕密。因為每位母親都是因著聖靈懷孕的，也就是說，孩子是從屬靈世界來的，誕生到地球上展開新一輪的生活。只有在《聖經》故事中特別提到了基督所涉及的降生祕密，祂被描述為人類的原型代表。祂被稱為「神子」。但正如我已經提到的，在祂身上所揭示的是人類誕生的內在奧祕。有人可能認為，人類在中世紀時特別崇敬和熱愛聖母瑪利亞，這為當時的整個維護人類尊嚴的文化做出了貢獻。

到了十五和十六世紀，人類意識的演化已經取得了長足進展，我們幾乎完全感知不到屬靈世界的存在了。清醒的白晝意識占了上風。由此所面臨的更大的危險是，我們可能會徹底遺忘人類誕生的奧祕。

現在我們看到的一些非同尋常的事件，可以喚醒我們憶起出生的奧祕。這次所發生的不是歷史事件，而是一副非凡的畫作。我所說的是拉斐爾的「西斯汀聖母」。當你凝視這幅作品時，請忘記頭腦瞭解到的所有關於這幅畫的內容，只是試著去感受畫面中的人物在向你傳達的訊息。你看到一男一女兩個人跪在地上。聖母在他們的上方，仿佛從天堂降落到人間。她懷裡抱著的聖子看上去像是剛剛離開背景中的小天使們，飛入了母親的懷抱，好讓她帶著自己

降落人間。很明顯地，這幅畫的孩子是從天上降下來的。我們可以將母親視為人類靈魂的象徵，把孩子看成是年輕的「我」正走在化身為人的道路上。幾個世紀以來，這幅作品為許多觀者留下了深刻印象。透過這個方式，它也許能說明我們再次──至少是在情感層面──對出生的奧祕有了一些體會。

十九世紀中葉達爾文進化論出現了，多數的人熱情地接受了這個觀點。根據這個理論，人類被矮化為「演化程度最高的動物」。隨之而來的假設則是，人類和動物一樣，只是某個物種當中的一員。在這種思維模式的影響下，人類出生的奧祕和榮耀被徹底遺忘，為佛洛伊德的精神分析開闢了道路，後者只不過是心理學的達爾文主義或達爾文化的心理學罷了。精神分析宣稱性欲是物種繁衍所需要的，也是人類靈魂最基本最重要的驅動力。如果這個觀點在我們的文化中成為主流，那麼人最終會認為人類的出生和動物沒有任何區別。我們的整個存在都將變得像動物一樣，文化也會陷入野蠻狀態。本世紀出現了許多令人擔憂的跡象，顯示出這種情況確實有可能發生。

因此，我們這個時代有必要再次揭露人類誕生的奧祕，但需要採取一種符合時代趨勢的形式，亦即從科學的角度進行詮釋。在我看來，這是人智學最重要的貢獻之一，因為它能夠透過真正的科研方法揭開人類誕生的奧祕。不可否認，人智學的研究方式有別於通常的途徑，但由於探究物件的特殊性質，這樣做是十分必要的。

我們透過經驗到人類的核心──「我」──的不朽性，看見它經歷了多生多世的發展，而人類的誕生也被視為一種輪迴。當然，人類物種是通過新生兒的出生而繁衍下去的，這是個事實，性欲也

確實在我們的底層本能中積極運作著。但我們的本質存有並不是透過性欲表達的，這種自然驅力被提升到一個更高的層次：以滿足個體演化的需求。如果這種認知被納入我們的感受和情感中，那麼我們將會對人類的誕生形成一種符合人性尊嚴、既道德又實用的態度。

我在這裡試圖說明的是，如何在深度心理學和人智學當中找到人類靈魂謎題的答案。正如我們所看到的，如果人智學遠遠超出不同流派的深度心理學所提供的內容，我們也絕不能認為我們已經完成了對這些謎題的探究。我們承認赫拉克利特的觀點，在這些講座開始時我引用過他的原話：「無人能理解人類靈魂的深度，即使他或她已經走遍地球的所有角落。」我們深信我們是永遠無法獲得靈魂的完整知識的。未來會產生更多關於靈魂運作方式的深刻洞見，這些見解可能是我們今天連做夢都想像不到的。

人智學並沒有佯裝自己已經發現和這個主題相關的所有知識，但它的研究成果說明我們認識到靈魂維度和尊嚴的一些事實，為我們這個時代做出了重大貢獻。如果沒有這種重新看待人類靈魂的方式，人類可能會陷入成為次等人的深淵，而這個危險的確是存在的。

3・深度心理學和人智學

在前面的兩次講座中，我們發現了深度心理學和人智學各自對人類靈魂謎題所能給出的答案。為了從對比中得出結論，今晚我們將更詳細地探討兩種研究模式之間的差異。我希望自己在前兩次講

座中已經清晰地表達,人智學認為神聖的屬靈世界是客觀而真實存在的,並且以此為基礎找到了答案。這個世界的示現有三個階段:宇宙思想、宇宙語言以及屬靈存有的世界。深度心理學完全沒提到這些內容。

我還解釋到,這兩種研究方法之所以產生了不同的結果,是由於它們對待該主題的初始態度不一樣。深度心理學完全停留在慣常意識的領域,在從中得出結論的同時提出了關於無意識的理論假設。人智學則發展出一條拓展意識的教育之路,不僅能夠讓所謂的無意識變成意識而認識其真實本質,並且可以描繪出人類靈魂是如何透過三個層次與神聖的屬靈世界產生連結的。

我們也可以這樣來描述兩種方法之間的區別:人智學研究的是靈性元素,認識到靈魂是由三個不同的部分構成的:物質、魂和靈。深度心理學則完全停留在靈魂元素的探究上。

讓我提醒一下你們,在人智學的名相當中,構成人類「核心」的屬靈元素是隱藏在慣常意識之外的,只有當一個人達到高等意識水準時才會被喚醒,即想像力意識、靈感意識和直覺意識。靈魂元素在夢境中是暗淡朦朧的,但是在正常清晰狀態,則會散發出耀眼的光芒。

深度心理學和人智學中的魂與靈

深度心理學只關注靈魂而忽略了靈性因素,「意義療法」創始人維克多・法蘭可(Victor Frankl)批判性地承認了這個事實。深度心理學可以針對此批評為自己辯解,指出它最關切的始終是心靈;這當然是有道理的。但問題是深度心理學特別關注對無意識的

探究。對人智學來說，所謂的無意識只是隱藏在面紗之下、尚未被發現的靈性元素。從這個角度來看，我們不得不承認深度心理學確實與人類的屬靈面向相關的。

這就是我試圖以一種非常精確的方式來比較這兩門重要學科的原因。人智學旨在引領人類發展高層我，從而獲得真正的自我認知，而深度心理學只能透過對心靈界域的投射來理解高層我，但這樣就無法實現它在現實中應該達到的終極目標。這份不足促使維克多·法蘭可創建了「意義療法」。[1]

當然，靈性元素在深度心理學理論中也是顯而易見的，因為在現實中人總是整體性地在運作著。然而，在精神分析和個體心理學所給出的靈魂意象中，靈性只是一閃而過，相當低調乃至於幾乎辨識不出來。你必須在佛洛伊德論述道德衝動和價值判斷的理論中，以及阿德勒關於社會衝動和共同理想的理論中，才能找到靈性層面的探索。這些當然是構成靈魂發展非常重要的因素，但似乎沒有一個充分的原因能解釋它們的起源和效力。因此，佛洛伊德在晚年發現除了性欲之外，還有必要假設心靈中仍存在著第二種「死亡驅力」，他認為這就是良知的根源。個人心理學宣導者韋克斯伯格（E. Wexberg）在 1928 年不得不承認：「一方面個人主義和個人崇拜日益增長，另一方面發展集體意識也成為必然。這兩種對立的力量所造成的難以克服的問題，一次又一次不幸地出現在個人生命和國家發展中。」

在榮格的情結心理學中，由集體無意識和原型世界所代表的靈性層面內涵，顯然更為有目共睹。即便如此，靈性也不是以真實的形式和現實示現出來的，而是以投射為形式披上了靈性元素的外

衣。榮格假設喚起原型的過程和經驗是永遠不可能從無意識中被奪走的，我們從中發現如果以深度心理學為背景，我們是無法談論人類靈魂覺醒的。[2]

誠然，榮格在精神覺醒的方向上已經邁出非常重要的第一步，他說意識和無意識這兩個分裂的靈魂元素必須重新結合。他認為重新喚醒人類核心，即他所說的「自性」（位於意識和無意識之間），乃是人類發展的最高目標。

此外，榮格所說的與日常自我相對的「自性」，可以被認為等同於魯道夫・史坦納描述的不朽之「我」，即歷經累生累世發展出來的「高等自我」。最後，榮格談到一個人如何完成自己的「個體化進程」。這與史坦納發展個體性的概念是一致的，個體性是一個人所能實現的最高目標。然而，儘管存在著上述的相似之處，但榮格並沒有完全認識到「自性」的特質，因為他對輪迴是隻字不提的。

想像力意識中的意象世界

從榮格對原型世界的描述來看——他本人是在意識拓展的狀態下經驗到原型的——我們可以將這種體驗與史坦納所說的想像力意識等同視之。這是人智學文獻中所描述的第一個階段。事實上，榮格對想像力概念是非常熟悉的。他和他的學生喜歡從心理學的角度解讀和揭示我們在神話、童話、幻想、儀式、煉金術中所發現的富有想像力和象徵性的畫面。但他們不敢在發現原型的道路上走得更遠，認為這是危險重重甚至是不可能完成的任務。榮格認為深入於原型世界的過程充滿著危險，而且危險還會不斷增加，甚至危及到

一個人的心理健康。事實證明，這個意象世界的力量是壓倒性的。可以這麼說，任何將自己交付給這個世界的人，都會感到自我受到了碾壓。或者如果一個人過於認同這些意象，那麼這個人有可能患上自大型妄想症。這些危險在人智學領域中是眾所周知的；通往高等知識的道路上，行者將開始逐漸熟悉危險所在。上次講座中我並沒有提到這一點，是因為當時只想簡要概述一下人智學啟蒙的各個階段。人智學不顧這些危險鼓勵學子繼續前行走向啟蒙，是因為學生們所做的特殊前行準備工作為他們帶來了力量，足以承受這些壓倒性的經驗並且保護自己免受傷害。我在上次講座中提到，某些思考練習能夠讓人以一種嶄新方式浸淫在自然界中。宇宙思想——賦予世間萬有形態的鮮活力量——被揭示了出來。

人智學者在想像力意識的經驗中，不僅能獲得一種有別於深度心理學的和自己靈魂的關係，而且為他們打開了一扇與當代自然科學不同的看待自然界的大門。在前面一個講座中我們看到，深度心理學完全認同自然科學對自然界所持有的觀點，因為它認為自然是由物質組成的，在此基礎上構建了各種理論和假設，並且根據最新的科學發現不斷地在變化。人智學已經超越這一點，發現了自然現象「背後」的創造性形成力量。

透過這種方式接觸靈界，可以保護人智學者免於被這個意識階段的強大經驗所吞噬。也可以這樣說：我們已經看到想像力意識是透過上述思考練習獲得的。這些練習將思考強度和能量提升至「我」所能夠抵禦鮮活意象衝擊的程度——正如我們所看到的，「我」在思考過程中獨立於大腦而活躍運作著。隨著靈性科學家慢慢習慣於新的經驗，他或她不會以一種虛幻的方式認同這些意象，

而是能夠自由地觀察，並且用自己的方式創造性地使用它們。史坦納稱這個世界為「自由想像的世界」。與我們在夢中經歷的「強制性」的想像形式相比，它們是自由的。

在更高的意識階段裡，我們能夠正確地解釋這些夢境意象。但它們為什麼是「強制性」的呢？我昨天說過，靈魂在夢境中脫離身體的程度，與它在想像力意識中離開身體的程度是一樣的。現在我要稍微修改一下這個表述方式。此處的「身體」包括我們日常意識所需的大腦和神經系統功能。正如我昨天所說的，夢境意識的模糊程度與想像力意識的明亮程度是相同的。那麼我們如何解釋這種差異呢？因為當靈魂從大腦和神經系統功能中撤退時，它會將自己與呼吸、血液循環及新陳代謝過程連結得更緊密，這個過程就會在鮮活的、富有創造力的形成力量幫助下於身體內運作著，我昨天的講座提到了這一點。因此與清醒狀態相比，靈魂會在夢中與不同的身體功能結合。這導致夢境意象不但受到生理作用力的支配，而且還具有強烈的強制性。做夢的人基本上不可能靠自己從那些強有力的意象中掙脫出來。這同樣適用於自古以來出現在人類夢境的神話畫面；古希臘之前尤為如此，當時的希臘人已經發展出獨立思考能力。這些夢境意象出現時攜帶著強大的原始能量，是無法被抹除的，因為它們的起源與物質體及其功能密切相關，因此這些意象還具備生理上的意義。

在深度心理或自我分析狀態中，在沒有靈性科學教育的情況下，如果夢境意象世界被帶入慣常意識中，並且以文學或藝術的方式進行解釋，也會發生類似的情況。所謂的「自由聯想」並不是真正的自由，而是由半醒半模糊的夢境印象導致的結果。這種處理夢

境畫面的方式，有可能讓人處於接受夢境暗示的危險中。榮格對「被動」和「主動」想像作出了區分，並且聲稱主動想像（active imagination，編按：一般稱「積極想像」）允許他完全自由地選擇圖像。他將這些意象用來治療病人，非常接近史坦納所說的想像力意識。儘管如此，兩者所採取的方法也是不同的。深度心理學旨在治療，人智學的目標則是獲得高等知識。對榮格來說，盡可能多地進入無意識領域是非常重要的，而這個界域恰恰位於完全清醒的意識和夢境意識之間。人智學意義上的想像力，則發生在清醒且增強的意識狀態中。

在這種差異中我們發現到榮格心理學之所以停留在上述水準，而人智學卻可以進入高層靈性覺醒的原因。當一個人將夢境及其強迫性想像拋諸腦後時，這個人就可以進入睡眠界域，在那裡慣常意識是完全昏昧模糊的。此處的無意識看上去似乎完全無法被滲透。睡眠也分為兩個面向：一方面，靈魂距離身體比在夢中還要遙遠；另一方面，它潛入身體的程度甚至更深一些，但方向和目的與清醒狀態是截然相反的。睡眠使人恢復活力，清醒則令人感到疲勞和倦怠。榮格對身體和靈魂之間的這種獨特且親密的融合，肯定是有所瞭解的，正是這種結合帶來了睡眠的深度無意識狀態。他曾經說過，「如果知識之光能夠被帶入無意識當中，那麼物質和心靈的真實本質將會被揭示出來。」

當我們進入人智學意義上的靈感狀態時，我們的意識甚至進一步地朝著與睡眠狀態相反的方向發展。但我們並不是失去了意識，而是變得更加清醒。我必須指出人智學道路的另一個重要面向：從想像力意識揚升至靈感意識的過程並不簡單，需要多做練習，下一

個階段才會到來。人首先必須能消除意象世界（從夢境進入深睡時會自然發生）。學生必須透過自己的意識去除掉他們剛進入的意象世界。「我」必須足夠強大才能做到這一點。現在我們遇到了一個真空站在屬靈的空無深淵之前。這個真空帶來了「世界語言」的「靈性吸力」（Welten － Wort，邏各斯），此乃靈感意識中的經驗。準備工作尤其在這個階段證明了自身的價值。如果「我」未能得到強化，那麼人是沒有力量消除意象世界、進入必須要獲得的屬靈真空狀態的。

對靈性科學家來說，跨越想像和靈感之間的門檻無疑是最重要和最深刻的經驗，他得以在清醒的狀態中積極地與高等屬靈存有互動。跨越這個門檻之後，人智學者進入了古代所稱的「啟蒙」狀態。當時的啟蒙是發生在神殿裡，需要在一位元祭司的協助才能完成，如今則可透過一種符合現代意識的方式來達成。在這一點上我必須提到其他的一些內容，這對我們比較深度心理學和人智學至關重要。

神－人原型和歷史中的元史學祕密

昨天我提到過對於那些已經達到靈感階段的人來說，他們發現在深度睡眠狀態中，每個人都會遇到特定的靈性存有。我們對此是一無所知的，但是在逐漸醒來穿越夢境的過程中，深睡時的感受會隱藏在榮格所說的集體無意識的原型意象中。今天我要詳細探討其中的一個，亦即基督教中以耶穌基督為代表的神－人原型。對榮格來說他是所有原型中的原型，因為他象徵著人類發展的最高目標：完全實現個體化進程。取得這項成就之後，人類的「我」便成為了

自性的載體，而自性一直被認為是將整體人類涵容在內的集體無意識，後者始終被認為是超人類的、超個人的神聖存在。在古早的時代裡，當個人意識的發展尚未開始時，集體無意識的象徵是亞當、世上的第一個人。隨著個人意識的出現，這個象徵發生了變化，如今體現在聖保羅所說的「新亞當」形象中。現在我們可以用聖保羅的一句話來描述人類發展的最高目標，也是我在第一次講座中引用的那句話：「不是我，而是基督在我裡面活著。」

在探索的道路上，當靈性科學家跨越門檻從想像力意識進入靈感意識的那一刻，就會與真正的神聖存有——基督——相遇。事實上，行者意識到幫助他們跨越門檻的正是這位存有。因此，與基督相遇成為了靈性科學家在他或她的道途上的根本經驗。基督存有成為了「啟蒙者」，祂傳授屬靈世界的奧祕以及祂自身的深層奧義。福音書中所記載的巴勒斯坦事件的全貌，在那一刻會展現於行者眼前：基督道成肉身成為了拿撒勒人耶穌，包括他的受難與復活。史坦納在其自傳中描述了這個時刻的景象：「當我帶著強烈的敬畏心面對各各他奧祕事件時，我內在世界的發展達到了頂峰。」這意味著唯有在各各他奧祕事件之後，人類才可能踏上先前所描述的道路：「我」進入到深層意識中，帶著覺知經驗屬靈世界和自身存有。

古早的時期有些行者受到啟蒙進入了高等世界，並且能夠與神聖存有進行互動，但這種情況只能透過「在神殿中沉睡」來實現。學生被誘導進入深如死亡般的沉睡狀態，按儀式要求被埋葬在墳墓裡。當這個學生再次被喚醒時，便擁有了高層智慧。神殿的所有人員都參與其中，自始至終地幫助這位新手，保護他免受上述危險的

傷害。因此，祕密知識不是他個人的私事，而是屬於整個神祕主義者團體，此即洩露奧祕知識會被處死的原因。

　　古早時期神祕主義學派的行者都知道，未來某天有個重大事件將要發生，與已啟蒙者私密交流的那位神將會道成肉身。這就是為什麼在整個古代世界、古印度、古埃及、古希臘和凱爾特文化中，可以看見不同版本的聖母懷抱聖子或聖子坐在聖母腿上的形象，但這種形象的意義乃是預言性質的。因此福音書中所描述的事件，當然也可以視為耶穌的人格必須經歷的內在體驗的象徵性畫面：約旦河受洗、受難、死亡、埋葬，復活後，進入到屬靈的至上榮耀。這些都讓人聯想到啟蒙者在古老的神殿中所經歷的體驗。

　　雖然如此，它們不僅具有內在象徵的寓意，更是蘊含著宇宙寓意的真實事件：神降臨塵世，道成肉身。出生、生命、死亡、復活都是真實的，曾經在歷史舞台上演，完全可以看得見。此即巴勒斯坦事件的深刻意涵，它們具有雙重含義。對拿撒勒人耶穌來說，這些都是內在的神祕體驗，但同時也是歷史事件——人子耶穌經歷靈性覺醒後行使神蹟，因此而受到懲罰被釘死在十字架上。不，不僅僅是這番平淡無奇的述事，它們的意義遠不止如此：這個過程代表一個「元史學」的宇宙事實。透過「各各他奧祕事件」——這是史坦納對整個過程的稱呼——人類和自己以及屬靈世界關係的基本局面徹底得到改變。

　　在關於基督教彌撒的變革性象徵一文中，榮格提出了基督存有原型的特徵，並且強調人類必須找到內在的基督、使祂誕生，從而成為「Christophorus」，即「基督孕育者」。在他的筆下，基督教所認為的獨特歷史事件，只是一個被彌撒儀式所呈現的內在過程。

他實際上並沒有思考「在巴勒斯坦到底發生了什麼？」——我們或許可以為他辯解說這是可以理解的，因為這個問題超出了心理學範疇，而他是希望將自己的思考停留在心理學層面的。在文章的最後他強調說：「我認為這樣一個形上事件是一種心理過程，但我絕不像批評家所說的那樣，認為它『只是物理現象』。」儘管如此，榮格所描繪的基督教彌撒儀式的意義只限於靈魂的內在生命。他還補充說道，人類自存在以來就一直以這種或那種方式傳承和踐行這些儀式，這是因為後者根植於人類，是人類靈魂生命中的一部分。他沒有認識到基督教存在之前和之後情境之間的深刻差異。但榮格的確指出，神祕主義和靈知都將基督的道成肉身看作是內在靈魂神祕發展的隱喻，幾乎都忽略了這是個歷史上的真實事件。因此，雙方都處在「心靈膨脹」的危險中，因為他們有能力「讓基督在自己之內誕生」。另一方面，認識到這種危險的教會始終堅持，基督事件的真實性在歷史上是獨一無二的。榮格的論述就到此為止了。

對人智學而言，正如我先前所說的，基督事件的意義恰恰在於它的雙重性。它確實是一個奧祕事件，因為它作為一種內在經驗，可以一次又一次地被重新創造出來，在基督教之前和之後的啟蒙過程中，出現過多種不同的形態。前者具有預言特徵，後者則是效法基督。（在中世紀的基督教隱修派當中，啟蒙之路主要是由聖約翰福音書所描述的「十字架苦路七階段」的內在經驗構成的。這本福音書非常清晰地說明基督受難的啟蒙含意。）但基督事件同時也是個歷史事件，因為它徹底改變了人類的內在結構，因此啟蒙的方式也必須轉變。透過人智學行者能夠獲得純粹的靈性經驗，就這一點而言——或者換句話說，能夠經驗到客觀真實的靈性世界——

人智學除了指引我們主觀地經歷靈魂之外，還可以走的更遠一點。正如我們在先前講座中所說的那樣，這個事件不但已經深入到自然界，使我們可以看見自然現象「背後」的創造性形成力量是如何運作的，而且它還發現了人類歷史背後「元歷史」的祕密，從而賦予歷史以真正的意涵。這個祕密正在人類意識演化的大幕後面進行事功。例如在前基督教時代，人類必須徹底失去「我」－意識才能獲得高層智慧。在後基督教時代，我們則可以將其轉化為高等的靈性「我」。這也意味著，如果一個人真的將基督視為所有原型中最獨特的那一個，並且希望與祂相遇，那麼這個人在前基督教時代的靈魂深處是找不到祂的。這種情況在各各他奧祕事件發生之後才成為可能。與其他所有原型不同，祂是無法從屬靈經驗被帶入物質次元的，我們必須首先從歷史事實的角度、在感官世界裡，承認祂的存在。只有在靈性覺醒的道路上，祂才會以原型的方式示現出自己的重要性。

在上次的講座中，我畫了一張草圖（圖5）來說明不同的意識層次。其中的慣常清醒意識的支點，位於那些低層意識和對應的高層意識之間。這幅圖也顯示出人類在歷史進程中所達到的意識水準。如果將其旋轉九十度（圖6），我們就可以看到人類意識演化是如何與和基督事件相關的元歷史聯繫在一起的。

由此我們可以看出，人類最初的意識對於外部世界的覺知是非常模糊的，卻有能力看見靈魂處於死亡和新生之間的那個世界。下一個階段是，人類開始能感知到睡眠中的情境，然後進入到能夠意識夢境般的神話意象的階段。最後我們來到了目前的意識狀態──我們顯然對外部世界瞭若指掌，卻完全覺知不到自己的屬靈本質

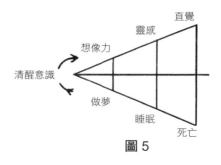

圖 5

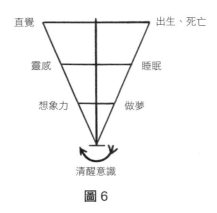

圖 6

了。我們具有了某種程度的「我」－意識，但我們是如此認同自己的物質體，乃至於我們的「我」呈現出強烈自我中心特質，這一點在其他講座中已經提及。在基督教術語中，這種下降被稱為人類在地球的初始所經驗的「墮落」，並且從那時起就一直遭受痛苦的折磨。透過各各他奧祕事件，「罪疚的我」得到了救贖。人類由此獲得發展、淨化、拓展了自己的能力，一步步地將自己提升到高等意識層次。然後人類會與靈性世界重新建立連結，但此時的人是處在完全清醒的意識狀態的。透過這種方式，基督道成肉身確實讓個體化進程成為可能。

個體與人類

　　從上述的角度去理解，人智學是以基督教為立足點的。這就是為什麼它可以透過獨特的靈性訓練之路，達到我們這個時代所能獲得的知識的最高階段：啟蒙。榮格術語中與之對應的是人類個體化進程的完成。處在這個知識的最高層級，理解人類的輪迴轉世是有可能的。這回答了個人的自性與物種集體無意識的關係之古老謎題。

　　榮格心理學始終未能就此謎題給出令人滿意的答案。在某些例子中榮格斷言自性絕對屬於個人特質，然而在其他情況下，他則認為自性代表著物種的集體無意識。這又是榮格透過科學方式無法超越靈魂界域所導致的矛盾。因此，他是不可能認識到我剛才所說的「元歷史之祕密」的。

　　靈性科學已經能夠確認，人類核心深處的「我」的確是一個獨特的個體，與其他所有的個體都不相同。然而，由於「我」在不斷輪迴中經驗了過往所有階段的文明期，並且獲得了進一步發展所需的一切知識，從這一點來看，「我」是個世界公民，而不受屬於哪一個特定的時代。在這個意義上，人是一種宇宙性存有。將這種普遍性稱為受集體或者物種所限是不正確的，相反地，它應該被視為具備元歷史特徵，因為它參與了人類在所有歷史發展階段的完整過程。

知識與信仰和解

　　到目前為止我為你們所描述的人智學知識之路，幫助我們看

到它是唯一能夠實現榮格心理學最高終極目標的現代道路，即宗教與科學、信仰與知識的和解。當然，在過去的幾個世紀裡，這兩個領域之間的衝突變得越來越明顯。我們可以在以下事實中找到原因：隱藏在無意識世界中的寶藏，越來越受到文化和意識的壓制。我們不得不承認這種狀況導致了一種「文化疾病」。榮格和他的學生們透過強調集體無意識原型中的宗教意涵，試圖為這種文化疾病帶來新的治療能量。他們向病人展示了一種與從無意識中的意象世界重新建立連結的方法，鼓勵後者將注意力轉移到意識和無意識之間的某個點上。榮格和他的學生為宗教思想和概念賦予了新的有效性，由此而引發近期「榮格派」與基督教會（新教和天主教）的代表進行了相當友好的互動交流。這是很自然的事，因為心理治療和教牧關懷有著諸多的共同點。例如著名的德國組織「醫生和牧師」（Arzt und Seelsorger）多年來一直在舉辦各種會議，眾多與會者探討的都是心理治療和牧師關懷共同關切的議題。

　　這些狀況不該妨礙我們認識到，由於知識和信仰之間存在著鴻溝，當今的宗教生活仍然處在岌岌可危的局面，最終是無法依靠榮格心理學來擺脫困境的。這是因為榮格在重新發現無意識的同時，止步於靈性知識的第一階段，即史坦納稱為想像力意識的階段。他無法將本質即「我」帶到意識當中。或者換句話說，榮格是一名心理學家——最重要的是，他希望如此，他只關心人類的心靈。在談及無意識時，他所指的只是一種靈魂現象。他不知道並且也不想知道人類所謂的「無意識」隸屬於靈性範疇，構成了人類與真實屬靈世界連結的界域。所以說，他只著眼於宗教經驗的心理層面，並不關心這些經驗的形上意涵，由此印證了他的觀點：宗教經驗的重要

性主要體現在個人心理層面。

在我看來宗教經驗的本質，是讓人類能夠與一個真實的、超個人的神聖世界建立真正的連結。這一點自人類存在之初便已為人所知。這就是為什麼宗教生活永遠不會滿足於心理學對其教義所做出的解釋，儘管後者可能會挖掘出很多有價值的內容。不可否認地，宗教經驗與靈性科學的不同就在於它所關切的是情感和信仰而非知識。從這方面來看，它實際上更接近於深度心理學，後者對靈性層面的認知也不感興趣。這種相似性無疑是促使深度心理學和傳統教會數次進行積極合作的原因。

我們在此可以提出兩個問題：從心理學層面對宗教經驗做出解釋，在當今時代還有前途嗎？畢竟，我們這個時代高舉科學大旗，對覺醒意識有著日益增長的需求。在宗教團體和心理學家之間的這種合作當中，雙方是透過妥協讓步來實現科學與宗教和解的；宗教經驗被化約為純粹的心理活動。科學和宗教並沒有真正和解。許多人特別是天主教會成員已經認識到這一點，他們對深度心理學領域的朋友強烈表示反對。

人智學所取得的成就是相當不同尋常的，它更能滿足我們這個時代宗教生活的真正需求。人智學開闢了一條徹底照亮所謂無意識界域的道路，由此而發現人類在內心深處實際上與靈性世界是連結的，並且開啟了一扇經驗這個世界的大門。它成功地描繪出人類如何與靈性世界產生聯繫，並且為這種靈界知識創造出各種名相作為基礎，從而賦予了宗教新的意涵。與此同時，靈性科學將它對自然及人類的理解與靈界知識結合起來，創造出一個和諧圓滿的世界觀。我在先前提到基督事件時，已經嘗試為大家描繪出這個世界觀

的畫面了。如此一來，科學和宗教真正達成了和解，兩者都沒有放棄自己的本質。人智學既不是一個新成立的宗教，因為它是完全建立在知識基礎之上的，也不像許多批評者所說的那樣由於太科學化而破壞了真實的宗教情感。在更高的意識層次上，正如我為你們所描述的那樣，理解呈現出深刻的宗教情感特質，因為宗教經驗的物件不必然非得籠罩在黑暗中。這種感覺可以徹底延展開來。當一個人能夠借著意識之光清晰地看見所經驗的物件時，感受甚至會變得更加強烈。事實上，我們這個時代非常需要這種清晰的視野，來重新喚醒真正的虔誠心。透過這種方式，人智學可以成為重新經驗宗教的源泉，對許多人來說已經是如此了。

不可否認的是，人智學的這種兩面性對我們同時代的許多人來說，仍然是一塊絆腳石。對有些人來說，它的宗教色彩過於濃郁，對另一些人而言，它又太科學化了。然而，對當今時代、特別是我們這個文明期德國及中歐的靈性生活來說，決定性的任務無疑是：透過靈性科學重新喚醒宗教生活，從而實現宗教與科學的和解。偉大的德國哲學家謝林在一百五十年前就認識到這一點了。在〈德國科學之本質〉一文中他這樣寫道：「德意志民族全心全意為宗教服務，但根據其民族特質，她也在建立一種以科學為基礎、與知識相關的宗教。因此，培根的那句著名的論斷——膚淺的哲學使人遠離上帝，真正深刻的哲學則指引人們回到祂的身邊——已經以一種非凡的方式被證明是正確的。透過科學讓宗教獲得重生，此即德國精神的真正使命，也是它付諸所有努力想要達成的目標。」

既然人智學為宗教與科學的和解創造了基礎，那麼它也能夠治癒現代人的內心衝突。知識和信仰之間的矛盾是當今諸多心理危

機和精神疾病的根源。然而我們必須承認，對那些內在危機已經導致急性精神疾病的人來說，是不可能直接使用人智學作為治療手段的。當然，深度心理學的理論本身也同樣如此。但正如治療方法是從深度心理學理論中發展出來的一樣，我們也可以將人智學當作治療的基礎。[3] 描述人智學和深度心理學的治療方法，已經超出本次講座的範圍。

最後我想說的是，被捲入當代文明的現代人，每天都面臨著知識與信仰、自然科學與宗教之間相互對立的觀點，不得不始終在兩極之間尋求平衡。即使對已經踏上人智學知識道路的人來說，情況也是如此。我們的靈魂生命往往在這個方向或那個方向上走得過於極端，造成了某種程度的片面性，使得我們受到傳統教會信徒或現代科學思維主導的知識份子的批評。但是在這些講座中，我們所關注的不是人智學道路上可能出現的困難和危險（其他道路同樣如此），而是如果一個人忠實地遵循這條路徑，我們可以期待此人取得什麼成就，而這些肯定是人智學創始人魯道夫·史坦納早已收穫的果實。

| 附錄 |

參考文獻

第一章

1. See among others R. Goldschmit-Jentner, *Die Begegnung mit dem Genius*(Frankfurt am Main, 1954).

2. See J. Hemleben, *Rudolf Steiner: An Illustrated Biography* (London: Sophia Press, 2001).

3. L. Frey-Rohn, *Von Freud zu Jung: Eine vergleichende Studie zur Psychologie des Unbewussten, Studien aus dem C.G. Jung-Institut*, Zurich XIX (Zurich, 1969).

4. See G. Wehr, *Jung: A Biography*, trans. David M. Weeks (Boston: Shambhala, 1988).

5. F. Husemann, *Das Bild des Menschen als Grundlage der Heilkunst*, vol. 1 (Stuttgart, 1951).

6. A. Arenson, *Leitfaden durch 30 Vortragszyklen Rudolf Steiners* (Stuttgart, 1930).

7. Rudolf Steiner, *Der Goetheanumgedanke inmitten der Kulturkrisis der Gegenwart, 1921–1925*, GA 36 (Dornach, 1961).

8. C.G. Jung, "A Review of the Complex Theory," *The Structure and Dynamics of the Psyche, Collected Works*, vol. 8, trans. R.F.C. Hull (Princeton, N.J.: Princeton University Press, 1969), p. 102.

9. Rudolf Steiner, *A Way of Self-Knowledge*, trans. Christopher Bamford (Anthroposophic Press, 1999), p. 18.

10. There is an extensive body of critical writing from theologians as well as scientists. See L. Werbeck, *Eine Gegnerschaft als Kulturverfallserscheinung*, vol. 2. (Stuttgart, 1924). For an overview of critical secondary literature, see K. von Stieglitz, *Die Christosophie Rudolf Steiners* (Witten, 1955), pp. 336–340. About Jung, see H.J. Herwig, *Therapie der Menschheit: Zur Psychoanalyse Freuds und Jungs* (Munich, 1969).

11. J. Gebser, *Abendländische Wandlung*, in *Rahmen der Workausgabe* (Schaffhausen, 1975). For more on Gebser, see his *Ever-Present Origin* (Athens, Ohio: Ohio University Press, 1986).

12. A. Gehlen, *Anthropologische Forschung* (Reinbek, 1961).

13. C.F. von Weizsäcker, *Die Tragweite der Wissenschaft*, vol. 1 (Stuttgart, 1964).

14. See appendix 5 below: "The *Unus Mundus* and the Cosmic Christ."

15. J.A. Cuttat, *Hemisphären des Geistes* (Stuttgart, 1964).

16. Rudolf Steiner, lecture of October 20, 1920.

17. Rudolf Steiner, "Anthroposophy: A Striving for a Spiritual Understanding of Nature Permeated by Christ," Vienna, June 11, 1922 (ms.).

18. Rudolf Steiner, *The Christ Impulse and the Development of Ego Consciousness*, ed. Lisa D. Monges and Gilbert Church (Anthroposophic Press, 1976), p. 146.

19. W. Bitter, ed., *Psychotherapie und Religiöse Erfahrung* (Stuttgart, 1965).

20. U. Mann, *Theogonische Tage: Die Entwicklungsphasen des Gottesbewusstseins in der altorientalischen und biblischen Religion* (Stuttgart, 1970); and *Tragik und Psyche: Grundzüge einer Metaphysik der Tiefenpsychologie* (Stuttgart, 1981).

第二章

1. F. Poeppig, in the journal *Die Kommenden* (Freiburg), June 10, 1963.

2. C.G. Jung, *Memories, Dreams, Reflections*, ed. Aniela Jaffé, trans. Richard and Clara Winston (New York: Vintage, 1965), p. 3.

3. Ibid., pp. 4–5.

4. *Nachrichten aus der Rudolf Steiner Nachlassverwaltung*, no. 13. For the following see the biography by G. Wehr, *Rudolf Steiner* (Munich, 1987), which attempts to consider all biographical as well as historical and spiritual factors in Steiner's life.

5. F. Poeppig, *Rudolf Steiner der grosse Unbekannte: Leben und Werk* (Vienna, 1960), p. 17.

6. This age is not given by Steiner himself; it can be found in Poeppig's commentary. As the author has been told

by H.E. Lauer, it would make more sense to place this event a little later, at the time of the change of teeth.

7. Rudolf Steiner, "Self-Education: The Self-Development of Man in the Light of Anthroposophy," Berlin, March 14, 1912 (ms.).

8. Ibid.

9. Rudolf Steiner, *Autobiography: Chapters in the Course of My Life: 1861–1907*, trans. Rita Stebbing (Anthroposophic Press, 1999), p. 16.

10. Ibid., pp. 18–19.

11. Ibid., p. 22.

12. Ibid., p. 23.

13. Ibid., p. 24.

14. Ibid., p. 26.

15. Jung, *Memories, Dreams, Reflections*, p. 9.

16. Ibid., p. 7.

17. Ibid., p. 9.

18. Ibid., p. 15.

19. Ibid., p. 68.

20. R. Meyer, *The Wisdom of Fairy Tales*, trans. Polly Lawson (Anthroposophic Press, 1988).

21. Rudolf Steiner, *The Fall of the Spirits of Darkness*, trans. Anna Meuss (Bristol, U.K.: Rudolf Steiner Press, 1993), p. 49.

22. Jung, *Memories, Dreams, Reflections*, p. 188.

23. Ibid., p. 19.

24. Ibid., p. 28.

25. Ibid., pp. 41–42.

26. Ibid., pp. 33–34.

27. Ibid., p. 63.

28. Steiner, *Autobiography*, p. 59.

29. Ibid., pp. 161–62.

30. Jung, *Memories, Dreams, Reflections*, p. 72.

31. Ibid., p. 109.

32. Steiner, *Autobiography*, p. 49.

33. Ibid., p. 32.

34. Jung, *Memories, Dreams, Reflections*, p. 99.

35. Steiner, *Autobiography*, p. 46.

36. Rudolf Steiner, *Briefe*, vol. 1, GA 38 (Dornach, Switzerland, 1985), pp. 35ff.

37. Rudolf Steiner, *Nachrichten der Rudolf Steiner-Nachlassverwaltung*, GA 13 (Dornach, Switzerland, 1965), pp. 1ff.

38. Ibid.

39. Rudolf Steiner, *Theosophy of the Rosicrucian*, trans. M. Cotterell and D.S. Osmond (London: Rudolf Steiner Press, 1966), p. 7. The Rosicrucian manifestos can be found as appendices in Ralph White, ed., *The Rosicrucian Enlightenment Revisited* (Lindisfarne, 1998).

40. Rudolf Steiner, *Goethes Geistesart*, GA 22 (Dornach, 1956).

41. Steiner, *Autobiography*, p. 239.

42 Jung, *Memories, Dreams, Reflections*, p. 184.

43 Ibid., pp. 196, 199.

第三章

1. Rudolf Steiner, *Freud, Jung, and Spiritual Psychology*, trans. May Laird-Brown et al. (Anthroposophic Press, 2001), pp. 31–58.

2. C.G. Jung, *Two Essays on Analytical Psychology, Collected Works*, vol. 7, trans. R.F.C. Hull (Princeton, N.J.: Princeton University Press, 1966), p. 3.

3. Rudolf Steiner, *Geisteswissenschaftliche Behandlung sozialer und pädagogischer Fragen*, GA 192, May 1, 1919, p. 61ff.

4. Jung, *Two Essays on Analytical Psychology*, p. 4.

5. See Rudolf Steiner's public lectures *Aus dem Mitteleuropäischen Geistesleben*, GA 65 (Dornach, 1962), and *Aus Schicksaltragender Zeit*, GA 64 (Dornach, 1959).

6. Some of these lectures appear in English in Steiner, *Freud, Jung, and Spiritual Psychology*.

7. Ibid., p. 31.

8. Ibid., pp. 42, 52.

9. Ibid., p. 32.

10. In the beginning Jung did show sympathy for Freud's sexual symbolism. Jung said before the first International Congress for Psychiatry and Neurology in September 1907 in Amsterdam: "I find that in [his sexual theory] one could follow [Freud] most easily, because mythology here has done some very instructive preparation in that it expresses the most fantastical thinking of whole nations." Jung points to relevant publications and to the allegorical-symbolical language of poetry and continues: "Freud's symbolism is therefore nothing unheard of, only the psychiatrist is not used to it in his practice." C.G. Jung, *Freud and Psychoanalysis, Collected Works*, vol. 4, trans. R.F.C. Hull (Princeton, N.J.: Princeton University Press, 1967), p. 23.

11. Steiner, *Freud, Jung, and Spiritual Psychology*, pp. 41–43.

12. C.G. Jung, *Psychological Types, Collected Works*, vol. 6, trans. R.F.C. Hull (Princeton, N.J.: Princeton University Press, 1974), p. xiii.

13. Steiner, *Freud, Jung, and Spiritual Psychology*, p. 43.

14. Ibid., pp. 48, 53.

15. Ibid., p. 58.

16. Ibid., p. 61.

第四章

1. Jung, *Analytical Psychology*, pp. 74–75.

2. Rudolf Steiner, *From Symptom to Reality in Modern History*, trans. A.H. Parker (London: Rudolf Steiner Press, 1976), p. 93.

3. Rudolf Steiner, *Behind the Scenes of External Happenings* (London: Rudolf Steiner Publishing, 1947), p. 8.

4. Ibid.

5. Steiner, *The Fall of the Spirits of Darkness*, p. 138.

6. C.G. Jung, "Wotan," *Civilization in Transition, Collected Works*, vol. 10, trans. R.F.C. Hull (Princeton, N.J.: Princeton University Press, 1975), pp. 179-193.

7. Steiner, *The Fall of the Spirits of Darkness*, p. 144.

8. Ibid., p. 196.

9. Ibid., p. 199.

10. On the year 1917, see R. Riemeck, *Mitteleuropa: Bielanz eines Jahrhunderts*(Freiburg, 1965).

第五章

1. Rudolf Steiner, *A Psychology of Body, Soul, and Spirit: Anthroposophy, Psychosophy, and Pneumatosophy*, trans. Marjorie Spock (Anthroposophic Press, 1999), p. 5.

2. See E. Bock, *Rhythm of the Christian Year* (Edinburgh: Floris, 2000).

3. W. Bitter, *Analytische Psychotherapie und Religion* in *Transzendenz als Erfahrung*(Weilheim, 1966).

4. Rudolf Steiner, *Theosophy: An Introduction to the Spiritual Processes in Human Life and in the Cosmos*, trans. Catherine E. Creeger (Anthroposophic Press, 1994), pp. 22–23.

5. Rudolf Steiner, *Philosophy, Cosmology, and Religion*, trans. Lisa D. Monges and Doris M. Bugbey (Anthroposophic Press, 1984), p. 4.

6. Cf. Rudolf Steiner, *Philosophy and Anthroposophy* (Spring Valley, N.Y.: Mercury Press, 1990).

7. Steiner, *Theosophy*, p. 24, 29–30.

8. Rudolf Steiner, *Anthroposophical Leading Thoughts*, trans. George and Mary Adams (London: Rudolf Steiner Press, 1973), p. 20, no. 17.

9. Steiner, *Theosophy*, p. 134. Emphasis in the original.

10. Ibid., p. 149.

11. Ibid., p. 132.

12. Ibid., pp. 134–35.

13. Rudolf Steiner, *How to Know Higher Worlds: A Modern Path of Initiation*, trans. Christopher Bamford (Anthroposophic Press, 1994).

14. Steiner, *Theosophy*, p. 58.

15. K. von Stieglitz, *Die Christosophie Rudolf Steiners* (Witten, 1955).

16. Jolande Jacobi, *The Psychology of C.G. Jung: An Introduction*, trans. Ralph Manheim (New Haven, Conn.: Yale University Press, 1973); Frieda Fordham, *An Introduction to Jung's Psychology* (New York: Viking, 1996); and H.F. Ellenberger, *The Discovery of the Unconscious* (New York: Basic Books, 1981).

17. Jung, *Psychological Types*, p. 421.

18. C.G. Jung, *The Archetypes and the Collective Unconscious, Collected Works*, vol. 9.I, trans. R.F.C. Hull (Princeton, N.J.: Princeton University Press, 1990), p. 5.

19. Jung, *Psychological Types*, p. 460.

20. Jung, *Two Essays on Analytical Psychology*, p. 173.

21. Jung, *Psychological Types*, p. 448.

22. H. Poppelbaum, *The Battle for a New Consciousness* (Spring Valley, N.Y.: Mercury Press, 1993).

23. Rudolf Steiner, *From Buddha to Christ*, trans. D.S. Osmond (New York: Anthroposophic Press, 1978), pp. 91–92.

24. Jung, *Two Essays on Analytical Psychology*, p. 119. Steiner's concept of "soul" should not, however, be identified with Jung's "psyche." Cf. Erich Neumann, *Krise und Erneuerung* (Zurich, 1961), pp. 65ff.

第六章

1. Rudolf Steiner, *The Spiritual Guidance of the Individual and Humanity*, trans. Samuel Desch (Anthroposophic Press, 1992), p. 3.

2. Rudolf Steiner, *Esoteric Development* (Anthroposophic Press, 1982), p. 27.

3. Rudolf Steiner, *Wonders of the World, Ordeals of the Soul, Revelations of the Spirit*, trans. Dorothy Lenn and Owen Barfield (London: Rudolf Steiner Press, 1963), pp. 30–34.

4. Ibid., p. 38.

5. Marie Steiner, in the foreword to Rudolf Steiner, *Das Initiaten-Bewusstsein: Die wahren und die falschen Wege der geistigen Forschung*, GA 243 (Dornach, 1960), p. 10.

6. Rudolf Steiner, lecture of August 14, 1924, in *Karmic Relationships*, vol. 8, trans. D.S. Osmond (London: Rudolf Steiner Press, 1975) pp. 16–30.

7. Erich Neumann, *The Great Mother*, trans. Ralph Manheim (Princeton, N.J.: Princeton University Press, 1972); M. Esther Harding, *Woman's Mysteries, Ancient and Modern* (Princeton, N.J.: Princeton University Press, 1971).

8. Rudolf Steiner, *Wonders of the World*, p. 42.

9. Ibid.

10. Rudolf Steiner, *From Jesus to Christ*, ed. Charles Davy (London: Rudolf Steiner Press, 1973), p. 17.

11. Ibid., p. 20.

12. C.G. Jung, *Answer to Job*, trans. R.F.C. Hull, second ed. (Princeton, N.J.: Princeton University Press, 1969), p. 79.

13. G. Zacharias, *Psyche und Mysterium* (Zurich, 1954), p. 44.

14. C.G. Jung, *Aion: Researches into the Phenomenology of the Self: Collected Works*, vol. 9.ii, trans. R.F.C. Hull (Princeton, N.J.: Princeton University Press, 1968), pp. 181–83.

15. See Rudolf Steiner, *Founding a Science of the Spirit*, ed. Matthew Barton (London: Rudolf Steiner Press, 1999); *Theosophy of the Rosicrucian*; *The Gospel of St. John*, trans. Maud B. Monges (Anthroposophic Press, 1962).

16. Rudolf Steiner, letter of August 16, 1902, GA 39.

17. Rudolf Steiner, *Spiritual Guidance of the Individual and Humanity*, trans. Samuel Desch (Anthroposophic Press, 1992), pp. 3–4.

18. Ibid., pp. 8–9.

19. C.G. Jung, "Analytical Psychology and Education: Three Lectures," *The Development of Personality*,

Collected Works, vol. 17, trans. R.F.C. Hull (Princeton, N.J.: Princeton University Press, 1954), p. 115.

20. Rudolf Steiner, *The Foundations of Human Experience*, trans. Robert F. Lathe and Nancy Parsons Whittaker (Anthroposophic Press, 1996), p. 49.

21. Rudolf Steiner, *Spiritual Guidance*, p. 10.

22. Ibid., p. 17.

23. Ibid., p. 19.

24. Ibid., pp. 29–30.

25. Ibid., p. 21.

26. Cf. G. Wehr, *Spirituelle Interpretation der Bibel als Aufgabe: Ein Beitrag zun Gespräche zwischen Theologie und Anthroposophie* (Basel, 1968); also *Die Realität des Spirituellen* (Stuttgart, 1970); *Wege zu religiöser Erfahrung: Analytische Psychologie im Dienste der Bibelauslegung* (Darmstadt, 1974); *Stichwort Damakuserlebnis, Psyche und Glaube* 3 (Stuttgart, 1982).

27. C.G. Jung, "Brother Klaus," *Psychology and Religion: West and East, Collected Works*, vol. 11, trans. R.F.C. Hull (Princeton, N.J.: Princeton University Press, 1969), p. 320.

28. Jung, *Answer to Job*, ibid.

第七章

1. Rudolf Steiner, lecture of January 24, 1918, GA 67.

2. Rudolf Steiner, *Mystics after Modernism*, trans. Karl E. Zimmer (Anthroposophic Press, 2000), p. 199.

3. Rudolf Steiner, *Christianity as Mystical Fact*, trans. Andrew Welburn (Anthroposophic Press, 1997), pp. 179, 183.

4. Rudolf Steiner, *Karmic Relationships*, vol. 4, trans. George Adams et al. (London: Rudolf Steiner Press, 1983), pp. 79–80. For a detailed description of Steiner's inner development, see Wehr, *Rudolf Steiner*.

5. C.G. Jung, "Freud and Jung: Contrasts," *Freud and Psychoanalysis, Collected Works*, vol. 4, trans. R.F.C. Hull (Princeton, N.J.: Princeton University Press 1961).

6. C.G. Jung, "The Real and the Surreal," *The Structure and Dynamics of the Psyche, Collected Works*, vol. 8, trans. R.F.C. Hull (Princeton, N.J.: Princeton University Press 1969), p. 382.

7. Rudolf Steiner, *Intuitive Thinking as a Spiritual Path: A Philosophy of Freedom*, trans. Michael Lipson (Anthroposophic Press, 1995), pp. 38, 43, 143. Other translations of this work have been published under the titles *The Philosophy of Freedom* and *The Philosophy of Spiritual Activity*.

8. C.G. Jung, "The Spirit of Psychology," *Eranos Year Book*, 1946.

9. J. Hupfer, "Der Begriff des Geistes bei C.G. Jung under bei Rudolf Steiner," in *Abhandlungen zur Philosophie und Psychologie* 1 (Dornach, 1951).

10. A. Morawitz-Cadio, *Spirituelle Psychologie: Zur Psychologie Jungs als Notwendigkeit der Gegenwart* (Vienna, 1958).

11. Jung, *Psychological Types*, p. 59.

12. Rudolf Steiner, *The Tension between East and West*, trans. B.A. Rowley (Anthroposophic Press, 1983), pp. 33–34.

13. Rudolf Steiner, *The Archangel Michael: His Mission and Ours* (Anthroposophic Press, 1994), p. 161.

14. Rudolf Steiner, lecture of May 1, 1919, GA 192.

15. Rudolf Steiner, *Old and New Methods of Initiation*, trans. Johanna Collis (London: Rudolf Steiner Press, 1991), p. 150. Steiner's efforts at such spiritualization of thinking can be found already in his pre-anthroposophical early works, such as *Intuitive Thinking as a Spiritual Path*, especially chapter three, "Thinking in the Service of Understanding the World." They continue into his later works. In the 1919 Dornach lectures *The Mission of the Archangel Michael* (GA 194) we find the statement: "We have created ideas, thought forms that lack the power to penetrate into life." It is not sufficient to merely study man's surroundings in a scientific manner. We need a spiritual knowledge "that is so strong that at the same time it can become a new science." Most people, however, speak of something abstract, otherworldly, when they speak of spirit.

16. Karl Kerényi, C.G. Jung et al., *Essays on a Science of Mythology*, trans. R.F.C. Hull (Princeton, N.J.: Princeton University Press, 1969).

17. Rudolf Steiner, lecture, December 14, 1919. Steiner often pointed to the one-sidedness inherent in defining things without questioning how this process is justified. "Human intellect can serve very well in daily life, but the moment you enter into supersensible regions it is doubtful that it can be a means of recognition, even though one can still consider it a useful tool." Similar statements appear in the descriptions of the spiritual-scientific path,

where Steiner emphasizes that deductive reasoning cannot lead to a recognition of higher worlds. Furthermore "when one wants to understand the things that belong to reality, one cannot *define*. One must *characterize*, because it is necessary to look at the facts and the beings from all different viewpoints. Definitions are always one-sided." Rudolf Steiner, *Occult Science and Occult Development: Christ at the Time of Golgotha and Christ in the Twentieth Century*, trans. D.S. Osmond (London: Rudolf Steiner Press, 1966).

18. Rudolf Steiner, lecture of May 1, 1919, GA 192.

19. Steiner, *The Fall of the Spirits of Darkness*, p. 129.

20. Ibid., p. 139.

21. C.F. von Weizsäcker's detailed statements are quite revealing; see "Über einige Begriffe aus der Naturwissenschaft Goethes in ihrem Verhältnis zur modernen Naturwissenschaft," in *Die Tragwiete der Wissenschaft*, vol. 1 (Stuttgart, 1966), pp. 222–43. See also Wolfgang Schad, *Goetheanismus und Anthroposophie* (Stuttgart, 1982).

22. Rudolf Steiner, lecture of February 21, 1918, in *Das Ewige in den Meschenseele*, GA 67.

23. Steiner, *Autobiography*, p. 71.

24. Rudolf Steiner, lecture of February 7, 1918, GA 67.

25. Ibid.

26. Rudolf Steiner, *Methodische Grundlagen der Anthroposophie, 1884–1902*, GA 30 (Dornach, 1961), p. 203.

27. Johann Wolfgang von Goethe, "Perceptive Power of Judgment" in Goethe, *Scientific Studies*, ed. Douglas Miller (Princeton, N.J.: Princeton University Press, 1995)

28. Rudolf Steiner, lecture of February 21, 1918.

29. Jung, *Psychological Types*, p. 68.

30. H.E. Lauer, *Erkenntnis und Offenbarung in der Anthroposophie* (Basel, 1958). Steiner himself discussed the problem extensively.

第八章

1. L. Frey-Rohn, "Die Anfänge der Tiefenpsychologie von Mesmer bis Freud," 1780–1900, in *Studien zur Analytischen Psychologie C.G. Jungs* (Zurich, 1955).

2. Rudolf Steiner, *A Theory of Knowledge Based on Goethe's World Conception* (Anthroposophic Press, 1968).

3. Rudolf Steiner, *Anthroposophical Leading Thoughts*, pp. 13, 21, 22.

4. Rudolf Steiner, lecture of June 25, 1918, GA 181.

5. Rudolf Steiner, foreword to *Philosophy and Anthroposophy*, GA 35. Not translated. The essay itself is published by Mercury Press (Spring Valley, N.Y., 1988).

6. Rudolf Steiner, *Philosophie und Anthroposophie, 1904–23*, GA 35 (Dornach, 1984), p. 156.

7. Rudolf Steiner, lecture, March 12, 1918, GA 181.

8. I. Progoff, *Das Erwecken der Persönlichkeit* (Zurich, 1967).

9. Jung, *Aion*, p. 3. Emphasis in original.

10. Jung, *The Structure and Dynamics of the Psyche*, p. 325.

11. R. Treichler, *Der schizophrene Prozess* (Stuttgart, 1967), p. 135.

12. Rudolf Steiner, *Spiritualism, Mme. Blavatsky, and Theosophy*, trans. Christopher Bamford and Mado Spiegler (Anthroposophic Press, 2002), p. 202.

13. Rudolf Steiner, *The Stages of Higher Knowledge* (Anthroposophic Press, 1981), p. 6.

14. Rudolf Steiner, lecture of April 20, 1918, GA 67.

15. Steiner, *Stages of Higher Knowledge*, pp. 9–10.

16. Rudolf Steiner, *Anthroposophy and the Inner Life*, trans. V. Compton-Burnett (London: Rudolf Steiner Press, 1992), p. 77.

17. Letter of March 31, 1960, in Miguel Serrano, *C.G. Jung and Hermann Hesse: A Record of Two Friendships*, trans. Frank MacShane (New York: Schocken, 1968), p. 74.

18. See Aniela Jaffé, *The Myth of Meaning in Jung's Work* (New York: Putnam, 1971).

19. See Rudolf Steiner, *An Outline of Esoteric Science*, trans. Catherine E. Creeger (Anthroposophic Press, 1997), Chapter 4.

20. Rudolf Steiner, *The Riddles of Philosophy* (Anthroposophic Press, 1973), p. 15.

21. Emil Bock, *Moses: From the Mysteries of Egypt to the Judges of Israel*, trans. Maria St. Goar (Rochester, VT:

Inner Traditions, 1986), p. 13.

22. Rudolf Steiner, *According to Luke*, trans. Catherine E. Creeger (Anthroposophic Press, 2001), p. 201.

23. Rudolf Steiner, lecture of October 3, 1919.

24. Rudolf Steiner, lecture of August 8, 1918, GA 181.

25. Erich Neumann, *Origins and History of Consciousness*, trans. R.F.C. Hull (Princeton, N.J.: Princeton University Press, 1995). See also M.-L. von Franz, "Der kosmische Mensch als Sielbild des Individuationsprozesses und der Menschheitsentwickelung," in W. Bitter, *Evolution* (Stuttgart, 1970).

26. Rudolf Steiner, *Christianity as Mystical Fact*, trans. Andrew Welburn (Anthroposophic Press, 1997), p. 97.

27. U. von Mangoldt, *Buddha lächelt, Maria weint* (Munich, 1958).

28. Jung, letter to Gerhard Zacharias, August 24, 1953.

29. Rudolf Steiner, *Spiritual Guidance of the Individual and Humanity*, p. 19.

30. Jung, *The Archetypes and the Collective Unconscious*, p. 23.

31. Cf. Rudolf Steiner, *The Reappearance of the Christ in the Etheric* (Anthroposophic Press, 1983).

第九章

1. Rudolf Steiner, *Materialism and the Task of Anthroposophy*, trans. Maria St. Goar (Anthroposophic Press, 1987), p. 260.

2. Gebser, *Abendländische Wandlung*, pp. 56ff.

3. Rudolf Steiner, *A Theory of Knowledge Implicit in Goethe's World Conception*, trans. Olin D. Wannamaker (Anthroposophic Press, 1988), p. 3.

4. Rudolf Steiner, *Human and Cosmic Thought*, ed. Charles Davy (London: Rudolf Steiner Press, 1961), p. 39.

5. Steiner, *Theosophy*, pp. 29, 30.

6. Cf. A. Morawitz-Cadio, "Versuche zur Unterscheidung von Seele und Geist," in *Natur und Kultur* 53–54 (Munich, 1961). See also Lauer Appendix.

7. Cf. *Heilende Erziehung* (Stuttgart, 1962).

8. See W. Bitter, *Der Verlust der Seele* (Freiburg, 1969).

9. Steiner, *Anthroposophy and the Inner Life*, p. 13.

10. Rudolf Steiner, *Ideas for a New Europe: Crisis and Opportunity for the West*, trans. Johanna Collis (Sussex, England: Rudolf Steiner Press, 1992), p. 3.

11. Jung, *Two Essays on Analytic Psychology*, p. 124.

12. Jung, *The Structure and Dynamics of the Psyche*, p. 204.

13. Rudolf Steiner, *The Riddles of Philosophy* (Anthroposophic Press, 1973), p. 60. See also Steiner's *Mystics after Modernism.*

14. Rudolf Steiner, *The Archangel Michael: His Mission and Ours*, ed. Christopher Bamford (Anthroposophic Press, 1994), p. 141.

15. Jung, *Civilization in Transition*, p. 320.

16. Jung, *The Archetypes and the Collective Unconscious*, p. 207.

17. L. Frey-Rohn, *Von Freud zu Jung* (Zurich, 1969).

18. C.G. Jung, *Psychology and Alchemy, Collected Works*, vol. 12, trans. R.F.C. Hull (Princeton, N.J.: Princeton University Press 1968), p. 17.

19. C.G. Jung, *Mysterium Coniunctionis, Collected Works*, vol. 14, trans. R.F.C. Hull, second ed. (Princeton, N.J.: Princeton University Press, 1970), p. 551.

20. Jung, *The Structure and Dynamics of the Psyche*, p. 215.

21. Rudolf Steiner, *How to Know Higher Worlds*, trans. Christopher Bamford (Anthroposophic Press, 1994), pp. 16–18.

22. Rudolf Steiner, *Philosophie und Anthroposophie*, p. 261.

23. Jung, *Psychology and Religion*, p. 544.

24. Steiner, *An Outline of Esoteric Science*, pp. 18–19.

25. Jung, ibid., p. 543.

26. Jung, *The Archetypes and the Collective Unconscious*, p. 212.

27. Ibid. pp. 211, 213, 214.

28. Aniela Jaffé, *From the Life and Work of C.G. Jung* (San Francisco: Harper & Row, 1971).

29. M.L. von Franz, in G. Zacharias, ed., *Dialog über den Menschen* (Stuttgart, 1968); see also von Franz, *Number and Time: Reflections Leading toward a Unification of Depth Psychology and Physics* (Chicago: Northwestern University Press, 1974).

30. Jung, *The Structure and Dynamics of the Psyche*, p. 215.

31. Steiner, *Archangel Michael*, p. 188.

32. Jung, *Memories, Dreams, Reflections*, p. 359.

33. Frey-Rohn, *Von Freud zu Jung*.

34. Jung, *Mysterium Coniunctionis*, ibid.

第十章

1. C.G. Jung, "Psychological Commentary," trans. R.F.C. Hull, in W.Y. Evans-Wentz, ed., *The Tibetan Book of the Dead*, second ed. (Oxford: Oxford University Press, 1949), pp. xli–xlii.

2. Ibid., p. lii.

3. Steiner, *How to Know Higher Worlds*, p. 13.

4. C.G. Jung, *The Relations between the Ego and the Unconscious. Collected Works*, vol. 7, trans. R.F.C. Hull (Princeton, N.J.: Princeton University Press, 1966), p. 173.

5. Rudolf Steiner, letter of August 16, 1902, GA 39.

6. Steiner, *Anthroposophical Leading Thoughts*, p. 13.

7. Jung, *Memories, Dreams, Reflections*, p. 192.

8. Steiner, *Ideas for a New Europe*, p. 28.

9. Steiner, *Autobiography*, p. 267.

10. Karlfried Graf Dürckheim, *Überweltliches Welt: Der Sinn der Mündigkeit* (Weilheim, 1968), p. 76.

11. Jacobi, *Der Weg zur Individuation*, p. 74.

12. Rudolf Steiner, *Four Mystery Dramas* (London: Rudolf Steiner Press, 1997).

13. Rudolf Steiner, *Secrets of the Threshold*, trans. Ruth Pusch (Anthroposophic Press, 1987), p. 58.

14. Steiner, *A Way of Self-Knowledge*, pp. 7-9.

15. Steiner, *Anthroposophy and the Inner Life*, p. 30.

16. Jung, *Memories, Dreams, Reflections*, p. 181.

17. M.-L. von Franz, "Die aktive Imagination in der Psychologie C.G. Jungs," in W. Bitter, ed., *Meditation in Religion und Psychotherapie* (Stuttgart, 1958), pp. 136–48. See also A.N. Ammann, *Aktive Imagination: Darstellung einer Methode* (Olten-Freiburg, 1978).

18. Steiner, *Anthroposophy and the Inner Life*, pp. 16–17.

19. Steiner, *A Way of Self-Knowledge*, pp. 26–29.

20. Ibid., p. 157.

21. Jung, *Psychology and Alchemy*, p. 41.

22. Jung, *The Relations between the Ego and the Unconscious*, p. 240.

23. Steiner, *A Way of Self-Knowledge*, pp. 28–29.

24. Rudolf Steiner, lecture of March 12, 1918, GA 181.

25. Rudolf Steiner, *The Karma of Vocation*, trans. Olin D. Wannamaker (Anthroposophic Press, 1984), pp. 93–95.

26. Jaffé, glossary to *Memories, Dreams, Reflections*, p. 391.

27. Steiner, *Intuitive Thinking as a Spiritual Path*, pp. 226–28.

第十一章

1. Cf. Heinrich Dumoulin, *Zen Enlightenment: Origins and Meaning* (New York: Weatherhill, 1979).

2. W. Vissert's Hooft, *Kein andere Name: Synkretismus oder Christliche Universalismus?* (Basel, 1965).

3. Beckh, "Rudolf Steiner und das Morgenland," in *Vom Lebenswerk Rudolf Steiners*, ed. F. Rittelmeyer (Munich, 1921).

4. Rudolf Steiner, *Luzifer-Gnosis: Gesammelte Aufsätze 1903-1908*, GA 34, p. 371.

5. H. Beckh, *Buddha und seiner Lehre* (Stuttgart, 1958).

6. Beckh, "Rudolf Steiner und das Morgenland," p. 279.

7. Ibid., pp. 283ff.

8. Rudolf Steiner, *Metamorphoses of the Soul: Paths of Experience*, vol. 1 (London: Rudolf Steiner Press, 1983), pp. 131–32.

9. Emil Bock, *St. Paul: Life, Epistles, and Teaching*, trans. Maria St. Goar (Edinburgh: Floris, 1993), p. 9.

10. Rudolf Steiner, *The Bhagavad Gita and the Epistles of Paul*, trans. Lisa D. Monges and Doris M. Bugbey (Anthroposophic Press, 1971), p. 61.

11. Rudolf Steiner, *Metamorphoses of the Soul*, vol. 2, trans. C. Davy and C. von Arnin (London: Rudolf Steiner Press, 1983), pp. 113–14.

12. On the theological understanding of the idea of evolution with reference to Franz von Baader, see E. Benz, *Perspektiven Teilhard de Chardins* (Munich, 1966).

13. Steiner, *Metamorphoses of the Soul*, vol. 1, p. 133.

14. Steiner, *Theosophy*, p. 89.

15. Rudolf Steiner, *From Buddha to Christ* (Anthroposophic Press, 1978), pp. 57, 66.

16. Ibid., p. 68.

17. Ibid., p. 72.

18. Rudolf Steiner, *The Spiritual Hierarchies and the Physical World: Reality and Illusion*, trans. R.M. Querido (Anthroposophic Press, 1996), p. 29.

19. Jung, *Psychology and Religion*, p. 493.

20. C.G. Jung, "Commentary on *The Secret of the Golden Flower*," *Alchemical Studies*, *Collected Works*, vol. 13, trans. R.F.C. Hull (Princeton, N.J.: Princeton University Press, 1968), p. 4.

21. Ibid.

22. Jung, *Psychology and Religion*, pp. 532, 534.

23. Ibid., pp. 559-76.

24. Ibid., p. 534.

25. Ibid., p. 537.

26. Jung, *Memories, Dreams, Reflections*, p. 275.

27. Jung, *Psychology and Religion*, p. 577.

28. Jung, *Memories, Dreams, Reflections*, ibid.

29. Ibid., p. 283.

30. Rudolf Steiner, *The Tension between East and West*, trans. B.A. Rowley (Anthroposophic Press, 1983), p. 81.

第十二章

1. W. Bauer, "Rechtgläubigkeit und Ketzerei im Ältestan Christentum," in *Beiträge zur historischen Theologie*, vol. 10 (Tübingen, 1964).

2. Steiner, *Christianity as Mystical Fact*, p. 148.

3. See G.R.S. Mead, *Fragments of a Faith Forgotten*, reprint (Kila, MT: Kessinger, 1997).

4. Rudolf Steiner, *The Gospel of St. Mark*, trans. Conrad Mainzer (Anthroposophic Press, 1980), p. 142.

5. Steiner, *Anthroposophical Leading Thoughts*, p. 180.

6. Rudolf Steiner, *Mystery of the Universe*, trans. George and Mary Adams et al. (Rudolf Steiner Press, 2001), p. 213.

7. M. Verino, "Gnosis und Magie," in A. Böhm, ed., *Häresien der Zeit*(Freiburg, 1963).

8. M. Buber, *Werke*, vol. 3, *Schriften zur Bibel* (Munich-Heidelberg, 1964).

9. See G. Wehr, *Martin Buber in Selbstzeugnissen und Bilddokumenten* (Reinbek, 1968), pp. 128ff.

10. Schilpp-Friedmann, ed., *Martin Buber: Philosophen des 20 Jahrhunderts* (Stuttgart, 1963), p. 614.

11. M. Buber, *The Eclipse of God: Studies in the Relation between Religion and Philosophy*(Humanity Books, 1998).

12. Jung, *Memories, Dreams, Reflections*, p. 201.

13. Jung, *Civilization in Transition*, pp. 82–83.

14. G. Quispel, *Gnosis als Weltreligion* (Zurich, 1951), p. 46.

15. H.J. Herwig, *Therapie der Menschheit: Studien zur Psychoanalyse Freuds und Jungs*(Munich, 1969), p. 85.

16. H. Schlier, in *Handbuch theologischer Grundbegriffe*, vol. 2 (Munich, 1970), p. 196.

17. G. Koepgen, *Gnosis des Christentums* (Salzburg, 1939).

18. See Victor White, *God and the Unconscious*.

19. G. Wehr, *Die Realität des Spirituellen* (Stuttgart, 1970).

20. Steiner, *Anthroposophical Leading Thoughts*, p. 175.

附論一

1.

1. See R. Treilicher, *Vom Wesen der Hysterie* (Stuttgart, 1964); and "Der schizophrene Prozess als Zeitkrankheit und als Hygienisches Problem," in *Weleda-Nachrichten* 29 (1952) and *Der schizophrene Prozess* (Stuttgart, 1967).

2.

1. Jung, *Two Essays on Analytical Psychology*, pp. 30, 238.

2. Jung, *The Archetypes and the Collective Unconscious*, p. 284.

3. Jung, *Aion*, p. 8.

4. Steiner, *An Outline of Esoteric Science*, pp. 356–58.

5. Steiner, *A Way of Self-Knowledge*, p. 135.

6. Ibid., p. 137.

7. Ibid., p. 84.

8. Steiner, *An Outline of Esoteric Science*, p. 361.

9. Steiner, *Secrets of the Threshold*, p. 129.

10. Steiner, *The East in the Light of the West*, pp. 9–40.

11. Rudolf Steiner, *From Limestone to Lucifer*, trans. A.R. Meuss (London: Rudolf Steiner Press, 1999), p. 203.

12. Jung, *Aion*, pp. 30–31.

13. Steiner, *A Way of Self-Knowledge*, p. 68.

3.

1. J. Gervel, *Imago Dei: Genesis 1:26f. im Spätjudentum, in der Gnosis, und in den paulinischen Briefen* (Göttingen, 1960). H. Martin Schenke, *Der Gott "Mensch" in der Gnosis: ein religionsgeschichtlicher Beitrag zur Diskussion über die paulinische Anschau und von der Kirche als Leib Christi* (Göttingen, 1962).

2. G. Wehr, *Jakob Böhme in Selbstzeugnisse und Bilddokumenten* (Reinbek, 1971), pp. 96–105.

3. E. Benz, *Adam: Der Mythus von Urmenschen* (Munich-Planegg, 1955).

4. G. Wehr, *Der Urmensch und der Mensch der Zukunft: Das Androgyn-Problem im Licht der Forschungsergebnisse Rudolf Steiners*, second ed. (Freiburg, 1979); also G. Wehr, *Heiliger Hochzeit* (Munich, 1986), pp. 103ff.

5. Rudolf Steiner, *Cosmic Memory: Atlantis and Lemuria*, trans. Karl E. Zimmer (Blauvelt, N.Y.: Rudolf Steiner Publications, 1959), p. 91.

4.

1. Rudolf Steiner, *Reverse Ritual*, trans. Eva Knausenberger (Anthroposophic Press, 2001), pp. 43–55.

2. H.E. Lauer, *Erkenntnis und Offenbarung* (Basel, 1958).

3. Steiner, *Philosophie und Anthroposophie*, pp. 225ff.

4. Ibid., p. 261.

5. Cf. G. Wehr, *Spirituelle Interpretation der Bibel als Aufgabe* (Basel, 1968).

6. Steiner, *Philosophie und Anthroposophie*, p. 263.

7. C.G. Jung, *Psychology and Religion* (New Haven, CT: Yale University Press, 1938), p. 57.

5.

1. M.-L. von Franz, "Symbole des Unus Mundus," in *Dialog über den Menschen* (Stuttgart, 1968); also von

Franz, *Number and Time: Reflections Leading toward a Unification of Depth Psychology and Physics* (Chicago: Northwestern University Press, 1974). See also Jung, *Mysterium Coniunctionis*.

2. Steiner, *The East in the Light of the West*, p. 80.

3. Ibid., p. 88.

4. Most of Steiner's important lectures on this subject are collected in *The Reappearance of Christ in the Etheric*.

5. H. Hasso von Veltheim-Ostrau, *Der Atem Indiens: Tagebücher aus Asiem* (Hamburg, 1955), p. 263.

6 Ibid., p. 268.

7. Jung, letter of August 24, 1953. Quoted in Bitter, *Der Verlust der Seele*, p. 213.

8. Ibid., p. 214.

附論二

3.

1. Frankl puts great emphasis on the *spiritual in the human being*, but he never speaks about the *spiritual in the world*. The failure to recognize the latter severely limits the possibilities for logotherapy, since the psychological disturbances that logotherapy tries to deal with are often rooted in the fact that a connection between the "spiritual in the human being" and the "world spirit" cannot be found. This is a consequence of the materialistic worldview of our time.

2. Alice Morawitz-Cadio, a pupil of Jung, writes in her *Psychologie Spirituelle*(1958): "It is Jung's monumental achievement to have opened up for us once more the sight of the spiritual in the human psyche, and to have developed empirical understanding of the spirit within the soul. This is an immensely important turning point for our time." Her "spiritual psychology" attempts to develop Jung's ideas further with the help of some anthroposophical insights. She admits that "the tendencies toward spiritual interpretation contained in Jung's theories have not been sufficiently clarified to be useful for the practitioners in the field. In fact this aspect of Jungian psychology is not understood by Jung's disciples, and is often even suppressed.... My spiritual psychology is not fully identical with Jung's psychology, at least not in its general scientific form." Morawitz-Cadio's book is a significant attempt to build bridges between Jung's depth psychology and Steiner's Anthroposophy.

3. See Husemann, *Das Bild des Menschen als Grundlage der Heilkunde*.

榮格大師・心靈煉金

啟程，踏上屬於自己的英雄之旅
外在風景的迷離，內在視野的印記
回眸之間，哲學與心理學迎面碰撞
一次自我與心靈的深層交鋒

◆瑪麗-路薏絲・馮・法蘭茲　Marie-Louise von Franz

解讀童話
【從榮格觀點探索童話世界】

譯者：徐碧貞　定價：380 元

本書為童話心理解讀最具權威性的代表人物馮・法蘭茲的經典之作，以榮格學派「原型」概念解讀格林童話〈三根羽毛〉的故事，展現童話解讀寬廣而富療癒性的意涵。

童話中的陰影與邪惡
【從榮格觀點探索童話世界】

譯者：徐碧貞　定價：540 元

本書聚焦在人類黑暗面的觀察，用 22 個童話搭配臨床案例，輔以民族學、神話學、字源學及意象與象徵的擴大比較，還原這些黑暗故事背後隱含的深意。

童話中的女性
【從榮格觀點探索童話世界】

譯者：黃璧惠　定價：440 元

女人的心靈發展有許多重要歷程，這在世界各地的童話中都有跡可循，卻鮮少有人討論。作者以睿智的洞察，解析映照在童話與女人一生之間彼此呼應的真相。

公主變成貓
【從榮格觀點探索童話世界】

譯者：吳菲菲　定價：290 元

不孕的皇后吃下金蘋果隨即喜事報到，不料受詛咒皇后所生的公主將在十七歲時變成貓……馮・法蘭茲將以博學與直白幽默，解說這個羅馬尼亞故事。

永恆少年
【從榮格觀點探討拒絕長大】

譯者：徐碧貞　定價：580 元

《小王子》（The Little Prince）的故事膾炙人口，作者安東尼・聖修伯里的一生卻謎霧重重，馮・法蘭茲從他的作品與畫作中，看見了不尋常的「永恆少年」議題。

榮格心理治療

譯者：易之新　定價：380 元

榮格心理學實務最重要的著作！馮・法蘭茲就像榮格精神上的女兒，她的作品同樣博學深思，旁徵博引，卻無比輕柔，引人著迷，讓我們自然走進深度心理學的複雜世界。

◆安妮拉・亞菲　Aniela Jaffé

榮格的最後歲月
【心靈煉金之旅】

譯者：王一梁、李毓
定價：460 元

本書更展現了榮格對世人的關懷與執著探索生命的精神，讓人恍然體會榮格心理學是歷經苦痛、掙扎所堅毅粹煉的思想結晶。

幽靈・死亡・夢境
【榮格取向的鬼文本分析】

譯者：王一梁、李毓、王浩威
定價：480 元

亞菲著重在人們發生靈異經驗時的年齡、性別、意識、生命狀態等，透過超心理學和榮格理論，企圖找出各種超自然故事的規律性或偶然性，及其與人類集體無意識的關聯。

◆唐納·卡爾謝　Donald Kalsched

創傷的內在世界
【生命中難以承受的重，心靈如何回應】
譯者：彭玲嫻、康琇喬、連芯、魏宏晉
審閱：洪素珍　定價：600元
卡爾謝翻轉心理界對創傷治療的觀點，主張造成解離、逃避的機制其實具有保護作用。他深信榮格對受創心靈的內在世界的深刻見解，對當代格外重要。

創傷與靈魂
【深入內在神聖空間，啟動轉化歷程】
譯者：連芯、徐碧貞、楊菁薷
定價：880元
卡爾謝提出的靈魂對創傷修復概念，不但融合了榮格強調內在的原型及神祕論，亦應用溫尼考特的母嬰關係，作者認為人心創傷必受到內外世界影響，而靈魂會於特殊時刻現身擁抱受創傷者。

◆莫瑞·史丹　Murray Stein

男人·英雄·智者
【男性自性追尋的五個階段】
譯者：王浩威　校閱：徐碧貞
定價：380元
本書作者莫瑞·史丹將男人一生的心理發展歷程分為五分個階段，細緻動人的描寫，為身處父權崩解中的當代男性，提出如何立足、自處的重要啟示。

榮格心理分析的四大基石
【個體化、分析關係、夢與積極想像】
譯者：王浩威　校閱：徐碧貞
定價：380元
是什麼讓榮格派的方法有其特殊性？作者以簡明文字說明四個基礎，分別是個體化歷程；治療關係，特別是移情和反移情的獨到觀點；夢的無意識訊息，以及積極想像帶來的轉化。

靈性之旅
【追尋失落的靈魂】
譯者：吳菲菲　定價：400元
本書試圖為靈性需求找到合於當代情境的載具。作者認為，回歸宗教傳統或擁抱物質科學可能都行不通，而榮格心理學是新的可能性——「關注自性」，走上個體化歷程。

中年之旅
【自性的轉機】
譯者：魏宏晉
策劃、審閱：王浩威
定價：480元
本書靈活運用兩部希臘神話故事來闡述中年之旅的三個轉化階段：分離、過渡、再整合。根據榮格的觀點，中年轉化是一趟追尋完整性的鍊金之旅。

英雄之旅
【個體化原則概論】
譯者：黃璧惠、魏宏晉等
審閱：黃璧惠　定價：480元
個體化提供了一種可以理解並解釋個人與集體心靈改變的途徑，更建議了一種提昇並發展人類意識達到最大潛能的方法。

轉化之旅
【自性的追尋】
譯者：陳世勳、伍如婷等
策畫、審閱：王浩威
定價：480元
榮格認為最有意義的轉化就發生在中年階段，這也是「自性」追尋的開端。個體意識可望全面開展的成熟能量，指引出一個人活出最深層渴望的自己。

榮格大師‧心靈煉金

啟程,踏上屬於自己的英雄之旅
外在風景的迷離,內在視野的印記
回眸之間,哲學與心理學迎面碰撞
一次自我與心靈的深層交鋒

◆羅伯特‧強森　Robert A. Johnson

擁抱陰影
【從榮格觀點探索心靈的黑暗面】
譯者:徐曉珮　定價:290元
從西方文化、歷史與宗教的觀點切入,由個人、集體與原型三個基本面向,交織日常經驗和文化歷史故事,破解二元對立世俗性觀點的迷思,揭示陰影的神聖價值。

與內在對話
【夢境‧積極想像‧自我轉化】
譯者:徐碧貞　定價:520元
唯有意識與無意識攜手合作,才能邁向個體化,使意識心智成熟,並實現自我內在的潛質。作者認為,有兩種「內在工作」可以深入無意識:一是夢境工作,二是積極想像,都是透過象徵、意象與原型來解鎖無意識。

他與她
【從榮格觀點探索男性與女性的內在旅程】
譯者:徐曉珮　定價:340元
作者透過中世紀聖杯傳說《漁夫王》以及希臘神話《艾洛斯與賽姬》,分別探究男性與女性在人生歷程中會遭遇的陰影與挑戰,以及在經歷一切後所邁向的成長,讀來趣味橫生,心有戚戚。

戀愛中的人
【榮格觀點的愛情心理學】
譯者:鄧伯宸　定價:400元
戀愛與真正的愛是兩種不同且矛盾的心理能量系統,我們要追尋的應是真正的愛。透過解析淒美的愛情悲劇《崔斯坦與伊索德》,追溯當代西方戀愛觀念的源頭,一探「戀愛」虛虛實實及其之於生命的深層意涵。

◆詹姆斯‧希爾曼　James Hillman

夢與幽冥世界
【神話、意象、靈魂】
譯者:王浩威等　定價:450元
希爾曼認為,所有的靈魂歷程、心靈事件,都走向冥界黑帝斯。他解析黑帝斯幽冥地府裡各個角色隱喻的心靈原型,開啟了屬於「深度心理學」的夢工作典範,也顛覆我們對生死、夢境的既有認知。

自殺與靈魂
【超越死亡禁忌,促動心靈轉化】
譯者:魯宓　定價:380元
死亡禁忌令人迴避,自殺更是人們急欲遏止之惡事,但希爾曼從「靈魂」的觀點出發,主張若能站在生死關口深度審視生命,將能看見靈魂轉化的契機,照見生命更完滿的可能。

◆湯瑪士‧克許　Thomas B. Kirsch

榮格學派的歷史
譯者:古麗丹等
審閱、導讀:申荷永
定價:450元
本書以榮格為根、蘇黎世的國際分析心理學協會為主幹,各國的榮格學會為分枝,榮格門生及學者們化身成片片綠葉,在豐富的歷史回憶中,展現分析心理學的生命力、創意、深度和廣度。

我的榮格人生路
【一位心理分析師的生命敘說】
譯者:徐碧貞　定價:620元
透國猶太裔分析師克許的生命回顧,我們得以對分析心理學的發展史有更多認識,從中讀到許多歷史第一手資料,同時也能從作者所反思的造神心理經驗、聖徒使命及理想化投射中看見自己的影子。

PsychoAlchemy 044

榮格與史坦納：靈性心理學的曙光
C. G. Jung und Rudolf Steiner : Konfrontation und Synopse

格哈德・威爾（Gerhard Wehr）—著　胡因夢—審修　倪慧一—譯

出版者—心靈工坊文化事業股份有限公司
發行人—王浩威　總編輯—徐嘉俊
執行編輯—趙士尊　封面設計—黃怡婷
內頁排版—龍虎電腦排版股份有限公司
通訊地址—10684 台北市大安區信義路四段 53 巷 8 號 2 樓
郵政劃撥—19546215　戶名—心靈工坊文化事業股份有限公司
電話—02）2702-9186　傳真—02）2702-9286
Email—service@psygarden.com.tw　網址—www.psygarden.com.tw

製版・印刷—彩峰造藝股份有限公司
總經銷—大和書報圖書股份有限公司
電話—02）8990-2588　傳真—02）2990-1658
通訊地址—248 新北市新莊區五工五路二號
初版一刷—2023 年 11 月　ISBN—978-986-357-345-6　定價—770 元

國家圖書館出版品預行編目(CIP)資料

榮格與史坦納：靈性心理學的曙光 / 格哈德‧威爾（Gerhard Wehr）著；倪慧譯.
-- 初版. -- 臺北市：心靈工坊文化事業股份有限公司, 2023.11
面；　公分. - -（PsychoAlchemy；44）
譯自： C. G. Jung und Rudolf Steiner : Konfrontation und Synopse
ISBN 978-986-357-345-6（平裝）

1.CST: 榮格（Jung, C. G. (Carl Gustav), 1875-1961）
2.CST: 史坦納（Steiner, Rudolf, 1861-1925）　3.CST: 超心理學
4.CST: 精神分析　5.CST: 學術思想

175.7　　　　　　　　　　　　　　　　　　　　　　　　　　112012845

心靈工坊 書香家族 讀友卡

感謝您購買心靈工坊的叢書,為了加強對您的服務,請您詳填本卡,
直接投入郵筒(免貼郵票)或傳真,我們會珍視您的意見,
並提供您最新的活動訊息,共同以書會友,追求身心靈的創意與成長。

書系編號—PsychoAlchemy 044　　　書名—榮格與史坦納:靈性心理學的曙光

姓名　　　　　　　　　　　　是否已加入書香家族? □是 □現在加入

電話 (O)　　　　　　(H)　　　　　　手機

E-mail　　　　生日　　年　　月　　日

地址 □□□

服務機構　　　　　　職稱

您的性別—□1.女 □2.男 □3.其他

婚姻狀況—□1.未婚 □2.已婚 □3.離婚 □4.不婚 □5.同志 □6.喪偶 □7.分居

請問您如何得知這本書?
□1.書店 □2.報章雜誌 □3.廣播電視 □4.親友推介 □5.心靈工坊書訊
□6.廣告DM □7.心靈工坊網站 □8.其他網路媒體 □9.其他

您購買本書的方式?
□1.書店 □2.劃撥郵購 □3.團體訂購 □4.網路訂購 □5.其他

您對本書的意見?
□ 封面設計　1.須再改進 2.尚可 3.滿意 4.非常滿意
□ 版面編排　1.須再改進 2.尚可 3.滿意 4.非常滿意
□ 內容　　　1.須再改進 2.尚可 3.滿意 4.非常滿意
□ 文筆/翻譯 1.須再改進 2.尚可 3.滿意 4.非常滿意
□ 價格　　　1.須再改進 2.尚可 3.滿意 4.非常滿意

您對我們有何建議?

□本人同意　　　　　　　(請簽名)提供(真實姓名/E-mail/地址/電話/年齡/
　等資料),以作為心靈工坊(聯絡/寄貨/加入會員/行銷/會員折扣/等之用,
　詳細內容請參閱http://shop.psygarden.com.tw/member_register.asp。

廣 告 回 信
台 北 郵 政 登 記 證
台北廣字第1143號
免 貼 郵 票

心靈工坊
2|PsyGarden|

10684台北市信義路四段53巷8號2樓

讀者服務組　收

免　貼　郵　票

（對折線）

加入心靈工坊書香家族會員
共享知識的盛宴，成長的喜悅

請寄回這張回函卡（免貼郵票），
您就成為心靈工坊的書香家族會員，您將可以——

⊙隨時收到新書出版和活動訊息

⊙獲得各項回饋和優惠方案